娱乐的背后

中国电视娱乐节目价值取向的嬗变

董华峰　著

人民日报出版社

北京

图书在版编目（CIP）数据

娱乐的背后：中国电视娱乐节目价值取向的嬗变 / 董华峰著 . —北京：人民日报出版社，2021.12
ISBN 978-7-5115-6993-6

Ⅰ.①娱… Ⅱ.①董… Ⅲ.①文娱活动—电视节目— 研究—中国 Ⅳ.①G222.3

中国版本图书馆 CIP 数据核字（2021）第 249458 号

书　　名：娱乐的背后——中国电视娱乐节目价值取向的嬗变
　　　　　YULE DE BEIHOU——ZHONGGUO DIANSHI YULE JIEMU
　　　　　JIAZHI QUXIANG DE SHANBIAN
作　　者：董华峰

出 版 人：刘华新
责任编辑：林　薇
封面设计：中联华文

出版发行：人民日报出版社
社　　址：北京金台西路 2 号
邮政编码：100733
发行热线：（010）65369509　65369512　65363531　65363528
邮购热线：（010）65369530　65363527
编辑热线：（010）65369526
网　　址：www. peopledailypress. com
经　　销：新华书店
印　　刷：三河市华东印刷有限公司
法律顾问：北京科宇律师事务所　010-83622312

开　　本：710mm×1000mm　1/16
字　　数：266 千字
印　　张：16
版次印次：2022 年 3 月第 1 版　　2022 年 3 月第 1 次印刷

书　　号：ISBN 978-7-5115-6993-6
定　　价：75. 00 元

目　录
CONTENTS

上篇　目的价值取向的变化

绪　论

"熟悉的并不一定是了解的，所以，首先要把它当作陌生的东西来看待。"①
"我们凭借我们带给它们的解释框架给各种人、物及事以意义。"② 这意味着，
对电视娱乐节目的研究，是一个于熟悉中发现陌生的过程，是对它的一次重新
诠释。

一、问题的提出

在诸多电视节目类型中，电视娱乐节目是最值得也是最具阐释价值的一种
节目类型，但也是最易于被研究者忽略的类型。一方面是因为"娱乐"二字很
容易让人将其和浅显、浅薄联系在一起，当作纯粹的消遣品；另一方面，电视
娱乐节目为了获得更大规模的受众，也的确常常从人性的最基本处，即身体、
感官层面制造娱乐，因此会让人忽略它所蕴含的特殊意义及其可能对社会大众
产生的深刻影响；往往是在它出现一些特殊现象、特殊事件，酿成社会热点时，
才会加以关注。而实际上，无论是一味追求感官娱乐，竭力消解意义的电视娱
乐节目，还是明显表现出一定文化价值追求的电视娱乐节目，都是了解一个社
会政治、历史、文化乃至社会心理状态的非常有效的文本形态。从某种意义上
说，它们比电视剧甚至电视新闻节目的阐释空间更广阔，对社会现实的反映更
深刻、复杂。因为，最能体现电视娱乐节目存在价值的"娱乐"，是人最基本的
自然需求，距离社会意识形态相对较远，因而，规定性相对较弱，自发性最强。
同为电视媒体的基本节目形态，电视剧尚需要遵循艺术原则，电视新闻则有新
闻报道的原则、框架等相应的专业要求，而电视娱乐节目则游离于这些原则、
规范之外，是羁绊较少的节目形态，正因为如此，其所选择的形式和内容，相

---

① ［英］尼克·库尔德里：《媒介仪式》，中国人民大学出版社 2016 年版，第 1 页。
② ［英］斯图尔特·霍尔：《表征》，周宪、徐均编译，商务印书馆 2003 年版，第 6 页。

较电视剧及电视新闻要更能反映所在社会的自然状态，研究者更能从中触摸到真实的社会现实及其价值取向、审美取向。可以说，电视娱乐节目是一种认识媒介社会精神发展轨迹最生动、最客观的文本形式；从某种意义上甚至可以说，中国娱乐节目发展史，是改革开放以来中国人的一部精神、心理史。比如，中国 20 世纪八九十年代综艺节目所拥有的社会整合作用，游戏节目推出后引发的全民狂欢等，无不是当时社会精神状态的曲折反映。因此，娱乐节目史的背后到底蕴含着什么，在传递什么，是非常值得我们探讨的问题。

　　尤其是在新媒体崛起，电视作为新闻传播主渠道的功能被各种新媒体取代的背景下，为了在众声喧哗中赢得一席之地，电视媒体从中央到地方，都更加依赖娱乐节目，甚至可以说，各大卫视之间的竞争几乎成了娱乐节目之间的竞争。2013 年被视为电视娱乐节目的爆发之年，这一年，涌现出了大量现象级娱乐节目，而且，娱乐节目收视比重在其他各类电视节目急剧下滑的背景下逆势而上①，而这种现象恰是在 2011 年国家广电总局针对性地推出相关管理措施及其他后续政策，俗称"限娱令"之后出现的。2014 年，在支撑电视收视的"三驾马车"中，娱乐节目更是超过电视新闻和电视剧，收视比重位居第一②；而且，栏目总量也呈现上升趋势。据相关渠道统计，2013 年全国卫视"综艺节目"为 90 档，2014 年上升至 108 档③；到了 2015 年，呈现井喷之势，共有 200 多档不同形式的"电视综艺节目"推出；2016 年则发展为 400 多档。业界甚至"流行着这么一句话：'得综艺者，得天下'"④；据《2020 年度电视综艺报告》显示，截至 2020 年底，因遭遇疫情，整个影视行业遇冷，新增电视综艺节目虽有所下降，但也有 105 档之多⑤。各种新娱乐节目形态你方唱罢我登场，电视已经蜕变为真正的娱乐媒介，娱乐节目已经成为电视媒介的主导性节目类型。不

---

① 据 CSM 数据，2013 年电视内容市场收视量前三的节目仍是电视剧、新闻以及综艺类，分别占 31.5%、14.8% 和 11.5%，合计总收视量占全部收视量的 57.8%。其中除综艺节目占比小幅上涨外，电视剧和新闻类节目均小幅下降。综艺节目上升 0.7 个百分点。http://www.199it.com/archives/264721.html。

② 《2014 年度报告——综艺篇》，https://wenku.baidu.com/view/8d3d86efe2bd960591c67791.html。

③ 《2014 年度报告——综艺篇》，https://wenku.baidu.com/view/8d3d86efe2bd960591c67791.html。

④ 2015 年综艺节目 TOP10：http://www.sohu.com/a/42310181_131645。

⑤ CMNC：《〈2020 年度电视综艺报告〉发布》，https://mp.weixin.qq.com/s/veR5Wn95UzJm-gTGieABDQ，2020 年 12 月 16 日。

仅如此，这些年来，频繁制造话题、形成轰动效应，引发有关价值观、社会伦理道德论争以及对电视媒体广泛关注的，几乎都是娱乐节目。我们知道，大众媒介文本给予受众的，当然绝不仅仅是娱乐，而是效仿的对象和生活的尺度。尼克·库尔德里认为，不是传播活动和内容而是媒介自身就是仪式。所谓媒介仪式，就是指媒介自身具有将任何事物（只要和它有关），都神圣化或重要化的功能。[1] 当下我国电视娱乐节目从数量到规模，都显示其社会影响在日益加剧、深化，这就让深入了解这些娱乐节目到底在传递什么显得格外迫切。

其实一直以来，娱乐节目都是学界关注的热点。远一些的，诸如由《非诚勿扰》中出现的马诺"宁在宝马中哭，不在单车上笑"事件引发的对电视娱乐节目拜金主义取向的批判；由《棒棒棒》节目中干露露母女污言秽语大闹演播室行为引发的对娱乐节目低俗化、忽视社会效益现象进行的抨击等，此起彼伏。近一些的，2019 年，针对"高以翔事件"引发的对综艺节目过度追求经济价值，忽视对生命本身的基本尊重的批判等。除了对这些特殊现象的批评，散点式、阶段性地对某一时期的某种娱乐节目形态或典型个案，进行解读考察的，也随处可见。有研究者直言不讳地指出，我国 21 世纪初期的电视娱乐节目"没有坚持对民族主流文化的追求和对意识形态的守护，合乎社会整体文明进步的意识形态与文化，未能形成真正的电视文化主题；而各种与之相悖的消极、荒诞、腐朽的价值观和人生观的宣扬和鼓噪充斥荧屏，以致泛滥成灾"①。还有不少研究者以更简洁明确的表述为之定性，认为自电视游戏节目登上历史舞台后，我国电视娱乐节目相继出现了"平民化""反智化""拜金主义""愚乐""傻乐"倾向[2]。由此可见，这些对我国娱乐节目的关注，几乎都聚焦在其表现背后所隐含的意义和价值追求上。这意味着，当人们谈论娱乐节目的时候，其实更多是在谈论其背后隐含着什么，或者说它在传达什么价值观或价值取向。也就是说，有关娱乐节目的背后蕴含着什么的研究，其实是关于其价值取向的研究。

在此问题上，我们看到，现有的研究成果传递的大量信息是，我国娱乐节目存在的问题多于有益的贡献，负能量大于正能量。但进一步考察发现，这些判断往往是基于电视娱乐节目的某些特殊现象或某一阶段的娱乐节目特点得出的，缺少整体观照。电视娱乐节目诞生以来，一直都是人们日常生活中最基本

---

① 李晓枫、邹定宾：《中国电视文化的理性重构》，中国广播电视出版社 2007 年版，第
69 页。

的娱乐形式，其影响是润物无声式的，因此，最需要关注的应该是它的日常状态，而恰恰是它的日常状态常常被我们忽视。电视节目的日常状态就是它的司空见惯的"常规""套路"。毁掉我们的往往是我们所热爱的、司空见惯的那些东西，尼尔·波兹曼如是说。有鉴于此，这里以改革开放以来我国电视娱乐节目30多年的发展演变轨迹为研究对象，旨在从熟悉中发现陌生，揭示我国日常状态的电视娱乐节目到底在传递什么；"拜金主义""享乐主义""愚乐化"这些基于个案的或阶段性的认识，是否能代表我国电视娱乐节目的主流、全貌。"我国电视娱乐节目"是一个包含多种节目形态的复杂、不断变化着的超级文本，一个既独立又受各种权力制约的场域，以局部代整体，以点带面，难以发现其中的内在意蕴和价值取向。因此，有必要对我国电视娱乐节目做一次整体性、历时性的考察，以此揭示它的发展演变基本逻辑和规律，以及其和社会政治文化之间的关系；发现文本层面，电视娱乐节目是通过哪些机制、要素传递价值取向的。从这个意义上说，本研究可以作为电视娱乐节目生产者和管理者把控该类节目导向和影响的有益参考。

以往对我国娱乐节目的研究还存在一个比较明显的特点，那就是其中涉及价值取向问题时，无论就此问题的直接或是间接研究，都将"价值取向"当作一个不言而喻、毋庸界定的概念来使用，忽略了价值取向和价值之间的关系，以及"价值取向"是一种"价值"选择偏向这一基本内涵。"价值"作为主客体之间关系的体现，反映的是主体在实践过程中的意义追求，或者是事物、产品对主体需要的满足，它归根到底是对于主体的价值，因此，电视娱乐节目价值取向研究应该首先在明确价值主体是谁的前提下展开，是对于电视节目生产者的价值还是接受者的价值？二者的关系是什么？这是研究电视娱乐节目价值取向的逻辑起点。忽略这一点，价值取向研究就很可能失去研究的边界，导致泛化"价值取向"的所指，出现将不同维度的选择倾向，或内容或形式自身的偏向，都视为价值取向的现象。

还有一个不能忽视的问题，也充分体现了这项研究的必要性。对于电视娱乐节目这种典型的大众文化、消费文化文本，中西学界都予以高度关注、充分研究，尤其是西方学者约翰·菲斯克有关大众文化、电视文化的研究，鲍德里亚有关消费文化的研究，居伊·德波的景观社会理论，费瑟斯通从消费主义视角对日常生活审美化的研究，等等，都从不同层面、不同角度对大众文化文本的基本特征及其基本价值取向给出了几乎是共识性的解释。比如，认为大众文化在审美层面，具有碎片化、零深度、风格化、唯美主义等后现代性审美特征，尤其是以影像为主导的电视文化，普遍具有景观性、奇观化等唯美主义倾向；而且认为，大众文化在文化取向上，既整体上和主流文化合拍，体现社会主流价值观，同时又是亚文化的集散地。这些认识无疑都从不同侧面反映了大众文化的基本价值取向，也给本研究认识我国电视娱乐节目提供了基本参照，但同时也提出了一个不容忽视的问题：在消费主义背景下，我国电视娱乐节目的价值取向和大众文化文本所具有的基本价值取向是不是一致的？它的特殊性在哪里？我国电视娱乐节目是伴随着我国传媒业的产业化进程发展起来的，是电视媒体占领市场的重要形式，毫无疑问也是一种消费文化"产品"，因此，它不可避免地会拥有消费文化文本所拥有的基本特征，包括一些难以克服的痼疾，享乐主义、物质主义等价值取向的倾斜时有发生。然而，我国电视媒体拥有文化事业和文化产业双重身份，而且，改革开放以来我国电视业经历了独特的发生发展历程，这就决定了它必然还有着自己独特的追求，不可能是完全的西方意义上的大众文化文本，这就需要我们在已有的大众文化研究成果的基础上，从具体文本和独特的发展演变逻辑出发，发现这种特殊性，对之做出客观全面的诠释。

二、研究思路及框架

"熟悉的并不一定是了解的，所以，首先要把它当作陌生的东西来看待。"①这句话出自尼克·库尔德里的《媒介仪式：长的和短的路径》的开篇处，它和霍尔的这一论断构成一种非常具有启发意义的互文关系：即便是明确可见的文本，比如一幅画，"它的意义，取决于我们对它的'读法'"②。这就是说，文本的意义是由解读文本的路径、方式决定的，因此，确立怎样的研究视角、路径，在一项研究中，起着决定性作用，尤其对于电视娱乐节目这种最大众化的节目类型，更是如此。

在诸多电视节目类型中，没有哪一种比电视娱乐节目更具通俗性和广泛性。其通俗性和广泛性决定了它无论是在学界还是观众中，都几乎已经"无新事"可言，几乎人人都能有自己的感受、看法，也都能对其价值取向做出判断。因

---

① ［英］尼克·库尔德里：《媒介仪式》，中国人民大学出版社 2016 年版，第 1 页。
② ［英］斯图亚特·霍尔：《表征：文化表象与意指实践》，徐亮、陆兴华译，商务印书馆 2003 年版，第 59 页。

为价值取向这个概念无论是在日常表达还是专门研究中，都是一个被广泛使用的概念。在各种渠道论及娱乐节目时，随处可见的诸如"拜金主义""唯美主义""享乐主义""愚乐"之类的字眼，其实就是对节目内在意义、价值取向做出的判断。之所以如此，其中一个不容忽视的原因是，娱乐节目之所以为娱乐节目，就在于它的意义具有浅表化特征，尤其是节目内容中体现的价值诉求，很容易被发现、捕捉。比如，历史上，游戏节目、益智节目因强化观众的参与度，而在传播立场上表现出的平民化倾向；此前提到的《非诚勿扰》中"马诺事件"流露出的拜金主义倾向，干露露母女言行对真善美的背离，等等，这些现象所蕴含的价值取向都是显而易见的。显然这种判断都源于其节目内容。然而，我们知道，内容因素是电视节目中最活跃的因素、最大的变量，往往带着比较强的偶然性，它固然也体现着节目的价值立场、意义追求，但是，对于电视节目这种高度模式化、类型化的文本形态来说，对受众影响最深的，不只是节目内容，而是那些不断重复，且早已被人们习以为常了的节目程序和要素，正如尼克·波兹曼所说，毁掉我们的往往是我们热爱的、不加防备的东西。这意味着，我们的研究必须从最熟悉的那些东西入手，在熟悉中发掘出新的意义。那么，这就存在什么是"熟悉的"，选择哪些"熟悉的"东西，如何诠释这些熟悉的东西的问题。为此，这一部分我们需要阐明这样几个问题：首先，作为研究对象的电视娱乐节目的具体所指是什么？哪些节目可以归类于电视娱乐节目？其次，如何理解它的发展变化？最后，如何理解电视娱乐节目价值取向的内涵？从何处、依据怎样的研究路径，研究电视娱乐节目的价值取向？这三个大的方面体现为以下六个具体问题。

（一）电视娱乐节目与电视综艺节目释义

电视媒体已经进入了泛娱乐化时代，娱乐节目无处不在。新闻、经济、生活服务等节目类型也都开始以娱乐形式凸显存在感，娱乐节目和非娱乐节目的边界已经模糊；而且，一直以来，学界在使用"电视娱乐节目"概念时，对其内涵和外延的理解，都存在比较大的差异，因此，这里有必要对电视娱乐节目的边界、所指进行界定，以明确研究对象和研究范围。

审视以往的研究文献发现，迄今为止，对于"电视娱乐节目"尚未有一个统一的定义，仅从不同研究者给出的定义，很难对电视娱乐节目的界限即到底包括哪些节目形态做出判断；只有在考察定义的同时，结合研究者对电视娱乐节目所做的分类，才能明确各种定义给娱乐节目划定的具体边界。

总的来看，历史上对电视娱乐节目的所指主要有两种截然不同的认识：一种是将电视娱乐节目视为综艺节目发展的新形式和新阶段，指电视综艺节目之后发展起来的所有以娱乐为主旨的节目形态。这种认识着重强调"娱乐"与"综艺"的区别，这是狭义的电视娱乐节目概念，同时也是一种历史性概念，因为今天几乎无人再将娱乐节目和综艺节目分别看待。另一种泛指包括综艺节目在内所有具有娱乐性的电视节目，这是广义上的电视娱乐节目，也是今天比较常见的用法；但在这种广义层面，又有狭义和广义之分。

1. 作为历史性概念的电视娱乐节目

历史上，曾经"电视娱乐节目"特指以湖南卫视《快乐大本营》为代表的游戏节目以及其之后诞生的以娱乐为主旨的电视节目形态，如益智节目、真人秀节目等（不包括之前的综艺节目），"娱乐节目"被视为综艺节目的升级版，一种和综艺节目性质截然不同的新节目形态。这种认识在 20 世纪 90 年代比较普遍。朱羽君先生曾经给电视娱乐节目下过一个定义，认为，电视娱乐节目是"通过一定的中介形式和大众参与，在相互交流中形成一种娱乐氛围的节目形态"①，其中包括四种节目形态："娱乐资讯节目"②"真实娱乐节目"③"游戏类娱乐节目"以及"公共舞台式的娱乐节目"④，即今天的表演型真人秀节目。显然，是将"电视综艺节目"这种不具有参与性的节目排除在外。石长顺也明确提出，电视娱乐节目是一种"与传统综艺节目相比更加具有娱乐性、消遣性、游戏性、大众性和商业性的电视节目"⑤。可见，电视娱乐节目是被当作一种在风格、形式、娱乐程度等方面都和综艺节目截然不同的新型节目形态看待的。这种将电视娱乐节目视为电视综艺节目的升级版的认识，在当时具有一定的普

---

① 朱羽君、殷乐：《减压阀：电视娱乐节目——电视节目形态研究之一》，《现代传播——北京广播学院学报》2001 年第 1 期，第 92 页。

② 指融合了新闻性和娱乐性，以娱乐为目的的信息节目。朱羽君、殷乐：《减压阀：电视娱乐节目——电视节目形态研究之一》，《现代传播——北京广播学院学报》2001 年第 1 期，第 92—96 页。

③ 指有一定情境设计的、大众参与的、以纪实手段完成的娱乐节目。朱羽君、殷乐：《减压阀：电视娱乐节目——电视节目形态研究之一》，《现代传播——北京广播学院学报》2001 年第 1 期，第 92—96 页。

④ 以观众自我抒发、自我表现为目的，就某些游戏类别或者话题进行交流和展示，具有观众表演空间、满足观众表演欲望的娱乐性节目。朱羽君、殷乐：《减压阀：电视娱乐节目——电视节目形态研究之一》，《现代传播——北京广播学院学报》2001 年第 1 期，第 92—96 页。

⑤ 石长顺：《电视栏目解析》，华中科技大学出版社 2003 年版，第 105 页。

遍性，但随着电视娱乐节目的大规模出现，以及对"娱乐""综艺"节目认识的不断深化，将娱乐节目视为综艺节目之外的娱乐性节目的认识已经成为历史。

2. 电视娱乐节目的广义、狭义之别及其所含类型

目前，学界在使用"电视娱乐节目"这个概念时，其实已经不再是上面所说的历史性概念了，它是对所有以提供娱乐为主的电视节目的统称。但这当中却存在广义和狭义之分。

关于广义的电视娱乐节目及其分类。娱乐节目界定的困难在于，"娱乐"通常都被人们理解为一种节目功能，只要具有娱乐功能，都可以被划归为娱乐节目之列。然而，能体现娱乐功能的节目形态很多，综艺节目、电视剧具有娱乐功能，轻松的谈话节目也具有娱乐功能，体育竞技活动也旨在娱乐，甚至少儿节目也可以形成一种"大众"娱乐效应，如此等等，仅从功能论，这些节目的确都可以被视为娱乐节目。因此，学界也存在将所有具娱乐性的节目都划归娱乐节目的认识，这种认识我们称为广义的电视娱乐节目概念。广义的电视娱乐节目泛指新闻类、经济类之外所有以提供娱乐为主的电视节目，包括电视剧和体育节目。例如，孙宝国在电视娱乐节目形态即节目结构模式和程序研究中，提出了认识电视娱乐节目形态的三个维度：功能偏向维度、节目来源维度和核心元素维度。从节目自身功能分，他认为，电视娱乐节目包含了"欣赏性电视娱乐节目形态""服务性电视娱乐节目形态""知识性电视娱乐节目形态""评介性电视娱乐节目形态"四大类；按照节目来源分为"电视独有的娱乐节目形态""对文学艺术形态进行电视化加工的娱乐节目形态""电视对社会文化娱乐活动直接转播的娱乐节目形态"三大类；从节目的核心元素出发，则分成了电视文艺、电视晚会、电视综艺、电视游戏节目、电视益智节目、电视真人秀节目、电视直播剧、电视单本剧、电视连续剧、电视系列剧、电视情景喜剧、电视栏目短剧、电视电影、电视动画片、电视娱乐资讯节目、电视娱乐谈话节目、电视体育节目、电视少儿节目等 18 种节目形态。[3] 显然，前两个视角的类型划分其实是提供了一种分类向度，并未指向具体的电视节目形态。他认为，电视娱乐节目应该指的是第三种分法，而第三种基于"核心元素"的分类有 18 种之多，将电视剧及体育、少儿节目中的所有具有娱乐性的节目形态都纳入其中。显然这是从广义上理解电视娱乐节目的。

张海潮和其相似，在其《中国电视节目分类体系》中，从"内容"维度，将电视娱乐节目划分为电视剧、体育、电影、综艺、音乐、戏剧、游戏、真人

秀、娱乐谈话专题节目、国际娱乐类节目、大型娱乐节目等 11 种类型[4]。这实际是说，一切"新闻""财经"之外的，只要以满足人们情感需求为主旨的节目类型，都是娱乐节目。显然，他所理解的电视娱乐节目的外延更广。

关于狭义的电视娱乐节目及其分类。狭义的电视娱乐节目特指电视剧、体育节目之外，含有综艺、游戏等娱乐元素，并以提供娱乐为主要目的的那部分电视节目。目前学界一般都在狭义层面使用电视娱乐节目这一概念。但即便是在狭义上使用的电视娱乐节目，不同研究者对其内涵、特点和外延的界定也存有差异。

徐舫州、徐帆从"娱乐"的词义所包含的游戏性、审美性和非强制性出发，对电视娱乐节目做出了界定，认为"电视娱乐节目，是以电视为传播媒介，利用综合性的表达手段，将多种娱乐性元素组合在某一形式中，在某一时段强化电视的娱乐功能，单纯地使观众身心放松、精神娱乐的电视节目类型"①。其中主要强调了"游戏性""审美性"和"非强制性"三个"娱乐元素"及无功利性。但是一档节目到底包含多少娱乐性元素、尺度在哪里，他们认为，这是一个不能够量化的问题。这意味着单凭借这种概念界定，很难划定娱乐节目的边界，因此，他们通过类型划分，进一步明确了电视娱乐节目的所指，认为，电视娱乐节目主要包括 5 种节目类型：娱乐谈话节目、综艺游戏类节目、真人秀节目、娱乐资讯类节目和益智博彩类节目。[5]

谢耘耕、王彩平对电视娱乐节目的界定与之有着一定的相似性，他们认为，"电视娱乐节目就是指通过电视这一特定的传播媒体传播的，大众广泛参与的，以审美性、娱乐性、观赏性和趣味性为突出特点的电视节目"②。这个定义和上述不同的是，在重视电视娱乐节目的娱乐性、审美性的同时，还强调了节目的观赏性。但如果仅凭审美性、娱乐性、观赏性和趣味性四个特点，电视娱乐节目其实也是可以无所不包的，甚至像央视 2006 年推出的创业类真人秀《赢在中国》这种具有一定娱乐性的经济节目也可纳入其中。所以，他们也通过对娱乐节目的分类，进一步规定电视娱乐节目的具体所指，他们认为娱乐节目包括 5 种："以观众观赏为主的综艺晚会型；在与观众相互交流中形成娱乐氛围的益智型；有特定规则的、以竞技竞赛项目为核心的游戏型；有一定情境设计的、以

① 徐舫州、徐帆：《电视节目类型学》，浙江大学出版社 2006 年版，第 33 页。
② 谢耘耕、王彩平：《中国电视娱乐节目市场报告》，《新闻界》2005 年第 4 期，第 4—10 页。

纪实手段完成的真人秀型；以满足观众的表演欲望并为其提供舞台的表演秀型等多种节目样式。"① 和前者相比，这里将娱乐谈话类节目排除在外，缩小了电视娱乐节目的范围，凸显了娱乐节目的"表演"性，但却将"真人秀"分成真人秀型、表演秀型两类并列其中。

由此可见，在各种狭义的"电视娱乐节目"分类中，虽然存在差异，但又有一个共同之处，那就是都将综艺节目、游戏节目、益智节目和真人秀节目当作其中最基本的娱乐节目类型。

3. 用"电视综艺节目"代替"电视娱乐节目"

除了广义和狭义的理解，在当今学界和业界，用"电视综艺节目"代替"电视娱乐节目"的现象也十分常见。但此时的"电视综艺节目"已经和 20 世纪 90 年代的意义完全不同。此时"电视综艺节目"内涵不再特指盛行于 20 世纪 90 年代的狭义的综艺节目，它包含了各种形式的娱乐节目，是电视娱乐节目的另一种用法。胡智锋在其《电视节目策划学》中所研究的"电视综艺娱乐节目"的内涵和外延其实和前面说的狭义的"电视娱乐节目"相似，他将该类节目界定为："以娱乐大众为目的，运用各种电视化手段，对各种电视文艺样式以及可提供娱乐的相关内容进行二度加工与创作，并以晚会、栏目或活动的方式予以屏幕化表现的节目形态。"② 据此定义，他将其分为资讯娱乐类、娱乐谈话类、综艺表演类、游戏娱乐类、益智闯关类、才艺竞秀类、真人秀娱乐类和泛娱乐类 8 类[6]。他在近年发表的系列年度"中国电视研究论文评述"中，使用的也是"电视综艺节目"这个概念。张国涛在《电视综艺的观念演变》一文中的"电视综艺节目"，也指的是狭义的电视娱乐节目，涵盖了晚会型综艺节目、游戏类节目、益智类节目、各种真人秀节目 4 种节目形态的娱乐节目。[7]央视索福瑞等各类研究机构使用的电视综艺节目也泛指我们所说的狭义的电视娱乐节目。

由此可以看出，在我国电视节目发展史上，"电视综艺节目"也一直有狭义和广义之分，狭义的电视综艺节目特指盛行于 20 世纪 90 年代的电视文艺晚会及各种包含音乐、舞蹈、戏剧（戏曲）小品、曲艺、杂技等传统艺术形式，遵循艺术创作规律，通过电视手段二度加工，用以满足广大观众多方面的艺术审

---

① 谢耘耕、王彩平：《中国电视娱乐节目市场报告》，《新闻界》2005 年第 4 期，第 4—10 页。

② 胡智锋：《电视节目策划学》，复旦大学出版社 2014 年版，第 86 页。

美和消闲娱乐等需求的电视节目形态。如曾经盛极一时的《综艺大观》《正大综艺》《艺苑风景线》等。广义的电视综艺节目如前所说，实际指的是所有包含一定的综艺元素，以娱乐为目的的各类娱乐节目。

用综艺节目代替娱乐节目，更能突出娱乐节目的核心要素及其娱乐方式的特殊性，避免将电视剧、体育、少儿节目等这类具有娱乐性的节目也纳入其中，泛化娱乐节目的内涵和外延，更能体现娱乐节目的外部特征，更具辨识度，因此有着非常强的合理性。

但是，随着娱乐节目涉及的社会领域越来越广，其中很多娱乐节目的内容几乎完全脱离了与传统艺术形式的关系，电视娱乐节目真正呈现出了边界模糊的泛娱乐化趋势，比如，《非诚勿扰》《最强大脑》《挑战不可能》等，已经将娱乐延伸至生活服务、科学、生命潜能等领域，这些娱乐节目已经很难和"综艺"联系起来，正如尼尔·波兹曼所说，只要电视愿意，任何内容都可以成为娱乐资源。这意味着，"电视综艺节目"很难涵盖一些新兴的娱乐节目；加上"综艺节目"历史上特指早期的晚会型节目，是电视娱乐节目中的一种，使用这个概念可能会引起一定程度表述上的混乱，因此，在此我们选择了使用电视娱乐节目这个概念。

4. "电视娱乐节目"的内涵、外延

从此前的文献梳理中可以看出，广义上的电视娱乐节目包括的电视节目形态千差万别，缺乏规律性，为了保障研究的科学性和可操作性，在此，我们在狭义上使用电视娱乐节目这个概念。这里，在借鉴以往成果的基础上，将电视娱乐节目定义为：以娱乐为主旨，包含了综艺、游戏等娱乐元素，具有一定审美性、趣味性、观赏性、娱乐性的电视节目形态。在丰富多样、气象万千的娱乐节目中，这里将其限定在电视综艺节目、游戏节目、益智节目和真人秀节目4种节目形态之内。

从此前的分析中可以看出，曾经"综艺节目"是被排除在娱乐节目之外的，但是，这种理解只是阶段性的，之后，无论是狭义的还是广义的电视娱乐节目分类方式中，都将综艺节目视为我国电视娱乐节目的基本形态之一，这已成共识。原因在于，综艺节目的内容及形式虽然以"文艺"为主导，但它是那个时代的娱乐节目，是那个时代所能呈现的"娱乐"形式，也是那个时代的娱乐观念支配下的产物。

20世纪90年代初，中国改革开放、市场经济的大幕刚刚拉开，电视媒体也刚刚进入发展普及阶段，电视人对电视这种新的传播形式的认识及表现方式都还在探索之中；尤其是在电视的娱乐功能刚刚被提倡的初期，要满足百姓的娱乐需要，只有求助于传统诸艺术形式，因为，在当时人们的认识中和视野里，具有娱乐性的也只有传统艺术形式，电视自己的节目形式只有新闻、专题形态，因此艺术欣赏就是一种娱乐。对于电视观众来说也是如此，电视媒体在当时还是一种"新媒体"，它本身就是一种景观；借助它能够观赏歌舞乐、小品、相声等一应俱全的各类艺术样式，毫无疑问也是一种娱乐。所以，综艺节目顺理成章是那个时代的娱乐节目。

需要特别说明的是，在此，我们将旨在传播特定专业知识、服务于特殊人群以及频道特殊定位，但又具有一定娱乐性的节目，如央视财经频道中服务于创业者的真人秀节目《赢在中国》、第一财经的服务于求职者的《中国职场好榜样》等，以及体育频道的娱乐节目排除在外；同时也将谈话类娱乐节目排除在外，因为娱乐性的谈话类节目主要借助话题自身的娱乐性立足，节目形式和游戏、综艺、真人秀等这些形态节目差异比较大，难以用同一标准、尺度去认识、评价。

（二）电视娱乐节目价值取向和价值之间不可分割的关系

我国电视娱乐节目是一个有着 30 多年发展历史、节目形态及内容极其复杂的巨型文本。据不完全统计，单是其中的真人秀节目，自 2004 年《超级女声》引领进入繁荣期，至 2017 年上半年，只湖南卫视、东方卫视、浙江卫视、江苏卫视、北京卫视 5 家卫视就推出了 500 多档娱乐节目①；2020 年在有疫情影响的情况下，尚有电视综艺 134 档。面对如此纷繁复杂的节目样本，如何从整体上揭示其价值取向的发展嬗变，研究思路至关重要。其中存在两个关键问题：一是对"价值取向"的理解。对这一关键性概念的理解不同，得出的结论也就不同。二是要找到价值取向和电视娱乐节目之间的联系，即电视娱乐节目的价值取向是通过什么表征出来的，或者说，电视娱乐节目的价值取向蕴含在电视娱乐节目文本的哪些方面。鉴于价值取向和价值之间不可分割的关系，这里将在确立"价值取向"的基本内涵的基础上，对电视娱乐节目进行文本解读和内容分析，进而揭示其价值取向的变化趋势。

如何理解电视娱乐节目的价值取向，取决于如何界定"价值取向"的内涵。

---

① 见附录 1，节目统计依据互联网和《中国电视节目年鉴》。

如本书开篇中所说，学界在用"价值取向"阐释电视节目时，意义差别很大，有的只是指内容风格的选择倾向，有的则将之视为传播的立场倾向。据不完全统计，以往冠之以价值或价值取向对电视娱乐节目或电视文艺、综艺节目进行的研究中，在应然和实然两个层面、不同角度，对电视娱乐节目价值及价值取向的总结共涉及了 20 多种价值类型，至少是 20 多种对电视娱乐节目价值取向的表述方式。之所以出现这么多的价值类型，一个非常重要的原因在于对价值取向这个概念认识不一。比如"低俗化""精致化"显然体现的不是价值判断，而是对节目风格取向的认识。为了避免研究层次、维度的驳杂，在此首先对价值取向这个关键概念进行界定。

"价值取向是一个涵盖社会各个领域、各个层面，涉及各个学科的价值哲学范畴，它被广泛使用，但至今仍未曾有统一的界定。"① 从以往研究文献对价值取向的使用情况看，其理解五花八门。总体上看，大多都将之理解为："人们在认识上面对各种事物现象所做的抉择或所寻求的行动方向，这就是所谓的价值取向。"② 这种认识实际处于一种不言而喻、无须界定的状态。比如在大众传播研究领域，有的将"受众中心"说视为电视传播的价值取向[8]，有的则将社会效益、经济效益视为价值取向[9]，这种理解和表述使价值取向研究呈现出泛化状态。在价值哲学中，大多都认为价值取向是一种价值选择倾向，是"主体之价值期待、选择、追求的倾向、方向"③。"决定着一定的价值关系选择、取舍的意向和态度就是价值取向。"④ 可见，价值取向是建立在对"价值"的认识基础上的，要真正把握它，最终还取决于如何理解"价值"的所指。

价值研究由来已久。它是继"存在论、意识论之后形成且与之在同等层次上并列的一大哲学基础理论分支"⑤。价值论归根到底研究的是"世界的存在及意识对于人的意义如何"⑥这一问题。在我国，集中、系统的研究主要出现在20 世纪八九十年代，袁贵仁的《价值学引论》、李德顺的《价值论——一种主体性的研究》以及李连科的《世界的意义——价值论》等著作，吸收现代西方价值研究的精华，系统、全面、创造性地对价值的本质、类型、创造、认识及

①③　徐贵权：《论价值取向》，《南京师大学报》（社会科学版），1998 年第 4 期，第 40—45 页。

②　翟学伟：《中国人的价值取向：类型、转型及其问题》，《南京大学学报：哲学·人文科学》1999 年第 4 期，第 118—126 页。

④　马振清：《社会变革中的困惑与选择》，东北大学出版社 2008 年版，第 2 页。

⑤⑥　李德顺：《价值论》，中国人民大学出版社 2013 年版，第 4 页。

作用等进行了细致的分析，是学界公认的该领域中的重要研究成果。其中，李德顺的《价值论——一种主体性的研究》主要从价值主体角度展开价值研究，强调了价值问题本质上是主客体间的关系问题，任何一个事物，其价值都是对特定主体的价值，价值主体不同，其意义也就不同。他以价值主体为轴心，对价值这一处于关系之中的、无限广阔的存在进行了非常具体、细致、层次分明的梳理，尤其是对价值特点、价值类型的阐释和划分，避免了价值研究可能出现的无序状态，使价值研究实践拥有了相对清晰、确定的认识视角和路径；也避免了价值研究过程中，因主体游弋而导致的不确定性。这一研究视角对于本书研究的电视娱乐节目这一特殊的价值客体，具有非常大的启示意义：电视娱乐节目作为媒介产品，存在传者和受者两个价值主体，即其价值取向是指电视娱乐节目中所体现的传者的价值取向，还是它之于受者的价值取向？以哪一个为价值主体来诠释电视娱乐节目的价值取向，结论显然是截然不同的，在此必须做出选择。再回到最关键的问题上来，如前所说，既然价值取向是主体对价值的选择、追求倾向，那么，就首先关乎何谓价值的问题。

价值是价值哲学领域一直存在争议的一个概念[10]，但是，因马克思对价值的理解而确立的"关系说"，已经得到广泛认可："'价值'这个普遍的概念是从人们对待满足他们需要的外界物的关系中产生的"①，这种关系说催生了最具影响力的"效用论"和"意义论"。效用论即从其客体的有用性上来界定价值，能满足人的需要即有价值，反之即无价值。对此，虽然也有不少学者提出质疑，认为这种价值层次过低，事物的价值不能仅仅停留在有用性上，有用只是事物的基本属性；哲学意义上的价值，应该指的是超越了实用价值的重要性意义上的价值。也就是说，有无价值应该看价值客体对主体是否重要，是否有意义，这其实就是"意义论"[11]意义上的价值。

德国价值哲学创始人威廉·文德尔班也从客体对主体是否有意义层面理解价值，认为"价值是哲学为世界立法的'规范'，价值就是'意味着'，就是具有意义"②。据此可见，"把价值看作是由客体所承担的社会意义，已经成为一种普遍的习惯看法和说法"③，其本质"是以主体的尺度为尺度的一种主客体关

---

① 转引自宣兆凯《中国社会价值观现状及演变趋势》，人民出版社 2011 年版，第 19 页。
② 参见李德顺《价值论》，中国人民大学出版社 2013 年版，第 52 页。
③ 李德顺：《价值论》，中国人民大学出版社 2013 年版，第 78 页。

系状态"①。其中，主体指人或群体或某种社会机构，客体则指与主体发生关系的对象、事物。而且，所有研究者都强调谈论价值时，必须明确价值的主体是谁，价值是客体对主体的价值。

社会心理学领域对价值的界定与上述认识有着本质的相似。克拉克洪的表述非常通俗："价值是一种外显的或内隐的，有关什么是'值得的'看法。"②"值得"其实就是意义、有用。与之相似，社会心理学家罗克奇于20世纪70年代将克氏的定义发展为"一个人的希望、欲求、需要、喜爱、选择以及他认为值得要的、较合人意的、有用的、必须做的，直至社会禁止的、认可的或强制的一切"③均可视为价值。

综上所述，可以看出，价值其实就是价值客体对于价值主体所具有的效用和意义，任何价值都是以主体为尺度的，价值即客体对主体需要的满足或意义。

由于任何价值都是以主体为尺度的，反映的是主体的需要、对主体的意义，因此，价值不是一种笼统的存在，而是有自己明确的特点。李德顺在《价值论》中，将价值的特点主要归纳为三对六个相互关联的方面[12]。第一，价值是一种既具个体性又具多元性的存在。个体性是说，价值具有因主体而异的本性。同一事物，针对的主体不同，价值也就不同。因此，价值具有个体性、特殊性特征。价值的多元性是指，在一定范围的社会生活中，同一主体的身份是多元的，主体的每一种身份都有自己的价值坐标、评价标准，因此，同一事物，对于同一主体的不同身份，会具有不同的价值。第二，价值具有多维性和全面性。其中，价值的多维性是指，现实生活中的每一个个体、每一个机构组织，基于其自身结构和规定性，在生活过程中，其需要是多方面的、多层次的，比如，一个人或机构组织，一般既有物质需要、精神需要、经济需要，同时也会有审美需要等，这些就构成了价值的多维性；全面性则是指，价值的多维性是基本的存在状态，永远存在不可取消，而且，这些多维价值是互相联系、相互转换、对立统一的。第三，价值具有时效性和历时性。时效性意为，客体对主体的价值都是具有时间性的，价值随主体自身的变化或主体所处环境的变化而变化或者消失；价值的时效性决定了价值是一个动态变化、发展的阶段性过程，而非

---

① 李德顺：《价值论》，中国人民大学出版社2013年版，第21页。

②③ 翟学伟：《中国人的价值取向：类型、转型及其问题》，《南京大学学报：哲学·人文科学》1999年第4期，第118—126页。

静止凝固的[13]，正所谓，"在价值生活的时钟上，主体是指针"①，因此，价值又具有历时性。

价值的这些基本属性，尤其是主体性、多维性特点，为我们理解电视娱乐节目的价值取向提供了认知的出发点和基本依据，即价值取向既是特定主体的价值取向，但它又具有相对性，因此，必须在各种关系中去探讨和发掘。从不同的关系、维度考察价值，就意味着同一事物在不同视野里会存在多种不同的价值类型。

所谓价值类型，是指客体满足主体某一方面的需要或者对其具有某一方面的意义而形成价值，不同需要或意义，就形成不同的价值类型。主客体之间存在哪些价值类型，决定因素在于主体。价值类型的划分主要有以下 4 个维度、方式（见表 0.1）。

表 0.1　价值类型划分维度[14]

	价值类型划分维度	价值类型列举
1	主体的身份、性质、形态	个人价值、群体价值、社会价值、人类价值等
2	客体满足主体需要的性质	物质价值、精神价值、认识价值
3	客体满足主体需求所属的领域	政治价值、经济价值、文化价值、审美价值、道德价值等
4	客体满足的主体需要在主体活动中的整体地位和性质	目的价值（终极价值）、手段价值（工具价值、阶段价值）

一是以主体自身身份、性质、形态来划分，即主体是谁，个人？群体？组织？等等。在这个角度，客体存在的价值类型通常有个人价值、群体价值、社会价值、人类价值等价值类型。二是按客体满足主体需要的性质分，可分为物质价值、精神价值等。三是按客体满足主体需求所属的领域来分，可分为政治价值、经济价值、文化价值、审美价值、道德价值等，这个角度的类型划分是开放的，因为社会生活领域本身是广阔的、变动不居的。四是依照客体满足的主体需要在主体活动中所处的地位和性质来分，可分为目的价值和工具（手段）价值。目的价值又被社会学家罗克奇称为"终极价值"。"有些需要的满足，是

---

①　李德顺：《价值论》，中国人民大学出版社 2013 年版，第 69 页。

主体活动的目的本身，客体满足主体的这种需要所形成的价值，就叫'目的性价值'……与其他价值的实现与完善有关的价值，就叫作'工具性价值'。"①目的价值和手段价值是相对的，不同的历史情境下是可以相互转换的，某一时期的目的价值在另一时期可能成了工具价值，反之亦然[15]。"有的价值目标在局部看来它是目的，然而，这个目标进而又在更高的目标中具有自身的理由，对于后者来说，它又是工具性的了。"②

价值类型的存在意味着，任何价值都是某一特定关系中的价值，或者说是某一维度下的价值，同一事物，从不同的角度审视，其价值是不同的。这也表明，事物的价值既是确定的，又是相对的，一种事物有什么价值，取决于认识的立场、与主体的关系。

基于上述对价值内涵及其相关问题的认识可以看出，价值取向就是价值主体从客体所具有的各种价值中，表现出的选择倾向，或者说是价值主体表现出的，以哪种价值为主导的问题。用克拉克洪的话说就是，价值取向就是"在所有'有意义'的事物中，哪个是值得追求的"问题上做出的选择。这也恰恰合乎价值理论中对价值取向的基本理解："决定着一定的价值关系选择、取舍的意向和态度就是价值取向。"③

应该指出的是，价值取向有两个不可忽视的特点，一方面，价值取向是通过选择和比较来确定的；另一方面，价值取向是建立在价值判断基础上的，是价值主体的选择；而且，由于价值取向是以价值为依托的，因而，价值取向和价值一样，具有价值所拥有的特点，如多维性、多元性、时效性和历时性等。

由价值取向推及电视娱乐节目的价值取向，显然是指价值主体在电视娱乐节目中表现出的价值选择倾向，即以哪种价值为主导的问题；也可理解为主体在诸多需求、意义中表现出的选择倾向，比如，在政治、经济和审美价值中，选择以其中哪种价值为主导的问题；价值取向拥有价值取向的主体性、多元性、多维性及历时性等所有特点，是一种多类型、多层次的存在。

（三）电视娱乐节目价值取向的主体及涉及的价值类型

"人类生活中的价值关系和价值现象，是一个极其丰富，无限多样化的领域。"④电视娱乐节目也不例外。为避免价值研究陷入相对主义、泛价值化泥

---

① ② 李德顺：《价值论》，中国人民大学出版社 2013 年版，第 82 页。
③ 马振清：《社会变革中的困惑与选择》，东北大学出版社 2008 年版，第 2 页。
④ 李德顺：《价值论》，中国人民大学出版社 2013 年版，第 23 页。

潭，首先要确定电视娱乐节目价值取向的价值主体，因为，任何价值都是针对特定主体的价值，主体不同，同一客体的价值也就不同。其次，要确立价值取向研究的维度、类型。如前所说，任何价值都体现的是客体和主体之间的关系，但主客体之间的关系不是单一的，不同的认识维度，体现不同的关系，也就存在不同的价值类型。鉴于价值取向的复杂性，这里对电视娱乐节目价值取向的考察，选择从特定维度、视角展开。

1. 电视娱乐节目价值取向的主体

确定电视娱乐节目价值取向的主体是谁，也就是要确定电视娱乐节目所体现的是谁的价值取向。这是一个很容易被忽略的问题，但又是研究电视娱乐节目价值取向的逻辑起点。这里将电视娱乐节目的价值主体视为电视娱乐节目播出机构或生产者。

所谓价值主体，"是指实践者、认识者或任何对象性活动的行为者本身"①。由此而言，电视娱乐节目的价值主体显然应该是电视娱乐节目制作者，或是电视娱乐节目播出机构、生产者。在我国，虽然电视娱乐节目已经实施了制播分离，但电视娱乐节目的真正生产者，实际上是电视节目播出机构，因为制作者必须迎合播出机构的需要，合乎电视播出机构的价值取向，产品才能真正投放市场。所以，电视娱乐节目的生产者和制作机构其实是一回事，在此我们不做区别对待，统称电视节目制作者或生产者。也就是说，电视娱乐节目的价值主体实际指的是娱乐节目的播出机构，播出机构等同于生产机构。

但这里存在一个需要特别说明的问题：由于任何电视节目最终都要到达观众，都需要以满足观众需求为前提，因此，电视娱乐节目的主体很容易被理解为受众，即，将电视娱乐节目价值取向理解为在满足受众需求、之于受众的意义上做出的选择。这意味着，电视娱乐节目的价值主体似乎应该是双重的，既可以理解为电视播出机构，也可以理解为受众。然而，如果我们做进一步探讨，就会发现，这种所谓的二元主体只是表象，电视娱乐节目价值取向的主体归根到底只有一个，那就是电视节目播出机构或节目生产者。一方面，电视媒体身份定位决定了无论电视娱乐节目要满足受众怎样的需求，归根到底都取决于电视节目制作机构自身的目的诉求，受众需求只是电视节目实现自身价值的手段、途径；另一方面，将电视娱乐节目的价值主体确定为电视节目播出机构，并不意味着忽略电视娱乐节目对于受众的价值，因为，娱乐节目生产者的价值必然要

① 李德顺：《价值论》，中国人民大学出版社2013年版，第30页。

通过受众追求的价值来实现，所以，将电视娱乐节目价值取向的主体视为电视频道并不意味着忽略受众的存在。这在后文中还将做进一步论述。

2. 审视电视娱乐节目价值取向的两个维度：目的价值和手段价值

如前所说，当我们将电视娱乐节目的价值取向视为电视娱乐节目在诸多价值类型中表现出的选择倾向，即以什么价值为主导时，价值主体一旦确定，判断价值取向的关键就落在了主客体间可能存在的价值类型上。任何一种事物对于主体的价值都是极其丰富的。不仅存在着不同的价值维度，而且，几乎每个维度所存在的价值类型都是开放的、不确定的。比如，从客体满足主体价值的所属领域看，就有政治价值、审美价值、经济价值、道德价值、文化价值等；而从主体身份及其在客体中所追求的意义对象看，则又存在个人价值、社会价值、群体价值等。但有一个维度包含的价值类型则是确定的，即客体满足主体的需要在主体活动中的整体地位和性质这个维度，这个维度只有两种价值类型，"目的价值"（终极价值）和"手段价值"（工具价值）。"目的和手段价值是两种最普遍的价值"，"一切的对象或客体，都可以按它们对于主体的价值，划分为或是目的价值，或是手段价值或工具价值"。也就是说，任何主客体间的价值，唯有这两种价值类型是普遍存在的，比如，一种事物对于主体可能没有政治价值，也没有经济价值，但不会没有目的价值和手段价值。目的价值和手段价值应该是更高层级的价值类型，可以说是两个理解价值取向的基本维度、层次。由此来看，电视娱乐节目虽然是一种不断变化着且又是形式多样的存在，与之相对应，其价值取向也必然是多元的、相对的，但这些多样庞杂的价值取向，其实是有目的价值和手段价值之别的。如果从目的价值和手段价值两个层面来理解电视娱乐节目的价值取向，将会更清晰、具体地把握其变化规律，避免出现交叉、重叠，以至于陷入相对主义的僵局。

应该指出的是，目的价值和手段价值之间也并不是固定不变的关系，它们也是一对具有相对性的价值类型。有的价值，在一个时期是目的价值，而在有的阶段可能就是手段价值，二者之间是可以相互转化的。因此，在研究的过程中，不能规避这种现象的存在。接下来的问题是，电视娱乐节目文本的哪些方面体现的是目的价值取向，哪些对应的是手段价值取向？

电视节目的任何变化其实都可能是其价值取向变化的反映。近40年来，电视娱乐节目的数量及变化的复杂程度有目共睹，这也决定了价值取向研究的复杂性。但看起来变幻莫测的电视娱乐节目，其变化其实主要体现在两个方面，一是整体性变化，即电视娱乐节目形态的变化；二是局部变化。其中，节目形态变化体现的是电视娱乐节目的根本性变化，对应的是目的价值取向的变化，因为形态即特定的结构模式。关于结构模式的本质，大卫·麦克奎恩有言：任何一种节目结构形式都是特定的意识形态的反映[16]；菲斯克也有同样的论断，他认为，一种电视节目类型，其实就是创造了一种阶段性的"常规"，而这种"常规是社会的，也是意识形态的"①，一种常规或者结构模式之所以在一段时期存在，毫无疑问说明这种常规合乎节目生产者的价值取向。因此，目的价值取向的变化将通过对电视娱乐节目形态即其结构形式的诠释完成。

电视娱乐节目的部分或局部变化包含了两个方面，既包含每种节目形态内部的结构要素的调整变化，同时也指电视娱乐节目这一整体性文本的某些构成要素、风格追求等方面在发展过程中发生的局部变化。但同一节目形态内部变化和节目形态的变化并不一定是同步发生的。有时节目形态变了，其中的某些节目要素却仍旧延续的是上一种节目形态的结构要素，呈现出跨形态的一致性。比如，游戏节目中的"明星"表演者就跨过益智节目，延续到了真人秀节目中；而有时节目形态未变，其中的节目要素却发生了变化，比如真人秀节目，在不同阶段就存在着是"秀"生活能力，还是"秀"歌唱能力等题材的差异。可见，手段价值取向的变化，不是以节目形态变化为节点的，它打破了节目形态的界限，因此需要对其做整体性的审视。

3. 电视娱乐节目可能存在的价值取向类型

如前所说，电视娱乐节目的价值取向是电视娱乐节目在诸多价值类型中表现出的选择倾向。这意味着要考察电视娱乐节目的价值取向，首先必须清楚电视娱乐节目可能存在哪些价值类型。据不完全统计，以往对我国电视娱乐节目的研究涉及了 20 多种价值取向，至少是 20 多种表达方式。当然，这些都是从不同视角考察得出的结论。有的是将电视观众作为价值主体，揭示的是电视娱乐节目之于观众的价值取向；有的则将节目生产者作为价值主体，反映的是生产者的价值取向。借鉴这些研究成果，依据对我国电视媒体这一价值主体的理解，我们认为，我国电视娱乐节目主要涉及政治价值取向、经济价值取向、娱乐价值取向、审美价值取向和社会价值取向 5 种大的价值类型。当然，电视娱乐节目作为一种综合性文本，涉及社会生活的各个方面，因此可能存在的价值必然会十分广泛，比如教育价值、道德价值、文化价值等，但是相对于价值主

---

① ［美］约翰·菲斯克：《电视文化》，商务印书馆 2005 年版，第 173 页。

体即电视娱乐节目生产者生产此类节目的目的诉求来说，其不可或缺的价值类型主要是政治价值取向、经济价值取向、娱乐价值取向、审美价值取向和社会价值取向 5 种。其中，目的价值取向涉及政治价值、经济价值和娱乐价值取向，手段价值则更为复杂多样。

首先说属于目的价值的政治价值和经济价值。依据价值的内涵，政治价值就是主体在客体中表现出了对政治问题的极大关注，并以政治尺度为节目的价值尺度。政治价值取向就是在客体具有的诸多价值类型中，表现出以政治价值为主导的倾向。有学者在论及一个社会表现出以政治价值为主导的价值取向时这样说道："作为一种价值观念，它主要是指人们在一切社会领域都要突出政治，人们的一切生活都要被笼罩在政治的气氛中，以及社会、经济、文化、教育、卫生乃至日常生活的一切都要用政治来衡量。"① 经济价值取向即主体的一切实践活动均以获取经济效益最大化为目的；在电视节目中，表现为在节目结构设置、各种结构要素选择上，均以市场为导向，以追求收视率为目标。

之所以将政治价值和经济价值视为我国电视节目的目的价值，是基于我国电视媒体既有产业属性同时又是党和政府的喉舌、工具这两重身份。虽然，在诸多电视节目类型中，每一种节目类型的功能各有偏向，价值取向也会有所区别，比如新闻类节目，由于新闻场距政治场更近，会更多担当起喉舌工具的作用，因此，政治价值必然是最重要的目的价值；与之相比，电视娱乐场会更多受经济场制约，因此，对经济价值的追求不可避免。但这也并不意味着每种节目类型的目的价值追求是恒定不变的。由于每个节目生产场域都受权力场的制约，不同历史时期，作为权力场的政治场和经济场占据着不同的地位，其影响力也会有所区别。电视娱乐节目是电视媒体获取经济效益的主要手段，一般情况下，它都会遵循市场逻辑，倾向于经济价值；但在政治场占据主导地位的情况下，娱乐节目也可能会将政治宣传功能放在第一位，这时候，政治价值很有可能是电视娱乐节目的目的价值取向。因此，政治价值和经济价值同为电视娱乐节目可能存在的目的价值，但不同阶段、不同的历史情境，因权力场力量的强弱对比，会有不同的偏向。

其次，既为目的价值又为手段价值的娱乐价值和社会价值。娱乐价值是电视娱乐节目得以存在的基本前提，指节目具有让受众身心得到放松愉悦的效用。

---

① 伍世昭：《中国 20 世纪文学理论批评价值取向研究》，人民文学出版社 2009 年版，第 16 页。

对于电视娱乐节目来说，无论其试图追求其他什么价值，如果不具有娱乐价值，娱乐节目就失去了存在的意义，从这个意义上说，娱乐价值应当是娱乐节目的"本体价值"，也是娱乐节目不可忽视的目的价值。但相对于经济价值、政治价值来说，娱乐价值又可视为实现这些目的价值的手段价值，因为，经济价值、政治价值都需要通过娱乐价值才能实现，综艺节目时期倡导"寓教于乐"，娱乐在这当中发挥的正是手段、工具意义；而且，娱乐被视为手段在我国是一直以来的传统。可见，娱乐价值其实既是目的价值，也可能是手段价值。

社会价值取向也是如此，但其内涵要较娱乐价值更为复杂。它是电视娱乐节目可能存在的几种价值取向中，内涵最复杂的一种，因为社会价值取向中的"社会"的外延比较宽泛。关于社会价值取向的内涵，和价值取向一样，是一个使用非常广泛但又被多样化赋义的概念。总的来看，基本上分为两种理解路径，一种是社会学领域，普遍认为，社会价值取向指的是价值主体在面对社会时，即在处理各种社会关系时表现出的立场倾向。我们知道，社会是各种关系的总和，其中包括政治、经济、文化、个人与个人、个人与家庭、个人与集体、集体与集体等各种社会关系。从这个意义上说，在处理这些关系表现出的意义选择倾向都属于社会价值取向范畴，比如，面对个人和集体关系时，是选择个人价值还是集体价值；在面对经济价值和政治价值时，是选择政治价值还是经济价值，或者二者兼顾，等等，都可以归为社会价值取向之列。心理学领域则认为，社会价值取向是个体对事件重要性和价值的一种选择、判断，主要体现在人在社会交往中，面对具体利益时做出的利他性或利己性的选择，具体指，是选择个人利益至上还是双方利益至上，抑或二者兼备，即是亲社会还是亲个人，等等[17]。从这两种理解路径中看出，虽然二者有相似之处，但是考察的视角是截然不同的。前者关注的是主体在面对各种社会关系时的立场偏向，后者考察的是主体动机层面在面对某一事件时表现出的利益取向。据此，电视娱乐节目的社会价值取向也可以从两个方面来理解。一方面，电视娱乐节目的社会价值取向可以指价值主体即电视机构在电视娱乐节目中表现出的利他性取向。所谓利他性，是相对于利己性而言的，利己性价值取向即前面所说的，依据电视娱乐节目的身份属性，当其将经济价值和政治价值取向放在首位时，视为利己取向；当其二者兼顾，强调文化传承、传播主流价值观等社会责任时，为利他性价值取向，这是目的价值层面上的社会价值取向。另一方面，电视娱乐节目的社会价值取向可以理解为，价值主体在电视节目中处理各种社会关系时表现出的立场偏向，如前所说的面对个人与个人、个人与群体、个人与家庭等各种社会关系时的选择偏向。前者是就主体身份而言的，主体身份具有一定的稳定性；后者则指向节目内容和文本中所面临的各种具体问题与各种关系，因此，前者属于目的层面的社会价值取向，后者则为手段层面的社会价值取向。

需要特别说明的是，对于电视娱乐节目的价值主体来说，其可能存在的目的价值取向在不同阶段可能兼而有之，而且兼有即多元是一种理想状态。但实际上，这种平衡是很难达到的。如前所说，任何一个场域，都不是孤立的存在，都是各种力量、权力斗争的场所，又同时受到场外各种外部力量的钳制、干扰，哪种力量占据上风，场域内的社会实践活动就会倾向于哪种力量，因此，即便是多元的，但也必然表现出一定的倾向性，即价值取向。布尔迪厄在《关于电视》中曾对电视场和新闻场做过透彻的分析，认为"新闻场最特殊的一点，那就是比其他文化生产场如数学场、文学场、法律场、科学场等，更受外部力量的钳制"。电视娱乐场毫无疑问也不会风平浪静。其身份的双重性决定了它随时会受到政治场、经济场的影响、争夺。虽然政治、经济在经济社会中并非是全然对立的两个场域，但也并非完全步调一致。因为，相较新闻类节目，电视娱乐节目的存在主要是为了满足电视机构的经济需要，而且"娱乐"天然是"去政治化"、倾向于市场的[18]。虽然我国电视媒体同时具有政治喉舌工具的性质，但一旦电视娱乐节目进入市场运行机制，就很难自觉地追求政治价值，甚至难以兼顾社会价值；但是，这并不意味着政治力量会彻底放弃这个阵地。当政治力量强势介入时，经济力量也会让步。而政治力量对娱乐场的要求又和不同历史阶段的政治形势、诉求不无关系，所以，5 种可能存在的价值取向，既不是绝对对立的非此即彼的关系，但也并非全然同时共存。在一个时期内，一定会有某一种或几种价值取向占据主导地位。

最后，作为手段价值的审美价值。电视娱乐节目作为大众文化文本，而非艺术文本，因此不可能将审美价值当作目的价值。但审美价值却是电视娱乐节目实现政治价值、娱乐价值、经济价值等目的价值取向必不可少的工具性或手段性价值。"无论是西方当代的文化消费，还是中国当代的大众文化产品，真正优秀的作品无不是在不断丰富与提升自身的审美文化元素与艺术感染力的同时，赢得大众消费与商业利益。'娱乐话语'也好，'快感政治'也好，都必然依附作为文化艺术品的审美叙事与艺术体验。"①

---

① 赵凯：《大众文化定位与批评的尺度》，《文艺研究》2013 年第 6 期，第 25—32 页。

审美价值取向简言之就是在各种审美价值类型中表现出的选择倾向。那么，如何理解审美价值类型？从价值的内涵看，所谓审美价值就是审美客体对主体审美需要的满足，换句话说，审美体验过程中做出的美的判断，即是审美价值。和其他价值一样，审美价值体现的也是主客体关系，同一客体，不同主体，不同角度，不同语境，具有不同的审美价值，因此，审美价值也是一种开放性的存在，必然存在多种多样的类型。"审美价值类型是人类审美活动中，对历史形成的各种不同特征的价值事实的分类。"① 通俗地说，审美价值类型，就是作为主体的人所认为或创造的美是多种多样的，不同的美，就构成了不同的类型，诸如"美""悲""喜""丑""滑稽""荒诞"等，这些美的类型，其实就是审美价值类型。也就是说，美的类型、审美类型和审美价值类型是同一概念。因为，"美本身就是一种价值形态"，"美具有一般价值的基本性质和特征"，"它同价值一样，既不是客观存在的，也不是脱离客体而独属于主体的，而是存在于主客体的关系中"。这恰恰契合了价值是主客体间的关系说，所以，"美，我们又称之为审美价值"②，审美类型即审美价值类型。

审美类型具有三个基本特点：首先是多样性和开放性。这是由主体间的差异决定的。由于审美活动是人对事物的美的认识，和价值一样，体现的是主客体间的关系，同一事物，不同的主体对其美的认识是不同的，所以，审美价值类型不仅多样，而且和价值类型一样，具有相对性，是一种开放性的存在，此即人们通常所说的"一千个人有一千个哈姆雷特"。其次是具有"易变性"。审美价值受制于时代和语境。时移境迁，同一事物的审美价值在不同情境中也会发生变化。比如，早期春晚在当时呈现出的时尚、热烈，今天看来则主要是朴实、真实。最后，审美类型是不断发展着的。"每个时代有每个时代的美，每个社会有每个社会的美。时代在发展、社会在变化，美也在必然随之发展、变化，美的历史样态是无穷无尽的。"③时代变化、历史发展，不同时代的人对美有新的追求，因此会创造、发展出不同的审美类型。经典美学已经从历史发展中总结出了诸多审美价值类型，如西方美学中被公认的三种最基本的审美价值类型：美、悲剧、喜剧。在这些大的美的类型下，又相应地分离出：崇高、卑下、壮美、优美、滑稽、丑、怪异、暴戾、悲悯等。我国传统美学则有着自己对美的独特的认识和表达方式，将美的类型划分为阳刚、阴柔、典雅、远奥、神、逸、

---

① 张法：《美学导论》，中国人民大学出版社 2015 年版，第 139 页。
②③ 杜书瀛：《价值与审美》，《江西社会科学》2004 年第 1 期，第 39—46 页。

妙、典雅、繁缛、壮丽、新奇[19]等。随着时代的发展，人们世界观、生活方式的变化以及新型的艺术文本的产生，会催生一些新的审美价值类型，比如戏仿、拼贴、惊悚就是现代、后现代大众文化文本的审美特点。因此，审美类型是不断延展、变化着的存在。

基于上述对审美类型即审美价值类型的理解，审美价值取向也就可以用审美取向来表达。审美取向可以从两个角度去理解，一方面可以理解为审美主体在实践活动中表现出的对各种审美价值类型的选择倾向；另一方面还可以理解为价值主体在客体中集中表现出以何为美，用什么来激发接受者美感的问题。前者建立在各种既定的审美价值类型基础上，后者对审美取向的认识则更加直接、开放；前者依据约定俗成的审美价值类型去审视审美客体，后者则从节目自身出发，审视其特有的审美特点，二者本质其实是一致的。作为手段价值取向的审美取向，主要体现在娱乐节目对审美类型的选择偏向上。

（四）电视娱乐节目价值取向与节目形态流变的关系

价值及价值取向的内涵决定了揭示电视娱乐节目价值取向其实是通过电视娱乐节目的意义解读实现的。面对30多年来难计其数、五花八门、异彩纷呈的电视娱乐节目，如何把握其变化规律，从何处入手理解其价值取向，归根到底取决于如何理解"电视娱乐节目"的意义所在。"意义与其说是被简单地'发现'的，还不如说是被生产（建构）出来的"，即，"我们给予事物意义是凭借我们表征它们的方法：我们所用的有关它们的词语……对它们的分类，并使之概念化的方法"实现的，简言之，"我们凭借我们带给它们的解释框架给各种人、物及事以意义"①。斯图尔特·霍尔的这一著名论断已经成为共识。这是说，文本的意义蕴含在解释者对文本的重新建构中。具体到电视节目，菲斯克进一步明确地提出，其意义"是受节目类别的影响甚至操纵的"②，所谓"类别"指的是狭义的节目类型或节目形态。这就是说，发掘电视娱乐节目的意义的途径就要从"类别""形态"入手。这种认识显然就是对我们前面说的在熟悉中发现陌生的具体回应，因为，对于电视节目来说，其最被人熟悉的正是"类别"和"形态"这种稳定的、不变的存在。

的确，"研究节目实际上主要就是研究节目形态。我们现在回忆以往的节

---

① ［英］斯图尔特·霍尔：《表征》，周宪、徐均编译，商务印书馆2003年版，第6页。
② ［美］约翰·菲斯克：《电视文化》，周宪、徐均译，商务印书馆2005年版，第159页。

目，在脑子里留下的更多的是形态"①。电视娱乐节目内容层面的典型事件固然体现着节目的意义和价值取向，但节目深层的、易于被人们忽略但又会对受众产生持久影响的，主要还是一直都在重复的高度模式化的节目形态。因此，对电视娱乐节目价值取向的研究，应该主要是对电视娱乐节目形态的研究。

　　所谓"节目形态"，虽然学界迄今尚未有统一的概念，但在特指节目的表现形式特征是内容载体这一点上，已经形成共识。有研究者在《论电视节目形态的构成》一文中列举了5种比较常见的电视节目形态概念[36]。其中，比较简洁的表述是，"电视节目形态是电视节目内容的形式载体和结构方式。它既是具体的节目形式，又是节目模式的基本构成"②；与之相似的理解还有，"电视节目形态指的就是与电视节目内容相对应的电视节目表现形式，它是电视节目制作方式的核心，提供着适用于不同内容的电视处理方法"③。还有学者从词源意义上对其做了比较具体的解释："'形态'一词，源于英文 format，被译为模式、模本、模版、样板、范本、范型、版式等。'模式'在本义上，是一种成熟的、经过考验和验证的，有稳定的内在规定性与外在指向性的标准样板，具有特定的规则和套路"④，并直接给出了电视娱乐节目形态的定义：电视娱乐节目形态"是指电视娱乐节目内容、形式、品质的个性化拓展与延伸，即由题材、叙事、娱乐、视听等元素构成的电视娱乐节目设计模版"⑤。由此可以看出，电视节目形态是一种形式范畴，但它不是一种抽象的存在，而是体现为特定的结构方式，而这种结构方式是具有一定稳定性，可以进行复制生产、高度简化的程式或者模式、套路。所谓可以复制，就是说它的内容可以变化，但程式不会变化。

　　如此意义上的电视节目形态和狭义的"电视节目类型"其实是同一概念。"电视节目类型"有广义和狭义之分。广义的类型指的是具有共同性质、特点的事物。同一事物不同的维度可以归为不同的类型。比如可以从题材分类、性质分类，也可以从形式分类。狭义的电视节目类型，指的是形式意义上的，即持同一种规则、套路建构起来的节目，"类型可定义为模式、形式、风格或结构"⑥，毫无疑问，此意义上的节目类型和节目形态具有同一性，二者可以互换。孙宝国在其《中国电视娱乐节目形态学》一书中，将电视娱乐节目形态的

　　① 李幸：《电视节目形态之我见》，《电影艺术》2004年第1期。
　　②③ 谭天：《论电视节目形态的构成》，《现代传播》2009年第4期，第71—74页。
　　④⑤ 孙宝国：《中国电视娱乐节目形态学》，《现代传播》2009年第5期，第61—63页。
　　⑥ ［英］尼古拉斯·阿伯克龙比：《电视与社会》，南京大学出版社2007年版，第36页。

特点归纳为三个：复制性、限定性和流动性。所谓复制性是指电视节目形态的可移植性、推广性和周期性；限定性则是指一种节目形态会在节目内容、形式、品质上进行的比较明确的限制；流动性又称延宕性，是指电视娱乐节目形态之间是相互渗透、继承发展的[20]。"流动性"，在约翰·菲斯克那里被称为"文际性"（intertextuality）。"文际性"是约翰·菲斯克在其《电视文化》一书中提出的一个概念，其本质是"互文性"在电视类型关系解读中的运用和发展。所谓文际性，就是说，任何一种电视节目类型都不是孤立的存在，而是一种继承和变异的关系，这种继承变异关系体现在，不同的节目形态、类型之间会存在一定的结构要素上的维持和变化，因此，要理解一种节目形态的意义，必须从文际间去寻找。

电视节目形态之所以拥有复制性、限定性和流动性三个特点，归根到底在于节目形态体现为特定的结构形式或者模式。而结构模式中观层面，是由特定的节目板块或者环节构成的；微观层面，则由特定的结构元素构成，结构元素是节目形态的最小构成单位。"节目模块（环节）的不同排列也会创造出新的节目形态，节目元素之间的差异和组合，就更让节目形态千变万化了。"①

如何理解结构要素？大卫·麦克奎恩在《理解电视——电视节目类型的概念与变迁》中提出，节目模式则是由特定的程式构成的，而"程式是一些重复出现的元素，在重复中，这些元素能够被观众所熟悉和预见"。可见，"重复性"是辨识结构要素的重要依据。而且，大卫·麦克奎恩非常具体地指出了这些重复元素，包括"人物、情节、场景、服装和道具、音乐、灯光、主题、对话、视觉风格"②。孙宝国与大卫·麦克奎恩持相似的认识。他认为，电视娱乐节目形态的要素主要包括题材、叙事、娱乐、视听等元素。由于二者在论及节目形态的结构要素时，针对的节目类型不同，前者更多指新闻和电视剧，后者则电视剧与各种娱乐节目无所不包，因此，所列举的结构要素不尽相同，但有一个共同之处，那就是都包含了内容和形式两个方面。这意味着，电视娱乐节目的意义就蕴含在娱乐节目的结构要素的变与不变中。

（五）不可忽视的场域差异

布尔迪厄认为，整个社会是由大大小小的各种场域构成的。所谓场域，"从分析的角度来看，一个场域可以被定义为在各种位置之间存在的客观关系的一

---

① 谭天：《论电视节目形态的构成》，《现代传播》2009 年第 4 期，第 71—74 页。
② ［英］大卫·麦克奎恩：《理解电视》，华夏出版社 2003 年版，第 22—23 页。

个网络，或一个构架。正是在这些位置的存在和它们强加于占据特定位置的行动者或机构之上的决定性因素之中，这些位置得到了客观的界定"①。"在高度分化的社会里，社会世界是由大量具有相对自主性的社会小世界构成的，这些社会小世界就是具有自身逻辑和必然性的客观关系的空间，而这些小世界自身特有的逻辑和必然性也不可化约成支配其他场域运作的那些逻辑和必然性。例如，艺术场域、宗教场域或经济场域都遵循着它们各自特有的逻辑：艺术场域正是通过拒绝或否定物质利益的法则而构成自身场域的。"（Bourdieu，1983d）②以此而论，毫无疑问电视媒介构成媒介场，在电视这个场域里，由于娱乐节目自身具有独特的运行逻辑和规律，是一个"小世界"，因而又构成一个独立场域，即电视娱乐场。

场域理论给予我们的启示体现在三个方面：一是关系思维。"从场域概念进行思考，就是从关系的角度进行思考。"布尔迪厄认为，近代科学的标志就体现为关系思维方式的形成，他甚至依照黑格尔的那句"存在的即合理的"句式，提出了"现实的即关系的"论断，认为，任何个人意识和个人意志都不能脱离客观关系而存在[21]，这也正应了马克思的关于普遍联系的观点。关系思维、场域概念，其实就是强调，不能笼统孤立地看待一个事物，不能将历史视为单线条叙事。二是任何场域都不是铁板一块，不同的运行逻辑会构成相对独立的子场域。三是节目生产机构与权力场的距离不同，其处境、价值偏向也就不同，因此会构成不同的场域。由此审视我国电视娱乐场，显然，央视和地方台构成了不同的场域，因为它们各自的占位、距离政治场的距离存在巨大的差异。我国广播电视体制决定了我国所有电视媒体的性质、地位是一致的，都既是党的喉舌、工具，又是文化产业的一分子；然而，其行政级别及隶属关系却不相同，与政治场的距离也不相同。场域分为两种，一种是位置的场域，一种是立场的场域，前者指向物理的，后者指向性质上的；但前者不同也会影响到后者："在方法论上，各种位置的场域与各种立场的场域或者说基于客观位置的主观态度的场域密不可分。""不论客观位置的空间还是主观立场的空间，都应该放在一起分析"③，而且"位置的空间仍然倾向于对立场的空间起到支配作用"④。这就意味着位置不一的央视和地方台构成了"央视场"和"地方电视场"，尤其是在市场机制尚未形成之前，行政地位即位置的差异直接决定着二者占有资源的

---

①②③④　［法］皮埃尔·布尔迪厄、［美］华康德：《实践与反思：反思社会学导引》，中央编译出版社1998年版，第134页。

程度，因此，二者之间必然存在发展的不平衡。

依据上述思路，构成了如图 0.1 所示的研究框架，对该框架做如下两点说明：

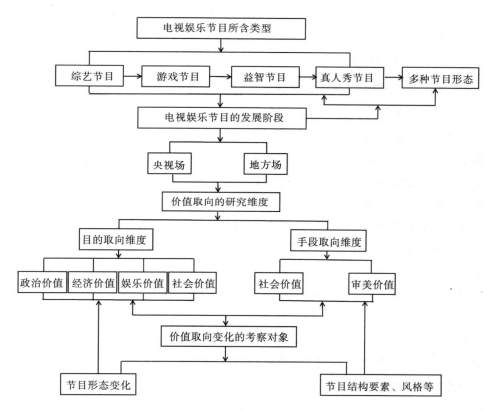

图 0.1 研究路线图

第一，在研究过程中，首先将"电视娱乐节目"作为一个整体性概念、文本看待，并从两个维度审视这一整体性文本：一是从节目形态维度。在这个维度，电视娱乐节目形态经历了 5 次变化：综艺节目时期、游戏节目时期、益智节目时期、真人秀节目时期和多种节目形态共存时期。二是从娱乐节目结构要素维度。这里的节目结构要素不是指每种节目形态的构成要素，而是指所有娱乐节目的基本构成要素。

第二，根据节目的变化情况，从两个场域中选择典型案例。此前说过，我国电视媒体并不是铁板一块，有地方和中央之别，从尊重差异性的角度，我们将央视和地方台作为两个场域、两条线索对待，但这并不意味着两个场域就一定是两条分量相等、并行发展、不存在交际的平行线。从前面的分析看，在发展过程中，二者其实处于强弱对比、同一性和差异性共存的状态，因此，在研究过程中，选择的研究对象也不会采取平均主义、面面俱到的方式。由于本研究主要研究的是价值取向的"变化"，而不同价值取向对应的节目要素和风格变化在不同阶段是不同的，因此，在选择案例时，主要关注的是变化着的场域，对于不变的场域，不做具体关注。

（六）我国电视娱乐节目价值取向研究的"效果历史"

电视娱乐节目价值取向的变化轨迹研究主要涉及两个方面的研究，一是价值研究，二是历史研究。而无论是价值研究还是历史研究，其本质其实都是诠释学的问题。价值的本质就是意义诠释，因为价值本身就是客体之于主体的意义，而意义发掘本质上就是诠释的结果；与此同时，任何诠释都不可能脱离历史，任何诠释不可避免地建诸"效果历史"之上，何况对历史本身的审视。伽达默尔提出的解释过程中的"前理解""视域融合""效果历史意识"对于剖析电视娱乐节目的发展轨迹和意义，有着无法忽视的作用。就此意义上说，本研究其实就是在"效果历史"基础上，对电视娱乐节目的再诠释。理解本身就是一种历史性行为，而不是灵感闪现，这是诠释行为的出发点。

我们知道，作为一门关于理解与解释的学科，诠释学历史悠久，博大精深。从施莱尔马赫到狄尔泰、海德格尔，至伽达默尔，诠释学经历了由"圣经解释学"到"一般解释学"再到"哲学解释学"的发展过程；诠释学由试图揣度作者意图的方法论上升到了本体论层面，即，"理解和解释不是一种方法、规则，而是人类存在的基本方式"①。在诠释学发展过程中，伽达默尔被公认为是集大成者。他吸纳海德格尔的本体论观念，将诠释学的研究重心从解释的方法技巧层面带入到了研究"理解本身是什么"的问题上来。他认为，诠释学绝不是一种方法论，而是人的经验世界的组成部分，"是探究人类一切理解活动得以可能的基本条件，试图通过研究和分析一切现象的基本条件……在人类有限的历时性的存在方式中发现人类与世界的根本关系"②。他认为，传统诠释学将诠释行为理解为试图超越历史达到对其他历时性行为进行客观、真实的理解的认识是天真的。他明确指出，"理解是一种历史行为，它作为这种行为，又总是和现在联系在一起"③。基于这种认识，他在海德格尔的"前见"的基础上，指出了

---

①③　［美］E. 帕尔默：《诠释学》，潘德荣译，商务印书馆2014年版，第61页。
②　　［德］伽达默尔：《真理与方法》，洪汉鼎译，商务印书馆2009年版，第2—3页。

理解活动中存在的"前理解""效果历史意识"以及"视域融合"三种现象，由此建构起诠释学的基本观念系统。三者的核心是"效果历史意识"。本书的研究正是带着这种意识展开的。

海德格尔在其《存在与时间》中，有这样一段著名的论断："把某某东西作为某某东西加以解释，这在本质上是通过先有、先见和先把握来起作用的。解释从来就不是对某个给定的东西所做的无前提的把握……任何解释一开始就必须有这种先入之见，它作为随同解释就已经'被设定了'的东西是先行给定了的，也就是说，是在先有、先见、先把握中先行给定了的。"① 这就是海德格尔著名的"前见"说。伽达默尔受此启发，提出了"前理解"这一概念："理解甚至根本不能被认为是一种主体性的行为，而要被认为是一种置身传统过程中的行动"，"一切诠释学条件中最首要的条件总是前理解……正是这种前理解规定了什么可以作为统一的意义被实现，并从而规定了对完全性的先把握的应用"。一言以蔽之，"前理解"就是说，任何阐释都是建立在自身对此物的既有认识、理解的基础上的，这种无法规避的事先对此物的认识、理解就是"前理解"。前理解来自哪里？毫无疑问来自历史对自己的影响。伽达默尔认为，前理解是解释者进入解释生产的基本起点和依据，它给解释者提供了特定的解释立场、视域。所谓视域，在伽达默尔那里是指看到的范围、立足点。任何解释者的解释都是置身于特定历史视域中的行为，理解的过程就是理解者的视域和其他视域交流、碰撞的过程；通过与其他理解者视域的交流，扩大自己的视域，这就是伽达默尔所说的"视域融合"（Horizontverschelzung）。他认为，"视域融合"既是历史性的，也是共时性的，在视域融合中，历史和现在、客体和主体、自我和他者构成了一个无限的统一整体[22]。

在"前理解"和"视域融合"基础上，伽达默尔又提出了理解的"效果历史原则"。认为，理解与诠释应是一种"效果历史事件"。"效果历史"是伽达默尔诠释学的核心概念。他说，"真正的历史对象根本就不是对象，而是自己和他者的统一体，或一种关系，在这种关系中同时存在着历史的实在和历史理解的实在。一种名副其实的诠释学必须在理解本身中显示历史的实在性。因此我就把所需要的这一样东西称为'效果历史'。理解按其本性是一种效果历史事件"②。而且，"理解从来都不是一种对某个对象的主观行为，而是属于效果历

---

① ［德］伽达默尔：《真理与方法》，洪汉鼎译，商务印书馆 2009 年版，第 2—3 页。
② ［德］伽达默尔：《真理与方法》，洪汉鼎译，商务印书馆 2009 年版，第 424 页。

史，这就是说，理解是属于被理解东西的存在"①。这意味着，对于研究来说，任何历史现象都不是一种单纯的客观存在，都已经堆满各种历史印记和理解，这些历史理解是无法逾越的，因此，任何理解都不可避免地带着效果历史意识。这就意味着，我们的研究不可能忽视研究对象所产生的历史情境及其被研究的历史，或者说既有的对它的理解。这些效果历史本质上已经构成了我们的"前理解"，而"前理解"是渗透在意识和无意识层面，难以拒斥的存在。

上述一系列诠释学原理实际上是说，由于我们的研究对象是一种人人熟悉，而且是已被广泛、全面诠释过的大众文化文本，有着极其丰富的效果历史，因此，我们的研究很难抛开历史，另起炉灶，而主要是在其效果历史基础上的再发现。这启示我们，对电视娱乐节目之价值取向的诠释，和既往的研究构成一种互文关系，是对效果历史的补充和发展，而不是孤立的诠释。

伽达默尔阐释学对理解本身特点的探讨，成为阐释活动的基本观念依据。具体如何展开解释实践活动，他认为解释最终还是要对准文本，以文本的语言和语法为依据。他认为，解释对象的意义蕴含在语言和语法中。但是，他之后的保罗·利科则给出了截然不同的解释路径。作为当代最著名的诠释学家，他强调，文本是一个结构性整体，文本的意义是一种整体性意义。至于文本为何，利科更为具体地指出，文本有三个特点：第一，文本是一个结构性整体，不能还原成构成其身子的句子，仅对其做语意理解是不能理解整体意义的，"文本意义必须被建构或构想为一个整体，我们还要承认文本的意义具有结构性总体的特点，而这个总体不能被还原为其赖以构成的句子"②。第二，它是按一系列规则或法则生产出来的，这些规则或法则规定了文本的类型，而类型与其说是分类方式，不如说是一种生产方式，它提供了一种创造性框架，这个框架既控制话语的生产，也控制话语的解释。第三，这个框架还形成了文本的风格。所以，对文本的诠释就是对文本结构的解释；而且"在文本解释中，必须将文本要素和文本赖以产生的社会制度和历史环境联系起来"③。

而坚持将诠释学作为一种方法论来推广的贝蒂则拟定了诠释的四原则，除

① [德] 伽达默尔：《真理与方法》，洪汉鼎译，商务印书馆2009年版，第424页。
② [英] 约翰·B.汤普森：《意识形态理论研究》，社会科学文献出版社2013年版，第206页。
③ [英] 约翰·B.汤普森：《意识形态理论研究》，社会科学文献出版社2013年版，第225页。

了强调文本的独立性、客观性之外，也着重强调文本意义的整体原则。认为，文本是一个整体，是作者的"统一"精神之产物，因此应具有意义整体性。"这一原则，要求诠释者尽可能地厘清构成文本意义的各种因素，所有构成意义的主客观因素都服务于'整体的意向'，圆融和谐地实现着整体意义。"① 这就充分表明了"结构"及结构诸要素在文本诠释中的核心地位。

如果说伽达默尔给我们提供的是理解、诠释的基本理念，那么，利科和贝蒂则给予我们剖析娱乐节目文本以方法和路径支持，提醒我们理解"电视娱乐节目"这一超级文本，对其进行文本分析、解释，必须处理好文本结构与结构要素、整体和部分之间的关系。

由此审视既往对我国电视娱乐节目价值取向的研究，作为电视节目中受众最广泛、社会影响巨大的节目类型之一，学界给予了充分关注，研究成果颇丰。由于学界常常以"电视综艺节目"或"电视综艺娱乐节目"这两个概念来代替电视娱乐节目，所以，在考察电视娱乐节目的研究现状时，我们同时考察了有关"电视综艺节目""电视综艺娱乐节目"及其所包含的子类型如游戏节目、益智节目以及真人秀节目期刊研究文献，发现研究视角涉及传播理念、节目形态、传播技巧与策略分析、发展历程、现状及趋势、价值观、价值取向等各个方面，涵盖传播学、社会文化学、意识形态分析等领域；个案研究和宏观研究兼备。但其中明确针对价值取向、价值观展开研究的所占比重却比较小。尤其是有关电视娱乐节目、电视综艺节目的价值、价值取向的专门研究，远远少于其他角度的研究。而且，这些有关价值或价值取向的研究，大多针对某一典型个案和某一特定的节目形态或者某一特殊阶段的电视娱乐节目，对改革开放以来的电视娱乐节目进行历时性宏观研究则处于缺失状态。

不过，虽然专门针对电视娱乐节目价值取向的研究比较薄弱，但是，在有关电视娱乐节目的其他问题的研究中常常会夹杂价值评判。结合这些非典型研究成果，发现学界对电视娱乐节目乃至电视节目"价值取向"的理解大致分为两种情况，一种是从价值论视角，将价值取向视为价值的选择倾向来理解，从应然或实然层面对我国电视娱乐节目或者电视节目、电视传播的价值取向进行研究，提出了它们涉及的价值类型；另一种则将价值取向泛化为电视娱乐节目在内容、风格和传播立场等方面的特点、偏向，并对我国电视娱乐节目或电视

---

① ［英］约翰·B.汤普森：《意识形态理论研究》，社会科学文献出版社2013年版，第225页。

传播的价值取向的实然状况进行批评分析。因此，有关我国电视娱乐节目价值取向的认识、判断呈现出多维度、多层次的复杂状态；有的甚至将节目发展趋势视为价值取向，使价值取向在电视娱乐节目研究中成为一个很难准确概括其内涵的概念。总的来看，有关电视娱乐节目价值取向的研究涉及以下几方面的问题：

1. 关于电视娱乐节目应有的价值及价值取向类型

李显杰是较早关注电视娱乐节目价值取向的学者之一。在《论中国电视文艺的价值取向及价值实现》一文中，他从价值论角度，提出作为"文艺作品"的电视文艺应具备 7 个方面的价值取向，分别是个体价值、群体价值、社会价值、审美价值、艺术价值、历史价值和文化价值[23]。这些价值类型几乎涵盖了作为艺术文本所应具备的所有价值。需要说明的是，这些价值取向指的是电视文艺节目之于电视大众的价值，即受众是价值主体，比如，个体价值，指电视节目要能满足受众个人的需要，呈现对于受众个人的意义；群体价值即要能满足某个社会群体的需要，对于某一特定的群体有意义；等等。

更多研究者在研究电视娱乐节目或者电视节目时，是将电视媒体或传播者作为价值主体对待的。有研究者直接从媒介体制及媒体身份出发，提出电视娱乐节目的价值取向取决于媒介产品属性是商业产品还是公共产品，应依据产品属性进行价值定位，认为鉴于我国电视媒体的双重属性，电视娱乐节目应该平衡好商业价值和公共价值的关系[24]。显然，这是认为，电视娱乐节目价值取向指的是之于电视媒体或者节目制作者的价值取向，价值主体是"传者"一方。同样以传者一方为价值主体，有研究者认为，我国电视娱乐节目价值取向其实始终都在娱乐价值、审美价值、道德价值、商业价值 4 种价值取向中选择徘徊，认为，电视媒介应在承担起其应有的社会责任前提下，进行价值选择[25]。还有研究者在研究我国大众传媒价值取向对青少年的影响时，也论及了我国电视媒体存在的价值取向，他们认为，我国电视媒体整体上存在 4 种价值取向类型——政治价值取向、社会价值取向、文化价值取向和经济价值取向，但最终的价值取向应该是追求真善美[12]。

还有学者认为电视娱乐节目的价值取向，归根到底是有关选择以社会效益为主导还是选择以经济效益为主导的问题[26]，将电视娱乐节目的价值取向用偏向经济效益还是社会效益来表达，这显然也是将电视娱乐节目的价值主体视为了电视媒体。

上述价值及价值取向研究，为本书提供了分析、考察、界定电视娱乐节目价值取向的表述方式和视角。价值取向研究归根到底是以价值存在为前提的，明确了所存在的价值，才能揭示价值取向。

2. 我国电视娱乐节目价值取向的实然状态

关于我国电视娱乐节目价值取向的实际状况，虽然大多研究者未从价值论角度或者冠之以价值取向之名展开研究，但在各种角度的批评中，往往渗透着价值取向评价。总体上存在着正反两种截然不同的认识。

大多数研究者认为，从整体上看，我国电视综艺节目的确走过一段弯路，出现过度娱乐，价值取向出现过低俗化、金钱至上、娱乐至上、唯收视率、唯经济效益是从、重利忘义、"义利观"有失偏颇等现象[27]。有研究者认为进入新世纪之后，我国电视娱乐节目尤其是游戏节目、相亲节目的审美取向存在严重的"弱智化""审丑化"倾向[15]，"在节目中模仿、戏谑、恶意诋毁，实际上将传播真善美的电视，变成了张扬'恶'的载体"①，"愚乐至上"已是其显著特征[28]。而另有研究者在考察了中国电视娱乐节目形态的整体走向后，认为中国电视娱乐节目的价值取向总体上可以用"平民化""草根化"和"拜金主义"倾向来概括[29]。

在真人秀节目成为主导性的娱乐节目形态后，学界对它的关注度也越来越高。其中对于我国真人秀节目的价值取向，有研究者认为，它们整体上始终体现对"真善美"的认可与追求。宏观上，始终着重于弘扬亲情、友情、爱情、民族情感，继承与发扬传统文化，体现社会正能量，虽然在一些真人秀节目中出现了以激烈言辞搏出位、以"'攻心计'博眼球"的现象，但其结局总是正面的、美好的，与'真善美'相违背的元素只是节目的调味剂或收视率的助推器，节目自身会以教化的方式将其带回正常的发展轨道"②。但更多研究者认为，我国以真人秀为代表的娱乐节目价值取向是经由近几年的政府干预、纠偏，"限娱令"的颁布才逐渐走上了健康发展的道路。尤其是《中国好声音》《中国梦想秀》等节目的出现，反映出近年我国电视娱乐节目开始越来越呈现出重视审美品格、热心公益、体现人文关怀、追求精致化专业化的倾向[30]。但也存在不同

---

① 邵培仁、潘祥辉：《论中国电视娱乐节目的困境与出路》，《嘉兴学院学报》2005 年第 9 期，第 5—10 页。

② 王憬晶：《国内电视娱乐节目的价值取向分析——以真人秀节目为例》，《青年记者》2016 年第 6 期，第 69 页。

的声音，认为我国电视娱乐节目存在泛娱乐化导致节目公信力不强、泛同质化导致节目类型不广、"泛拿来化"导致节目传承传统文化不够等价值偏离的现象[31]。

还有研究者从传播立场即从传者中心到受众中心这一变化出发，认为我国电视娱乐节目的出现，体现了我国电视媒体从立足精英群体到广泛的平民关怀的转向，这种变化意味着娱乐节目逐渐从集体主义的思维模式下解脱出来，重视自我意识的凸显与个性价值的展现[32]。

3. 行政干预对电视娱乐节目价值取向的影响

自 2011 年开始至 2020 年，国家广电总局和后来的国家新闻出版广电总局先后颁布了 12 个和电视娱乐节目相关的"意见""通知"①，对娱乐节目的播出时间、播出内容、频率等做了全面而具体的要求，这些规定被称为"限娱令"。研究者普遍认为，这种系列规制是实现电视娱乐节目社会效益与经济效益双赢的强大外力[33]，尤其对于净化中国电视荧屏，实现优胜劣汰的节目格局起了非常有力的推动作用。我国娱乐节目的价值取向由此也发生了比较大的变化。普遍认为，限娱令之后，我国电视娱乐节目将承担的文化责任摆在了其商品属性前面，开始追求社会效益与经济效益的平衡，节目内容方面凸显了对主流价值观的引领和对社会公益的关注[34]；以往中国电视荧屏中诸如一夜成名、拜金主义等不够健康、不具正能量的价值取向，以及过度娱乐化、放弃媒体社会责任的电视生态开始改变，开始体现人文关怀[35]（胡智锋、刘俊，2013）。有研究者通过观察 2011 年江苏卫视节目发现，2011 年国家广电总局颁布《关于进一步加强电视上星综合频道节目管理的意见》，对过多过滥的婚恋交友类、情感故事类、游戏竞技类、综艺娱乐类、真人秀等 7 种类型节目实行播出总量控制后，这些频道不仅停播了一些违规的节目，而且当时热度最高的《非诚勿扰》也开始注意话题引导的作用[36]（周欣，2012）。与此同时，更多卫视的娱乐节目由此开始贴上"道德""公益""励志"的标签，尽一切努力，在保证娱乐性的前提下，传递"正能量"，如江西卫视《闪闪红星》、江苏卫视《梦想成真》等，将爱心公益行动和满足普通人愿望糅进娱乐活动中[37]。还有研究者注意到，限娱令之后，娱乐节目开始关注中国传统文化，出现了《成语英雄》《中国听写大会》等传播传统文化的电视节目，表明电视娱乐节目的文化取向发生变化[38]。

---

① 见附录 2《2006—2020 年涉及"综艺节目"的相关规定》。

  但也有研究者提出了不同看法。认为各卫视的电视娱乐节目纷纷打出生活服务类、社教类节目的旗号，这是在打"娱乐"的擦边球，是以文化之名行娱乐之实，如江苏卫视将《非诚勿扰》《非常了得》归类于生活服务类节目，云南卫视的《士兵突击》被归为反映"青少年军训"的社教类节目，这些节目的外在形态和内容看似符合了"限娱令"要求，在操作细节中却充斥着娱乐元素和娱乐手段，实质并没有变化[39]。

  总之，以往对我国电视娱乐节目价值取向研究呈现以下特点：

  第一，研究对象主要聚焦三个方面：一是散点式地跨越节目形态差异，着重针对某一时期各种娱乐节目出现的特殊内容现象，如相亲节目中的"马诺"现象、儿童节目中的拿孩子取笑逗乐、选秀节目中的贩卖隐私等，进行价值评判；二是针对某一典型个案如《超级女声》《最强大脑》《成语英雄》等，以小见大，以点带面，揭示电视娱乐节目价值取向的发展变化趋势；三是整体性宏观性研究缺失，即便是视野比较广泛的研究，也都集中在中观层面，比如对游戏类节目、益智类节目或真人秀节目等某一节目形态在某一阶段的价值取向的研究。总的来看，以往对我国电视娱乐节目的研究都集中在微观和中观层面，缺少对整个娱乐节目的发展过程做历时性的、全面宏观的观照和价值审视。

  第二，有关电视娱乐节目涉及的价值取向类型，由于几乎都未对价值取向的概念做出具体界定，因此结论涉及不同层面、视角。据不完全统计，以往关于电视娱乐节目价值及价值取向的研究，主要涉及这样一些表述方式：政治价值、文化价值、审美价值、商业价值、公共价值、个体价值、群体价值、社会价值、艺术价值、历史价值；审丑化、娱乐至上、低俗化、平民化、草根化、拜金主义、精致化、专业化等近 20 种。由此可以看出，研究者是基于对价值取向内涵的不同理解展开研究的。这种五花八门的理解方式，为我们做全面、系统的研究奠定了基础，同时也显示了全面、系统研究的必要性。

上篇
目的价值取向的变化

一般来说，所有娱乐节目的目的价值取向都应该是追求娱乐，这也是它之所以作为一种独立节目类型存在的价值。但是，电视媒体毕竟是一个特定的场域，它不仅被各种权力资本控制，而且受到其他场域的影响，因此，娱乐实际上常常沦为一种工具性或手段性存在，尤其是当某一种权力资本或者其他权力场的力量占据绝对统治地位时，它往往只是服务于某种权力需要的手段。所以，娱乐节目的目的价值取向并不一定是娱乐节目价值，具体是什么，一方面取决于价值主体的占位即节目制作者的身份属性，另一方面取决于不同时期控制它的权力资本或者影响最大的权力场是什么，但无论前者还是后者，最终还取决于娱乐节目文本自身，毕竟它的价值取向是通过文本体现出来的，文本才是意义的决定因素。脱离了文本分析，仅仅考察其外部因素，是舍本求末。有鉴于此，这部分主要研究四个问题：一是我国电视娱乐节目发展阶段划分；二是如何表征各时期主导性节目形态的结构模式；三是如何阐释各种结构模式的意旨，即各阶段的价值取向是什么；四是对目的价值取向的评析。

第一章

我国电视娱乐节目的发展历程

历史分期是一个见仁见智的过程，不同视角、标准，会产生不同的分期方式。在现有的研究成果中，主要有"三分说"和"四分说"两种。"三分说"主要是基于节目形态的创新性而言的。认为我国娱乐节目从电视综艺开始，到真人秀节目出现，共经历了三次大的创新：一是形成阶段（20世纪80年代至90年代）。起点是1983年中央电视台举办春节联欢晚会，娱乐节目自此开始受到关注，整个20世纪80年代，春节联欢晚会和各种文艺晚会在这一阶段的综艺节目中占有主要地位，节目偏重艺术追求。二是发展阶段（20世纪90年代）。以1997年7月11日《快乐大本营》在湖南卫视开播为标志，连同之后兴起的《幸运52》《开心辞典》，统称为发展阶段。三是转型阶段（21世纪初期）。以2000年以后，真人秀节目的诞生、发展为界限，标志着电视综艺节目发展又进入了一个新的阶段。代表性节目有中央电视台的《非常6+1》《梦想中国》，湖南卫视的《超级女声》《快乐男声》，东方卫视的《我型我秀》《加油！好男儿》等[40]。这种分期方式虽然体现了节目形态的差异，但过于笼统，尤其是将游戏节目和益智节目视为一个阶段，忽略了二者的结构差异。

更多研究者持"四分说"。张国涛依据娱乐节目传播观念的不同，认为我国电视娱乐节目的演变历程可分为四个阶段：第一是结构为"演员+表演"的综艺节目阶段；第二是"明星+游戏"的游戏节目阶段；第三是"平民+知识"的益智节目阶段；第四是"平民+选秀"的真人秀阶段。还有研究者着重从受众在娱乐节目中的地位及其功能的变化，也将我国电视娱乐节目划分为四个阶段：第一阶段是"综艺表演——遥远的欣赏"。指的是20世纪80—90年代，这一时期的综艺模式是"演员+表演"；主持人是主导者，观众处于远距离欣赏位置，节目内容以表演集萃为核心。代表节目有《综艺大观》《正大综艺》。第二阶段是"欢乐动员——参与的尝试"。第二阶段是20世纪90年代末兴起的游戏节目。

这一时期的节目模式是"明星+游戏+观众参与"。认为这一时期观众的地位和参与程度都有了一定程度的提高，但与真正的观众参与还有很大差距。代表节目有《快乐大本营》《欢乐总动员》。第三阶段是"益智博彩——巨奖吸引参与"。时间是 21 世纪初，这一时期的节目模式是"观众+游戏+巨奖"。其特点为，节目将普通观众拉入现场，明星基本退出娱乐舞台；节目类型主要有两类，一类是益智博彩类，如《开心辞典》《幸运 52》《超级英雄》等栏目；另一类是生存挑战类，如《走进香格里拉》《幸运大挑战》等栏目。第四阶段是"真人秀——百姓的生活游戏"。起止时间是 2003 年至今，其节目模式是"百姓+生活游戏"[41]。谢耘耕、王彩平也认为中国电视娱乐节目发展到今天，经历了晚会时期、娱乐时期、竞猜时期、真人秀时期四个时期。虽然上述"四分法"的阶段划分在表述方式以及分期的角度上各有差异，但实际上都认同了借助综艺节目、游戏节目、益智竞猜和真人秀四种不同节目形态的历时性关系，来体现我国娱乐节目的不同发展阶段这一认识，这就为本书的阶段划分提供了可资借鉴的依据。

这里对电视娱乐节目进行阶段划分的最终目的是揭示其节目价值取向的变化，这就意味着阶段划分的依据、视角必须能蕴含节目的价值取向。基于意义存在于类型、模式或常规之中这一基本认识，目的价值取向其实就反映在节目形态的选择上，节目形态的变化是电视节目的质变。因此，基于考察目的价值的目的，划分电视娱乐节目发展阶段，应以节目形态变化为依据。

然而，上面的"三分说"和"四分说"虽然都以节目形态变化为依据，但它们都存在这样两个问题：第一，时间节点过于笼统，大多没有具体的起止年份，这会影响到研究过程中在怎样的时间区间内选择相应的节目形态典型案例的问题，因为，用一种新的节目形态代替一个历史阶段的分法，并不意味着一种新的节目形态兴起后，旧有的节目形态就会消失，而是和新形态共时存在。那么，当研究一种节目形态时，是在它所在的任何一个阶段任意选择典型案例，还是只在由其主导的阶段选择？不言而喻，答案显然是后者，因为只有在主导期内，其典型节目才最能体现这种形态的突出特点，因此，阶段划分必须有明确的时间节点。第二，上述阶段划分均截止到 2010 年之前的电视娱乐节目，近十年的娱乐节目并未被纳入其视野范围。而事实是，电视娱乐节目形态到了第四阶段即真人秀节目，并未停止变化。随着媒介环境的变化，娱乐节目形态到了 2013 年前后，不再是真人秀节目一枝独秀，而是出现了益智节目、文化娱乐节目等多种节目形态共存的现象，而且，真人秀节目内部也不再像以往那样，一个阶段只有一种形式统领，而是各种类型的真人秀多样共存，有研究者甚至将这一时期称为"后真人秀"时期。毫无疑问，娱乐节目已经拥有了一个新的历史阶段。

基于上述认识和考察目的价值取向的需要，在此将我国电视娱乐节目的发展划分为五个阶段：综艺节目时期、游戏节目阶段、益智节目阶段、真人秀节目阶段以及多种形态共存阶段。各阶段的时间节点做如下规定，其后对每种节目形态的典型节目的选择，都集中在其所主导的时间段内。

一、综艺节目主导时期（1983—1996 年）

一般认为，我国电视综艺节目始于央视 1983 年的春节联欢晚会，它是我国电视娱乐节目的开端。我们知道，改革开放之后的第一年 1979 年至 1982 年就已经举办过 4 届春节晚会，但是，真正使晚会形式作为一种电视节目形态确立下来的，是 1983 年的春节文艺晚会[42]。虽然今天看来娱乐并非春晚的目的，但是，春晚一开始也并未如之后将自己上升到国家仪式的高度；而且，其中的娱乐追求和娱乐方式都直接影响到之后综艺节目的发展。

1983 年的春晚举办的目的很单纯，主要是提供娱乐。史料显示，央视办这届晚会的初衷，只是延续 1979 年乃至"文革"之前就已经开启的春晚惯例，借助新春佳节，为民众提供娱乐[43]。有学者认为，1983 年晚会其实是对"文革"前春晚"笑的晚会""笑"的传统的继承和延续[55]，是央视自发地以欢庆佳节为主旨，举办的一场"联欢"活动，娱乐是目的。正因如此，它才被学界视为娱乐节目的开端。郭镇之先生非常明确地指出："春节晚会属于娱乐节目"①，尤其"1983 年的春晚……是一场纯粹的联欢晚会"②。而且，1983 年春节晚会在形式上为之后的晚会型综艺栏目出现奠定了基础。虽然这届春晚的茶座式形式只是以往春晚形式的延续，但是，它已经摆脱了以往单纯照搬舞台实况的形式，开始自觉利用电视自身视听兼备、时空自由转换的表现手段，博采各类艺术之长，将之打造成了一种具有电视特点的综合艺术形式，因此，被视为当时成就最高的电视艺术形式[44]，1983 年"晚会在名称、内容、形式、气氛等各个

---

① 郭镇之：《中国电视史》，文化艺术出版社 1997 年版，第 44 页。
② 郭镇之：《从服务人民到召唤大众——透视春晚 30 年》，《现代传播》2012 年第 10 期，第 7—12 页。

方面为以后的春晚奠定了基础"①。之后盛极一时的电视综艺栏目《综艺大观》，正是依照这届春晚奠定的模式推出的。由于春晚巨大的影响力，央视于 1990 年 3 月推出了我国电视综艺节目的代表性栏目《综艺大观》。《综艺大观》从直播形式、节目结构，到"综艺性、娱乐性、观赏性"的节目宗旨，皆为春晚模式的翻版，学界和业界均将《综艺大观》称为"小春节晚会"[45]，是春晚的日常化。因此，1983 年的春晚是电视综艺节目形态的滥觞。

1991 年，《综艺大观》开播一年后，央视又推出了以曲艺为主要内容的《曲苑杂坛》，同样也大获成功。《综艺大观》和《曲苑杂坛》的成功，促使各地方电视台纷纷效仿，在周末时段都推出了同类节目，如上海台的《大舞台》《大世界》，广东台的《万紫千红》等，可以说晚会型电视综艺节目席卷荧屏，一时无两。

如果说此时还有不同形式的娱乐节目的话，那就是之后出现的如《东西南北中》《艺苑风景线》等栏目，它们不同于《综艺大观》的晚会模式，这类节目走出演播室，以音乐电视等更为电视化的方式对传统文艺形式进行二度创作，构成一个个独立的电视文艺作品，然后由主持人串联而成。这种综艺节目形式上看似不同于《综艺大观》这样的晚会形式，打破了演播室的局限，但实际上只不过是将舞台延展到广阔的外景中而已，本质和晚会型综艺节目相同，因为这类节目的基本内容和形式与晚会型综艺节目一样，也是由各种形式的文艺节目串联而成，其构成要素与晚会型电视综艺节目并无二致，因此，这些均属于综艺节目。

作为常态电视综艺节目的代表，《综艺大观》2004 年才停播，《曲苑杂坛》一直延续至 2011 年。但是，由电视综艺节目主导的时代，其实伴随着 1997 年《快乐大本营》等一批游戏节目的崛起就已经结束，《综艺大观》之类的综艺栏目的地位及影响力已经被游戏节目取代。而其中的电视文艺晚会，尤其是春节晚会，虽然作为一种节日仪式依然存在，依旧具有一定的影响力，但也只是短期效应，而且它实际上不再是单纯的娱乐节目，已经演变成一种具有娱乐性的国家仪式，这在学界业界都已经成为共识。因此，综艺节目形态作为电视娱乐节目的一个发展阶段，实际上在 1997 年游戏节目诞生后就已经结束。

---

① 刘习良：《中国电视史》，中国广播电视出版社 2007 年版，第 217 页。

二、游戏节目盛极一时（1997—2000 年）

游戏节目时期指的是 1997 年我国首档最具影响力的游戏节目湖南卫视《快乐大本营》的诞生，到 2000 年益智节目《开心辞典》掀起收视热潮，取而代之占据主导性地位之前这段时期。其实，我国最早的游戏节目可以追溯到 1993 年上海东方卫视制作播出的《快乐大转盘》。这档节目每期 50 分钟，参与者主要为普通市民，节目内容既有各种趣味问答，也有户外比赛、室内游戏等。作为游戏竞技型真人秀节目的雏形和鼻祖，《快乐大转盘》的诞生具有重要意义，但是影响力有限。直到 1997 年 7 月 10 日湖南卫视《快乐大本营》开播，才真正掀起了一股席卷中国电视荧屏的"快乐"浪潮——"一波由当红一线明星——主要是港台明星为节目嘉宾，由青春、开放、活跃的主持人为节目自身品牌，以竞技游戏为平台的游戏类娱乐节目迅速侵占了各个省级卫视的周末黄金档"[1]，电视娱乐节目真正走进了游戏娱乐的时代，"电视娱乐节目"的概念也由此登上历史舞台。也正因如此，从前面的梳理中可以看出，学界都将《快乐大本营》的出现作为我国娱乐节目发展的一个新阶段来看待，是我国娱乐节目进入游戏节目主导时期的标志。而且，《快乐大本营》推出后，打破了一直以来综艺节目一统天下的局面，引发了全国各卫星频道的竞相效仿，《欢乐总动员》《假日总动员》《非常周末》等游戏节目突然间充斥荧屏，风靡一时。这种局面在 2000 年央视《开心辞典》栏目推出后得以改变，娱乐节目的热点迅速转移，游戏节目的主导性地位也因其表现出的消解意义、过度娱乐化、同质化倾向，而被益智节目取代。

三、益智节目异军突起（2000—2003 年）

益智节目是指由普通平民参与，以知识竞答游戏为主要表现形式，以包含特定奖励方式为叙事驱动力的综合性娱乐节目形态。类似的节目形式，其实可以追溯到和《综艺大观》几乎同时出现的《正大综艺》。1990 年 4 月 21 日开播的《正大综艺》中的"快速抢答"板块可以视为我国益智节目的滥觞，同一时期类似的知识竞答节目还有江苏电视台的《大风车》。不过，无论是在《正大综艺》还是《大风车》中，知识竞答都只是其中的一部分内容，未能构成一种节

---

① 王诗文：《电视娱乐节目在内地发展形态探析》，《江淮论坛》2009 年第 2 期，第 110—114 页。

目形态，但这种竞答游戏形式为之后益智节目的盛行奠定了基础，是益智节目诞生的序曲。

其实，再远一些与之相似的节目还可以上溯至 20 世纪 80 年代盛行的各种电视竞赛节目。郭镇之先生甚至将知识竞赛节目视为当时的娱乐节目[46]。但显然益智节目和知识竞赛节目有着本质的不同。其中最本质的区别，一方面在于，电视竞赛节目程序单一，突出的是严肃性和仪式化，强调的是知识的传播和宣传；而益智节目则是一种借助知识竞答展开的游戏，其本质是游戏，知识传播在其中是形式、手段，而不是目的，其目的是"开心""幸运"。另一方面，电视知识竞赛的主角是不同的社会团体或特定的行业单位，而益智节目则是普通的社会大众。

益智类节目真正取代游戏节目，成为我国电视媒体上占主导地位的电视娱乐节目形态是在 2000 年央视二套推出了《开心辞典》之后，但实际上在这之前即 1998 年，央视经济生活服务频道就借鉴英国 BBC 的《GOBINGO》，推出了益智节目《幸运 52》。这档节目将知识融入跌宕起伏的游戏竞猜中，以其浓郁的节奏感、娱乐性，一经播出，就在观众中引发强烈反响。但由于当时游戏节目正值上升期，该节目虽然备受关注，但并未形成一种风潮，构成覆盖电视荧屏的力量。2000 年《开心辞典》的出现，适逢游戏节目因全国各电视台相互模仿克隆，进入千台一面，观众产生审美疲劳阶段，这时，益智节目集紧张、悬念、惊险效果为一体，知识性和娱乐性兼备，且有一定的物质奖励为筹码的形式，令人耳目一新，大大激发了观众的收视热情，由此取代游戏节目，使电视娱乐节目走进新的阶段。2001 年，央视又推出了《金苹果》《三星智力快车》等；紧随其后，浙江卫视的《挑战 21》、东方卫视的《今天谁会赢》、江苏卫视的《无敌智多星》、广东卫视的《赢遍天下》等也都盛极一时。2004 年，真人秀节目伴随着《超级女声》产生的巨大影响，开始主导电视娱乐节目市场，益智节目进入衰退期。

四、真人秀节目一枝独秀（2004—2012 年）

如果从我国首档电视真人秀节目《生存大挑战》的诞生算起，电视真人秀节目的开端应追溯到 2000 年，这档节目在当时因其真实和戏剧相结合的形式，备受关注。但是真人秀节目真正产生广泛影响并大规模出现，是在 2004 年湖南卫视的《超级女声》产生轰动效应之后，因此，这里将真人秀节目时期的开端定为 2004 年。

在"超女"的影响下，2006 年由"海选"、全民娱乐、草根贯穿的表演选秀型真人秀节目呈现井喷式发展，《绝对唱响》《红楼梦中人》《加油！好男儿》《我型我秀》《舞林大会》《快乐男声》等节目相继问世。但由于这一时期表演选秀型真人秀节目同质化现象十分严重，模仿、克隆海外真人秀节目的创意及模式成为一种潜规则，几近雷同的节目形式不断消磨着观众的审美，收视率的严重滑坡使选秀节目于 2008 年、2009 年进入了短暂的沉寂期。2010 年前后以江苏卫视《非诚勿扰》为代表，一批婚恋约会真人秀如湖南卫视《我们约会吧》、东方卫视《百里挑一》等纷纷亮相，整个电视娱乐场，形成了以此类真人秀为主、各类真人秀同时共存的局面。

与此同时，由于大量真人秀节目进入了"以低俗当幽默，以恶俗当通俗，以媚俗当前卫……冠冕堂皇地进入'克隆＋炒作＋土俗＝利润'的商业怪圈"①，国家广电总局在多次发布相关规定，对娱乐节目的低俗化进行遏制之后，2011年底，国家广电总局颁布《关于进一步加强电视上星综合频道节目管理的意见》，对节目形态雷同、过多过滥的婚恋交友类、才艺竞秀类、情感故事类、游戏竞技类、综艺娱乐类、访谈脱口秀、真人秀等节目类型实行播出总量严格限制，而且特别要求各电视上星综合频道要开办弘扬中华民族传统美德和社会主义核心价值体系的思想道德建设栏目。其中对节目总量的限制、对电视娱乐的走向产生了质的影响，促使娱乐节目在 2013 年前后走进了新的阶段。

五、多种节目形态共存（2013—2020 年）

2013 年，我国电视娱乐节目进入一个多种节目形态共存的去中心化时代。所谓多种节目形态共存包含四层含义：第一，是指 2013 年前后，一直以来的真人秀节目一枝独秀的局面被打破，旧有的益智节目、游戏节目重新勃兴。如央视推出了《汉字听写大会》《中国成语大会》《中国诗词大会》等格外重视仪式感的益智节目；地方卫视则推出了《一站到底》《非常了得》《年代秀》等益智节目，显示出十分浓郁的游戏性；也涌现出了《最强大脑》这样的科学类真人秀。第二，出现了一批被冠之以"文化类娱乐节目"之名的创新性节目形态，这些节目收视率虽然不及真人秀类节目，但其产生的社会影响巨大，如《见字

---

① 中国网：《2007 年国内娱乐圈十大关键词》，2007 年 11 月 2 日，http：//www. china. com. cn/book/txt/2007－11/02/content_ 9165820. htm。

如面》《朗读者》《国家宝藏》等。其中，2016 年《见字如面》"首播点击量突破 500 万，播出第二期就以 9.4 分的高分刷新了豆瓣综艺节目的新高度"①；央视 2017 年推出的《国家宝藏》前两季超 10 万人打出豆瓣 9.1 分，B 站则给出了 9.9 的高分。第三，这一时期的真人秀节目也打破了以往单一类型主导一个阶段的局面，呈现出多种真人秀类型共存的状态。我们知道，以往的真人秀节目就表演内容看，分别经历了生存挑战类主导时期、选秀节目主导时期、相亲节目主导时期等几个阶段；到了 2013 年前后，先后涌现出了诸如《爸爸去哪儿》《花样姐姐》《中国好声音》《向往的生活》《中餐厅》《乘风破浪的姐姐》等新型的生活体验类、选秀类节目，以及《奔跑吧兄弟》这种更剧情化的游戏类、《最强大脑》之类的科学型等一大批新型真人秀节目形态。各种类型的真人秀节目同时共存，独尊一种真人秀形态的局面不复存在。第四，这一时期的节目形态虽然多样，但影响力不再以某一类型为单位，而是以单个现象级节目为主。所谓现象级节目，几乎所有论者都认同其至少具有这样三个特征：高收视率、高影响度、具有广泛的话题效应，而且节目模式有创新[47]。上述每一档节目，几乎都非以往的真人秀类型所能涵盖，各自有自己的特色。现象级节目的出现表明，娱乐节目内部已经高度分化，进入了"去中心化"时代，多种形态共存、百花争艳的格局已经形成。

由于媒介环境日益复杂，基于占领市场的需要，电视娱乐节目推陈出新、更新换代的周期越来越短，因此，整体情况会始终处于不断变化的状态。目前由现象级主导的去中心化状态依然在持续，为了保证研究的科学性，我们将这个阶段的时间节点规定在 2013—2020 年底这一区间内。

我国娱乐节目进入多种节目形态共存的状态，从某种意义上说，是行政干预的结果。如前所说，基于电视媒体过度追求娱乐功能，忽视其他社会功能的状态，2011 年底国家广电总局颁布《关于进一步加强电视上星综合频道节目管理的意见》，"意见"要求每晚 19：30—22：00，全国电视上星综合频道播出的婚恋交友类、才艺竞秀类、情感故事类、游戏竞技类、综艺娱乐类、访谈脱口秀、真人秀等类型节目总数控制在 9 档以内；每个电视上星综合频道每周播出上述类型节目总数不超过 2 档；每个电视上星综合频道每天 19：30—22：00 播出的上述类型节目时长不超过 90 分钟；全国卫视选秀节目一年加起来总量不超

---

① 高嘉仪：《全屏首档明星书信朗读节目〈见字如面〉的传播价值分析》，《视听解读》2017 年第 3 期，第 54 页。

过 10 档，类型不得重复。这一系列的规定，促使各大卫视不得不以严谨严格的态度，打破以往以"群""量"增加黏性的策略，开始认真整合资源，充分利用有限的时间，推出高质量、有新意、精制作的节目，吸引观众。由于节目策划制作周期的缘故，这一成果在 2013 年前后得以呈现。2013 年 10 月，国家广电总局又颁布了《关于做好 2014 年电视上星综合频道节目编排和备案工作的通知》，"通知"规定，每季度总局通过评议会择优选择一档歌唱类选拔节目安排在黄金时段播出，其余不得安排在 19：30—22：30 之间播出；与此同时，对电视晚会也进行调控，原则上重要节假日期间每日不超过 3 台；而且凡拟在 2014 年 1 月 1 日起每天任何时段播出的新闻类、道德建设类、歌唱选拔类、晚会类、引进境外版权模式节目需要提前两个月申报备案；每天 19：30—22：00 播出的婚恋交友类、才艺竞秀类、情感故事类、游戏竞技类、综艺娱乐类、访谈脱口秀、真人秀等类型的节目，需按规定履行备案手续①。这些规定，进一步改变了以往一段时期内独尊一种节目类型的现象，为多种节目形态共存局面的持续发展奠定了基础。

六、主导性节目形态所在场域的位移

虽然我国电视娱乐节目发展的前四个阶段是由四种娱乐节目形态的历时性关系体现出来的，但是，四种节目形态所在的场域并不是一以贯之的。或者说，在我国娱乐节目发展过程中，每个历史阶段的主导性节目形态并不属于同一场域。此前说过我国电视娱乐节目版图整体上分为央视和地方台两大块，它们因各自的占位，构成了两个不同的场域。在娱乐节目发展过程中，这两个场域的关系也在不断发生变化。在我国现行广播电视体制下，央视和地方电视台并非隶属关系，但也不是两条独立的平行线。央视虽然是国家电视台，但也并非一直一家独大。二者之间的关系随着我国电视媒体运行机制以及权力场的变化在不断变化。综艺节目时期是央视场主导的时期，这一时期央视一家独大。标志性节目《综艺大观》《正大综艺》均出自央视，这一时期是央视引领着中国电视娱乐节目的发展方向，地方台处于模仿央视状态。第二阶段，我国电视娱乐场的重心开始向地方台转移，这里指的是游戏节目时期。湖南卫视的《快乐大本营》、北京卫视的《欢乐总动员》、浙江卫视的《假日总动员》、东南卫视的《开心 100》、江苏卫视的《非常周末》等在当时盛极一时，抢走了央视综艺节

---

① 见附录 2《2006—2020 年涉及"综艺节目"的相关规定》。

目的风头。益智节目阶段，央视重新占据主导地位，其《幸运52》《开心辞典》推动我国娱乐节目进入益智节目时代。到了真人秀节目时期，才出现了央视和地方台并行发展、共同繁荣的局面。2003年，在央视《梦想中国》奔赴地方台，设立分赛区，如火如荼开展的时候，湖南卫视的《超级女声》横空出世；紧接着，央视又推出了同类型的《星光大道》，由此拉开了各自为阵、相互竞争的大幕，其间二者几乎是并驾齐驱向前发展。我国电视娱乐节目的这种发展格局，可以通过表1.1和图1.1窥见一斑。

表1.1 我国电视娱乐节目发展格局一览表

主导性场域	主导阶段	代表性节目
央视	第一阶段：综艺节目时期	春晚、综艺大观、正大综艺
地方台	第二阶段：游戏节目时期	快乐大本营、欢乐总动员、非常周末
央视	第三阶段：益智节目时期	幸运52、开心辞典
央视	第四阶段：真人秀节目至今	梦想中国、星光大道、非常6+1、我要上春晚、出彩中国人、挑战不可能、中国好歌曲、唱给你听等
地方台		超级女声、快乐男声、舞林大会、中国达人秀、非诚勿扰、百里挑一、中国好声音、爸爸去哪儿、奔跑吧兄弟等

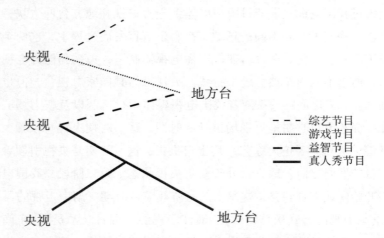

图1.1 我国主导性娱乐节目所在场域变化历程图示

- - - 综艺节目
.... 游戏节目
— — 益智节目
—— 真人秀节目

　　由此可见，我国电视娱乐节目发展重心是在央视和地方台两个场域不断交替转移的过程，既不是两条并行线，也不是一条直线，而是处于强弱对比、同一性和差异性共存的状态，构成了一条大大的曲线，最后才成为两条平行线，如图 1.1 所示。因此，能够体现不同时期娱乐节目价值取向的典型文本，应在主导性场域中选择，典型文本不能采取平均主义、面面俱到的方式。无论哪个场域，选择典型文本的原则为：既具有广泛的社会影响，同时又有比较长的存在历史，能够体现该节目形态的历时性变化。比如，综艺节目时期的主要研究对象就是央视春晚和《综艺大观》，游戏节目时期就是湖南卫视的《快乐大本营》等。

第二章

电视娱乐节目形态结构模式的流变

"每个人所看到的都是他自己的心中之物。"① "在某种意义上，我们凭借我们带给它们的解释框架给各种人、物及事以意义……在某种程度上，我们给予事物意义是凭借我们表征它们的方法。"② 这意味着，如何理解文本的意义，取决于如何解释该文本的框架。由于电视娱乐节目的前四个阶段分别是由四种节目形态主导的，因此，这里必须首先对这四种电视娱乐节目的结构模式进行表征。

电视节目的结构是由不断重复的内容和形式要素构成的。依据这一原则，审视"电视娱乐节目"的各种形态，能够从整体上统领电视综艺节目、游戏节目、益智节目和真人秀节目这四种节目形态的基本要素主要有三个：表演者、娱乐活动的性质或题材、娱乐形式（见图 2.1）。任何娱乐节目都离不开这三个要素，其区别主要是三者的区别。其中，"表演者"指的是节目主要表演者的身份，选择什么人表演毫无疑问包含着一定的价值取向；"题材"指的是娱乐节目

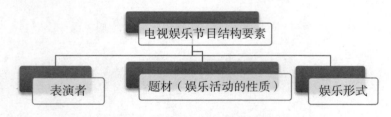

图 2.1　电视娱乐节目结构要素

---

① 马克斯·韦伯语，转引自迈克·费瑟斯通《消费文化与后现代主义》，译林出版社 2000 年版，第 3 页。

② ［英］斯图尔特·霍尔：《表征》，周宪、徐均编译，商务印书馆 2003 年版，第 6 页。

中娱乐活动或内容的性质，比如是依托文艺节目①还是典型的游戏活动，抑或是诗词问答、亲子教育等；"娱乐形式"是指，娱乐节目中是运用什么样的表演方式提供娱乐，以及娱乐活动是如何被组织起来的，如典型环节的设置等。这三个方面基本上囊括了电视娱乐节目的每个方面。本研究主要从这三个要素出发，理解、诠释四种娱乐节目形态的结构模式。

然而，一个不能忽视的前提是，任何一种诠释都是带着"前理解"，在效果历史基础上进行的，"每个合理的学说或教导，都依据于以前得来的认识"，"要在前概念里去认识真理标准，我们经验的一切将根据我们已经认识的东西衡量，因为没有前概念，也就不可能对一个事物有新评判"②。这意味着，任何新的诠释都不能脱离既有的对事物的认识。学界以往已经对四种节目形态的结构模式进行了解释、概括，因而，我们在此所进行的其实是一种重新诠释。

从电视节目形态演变规律及电视节目的文际关系看，是不存在孤立的电视节目形态或类型的。任何一种节目形态都是由历史上的其他节目形态演变而来的，同一类型的电视节目更是如此。尤其是当我们从历时性关系考察时，就此意义上审视电视娱乐节目包含的四种节目形态，以及四者之间的历时性关系，可以发现，四者之间其实又可以分为两大类：游戏节目形态与综艺节目是在结构不变的前提下主要结构要素产生的变化，二者同属于板块结构，或者说离散结构；自益智节目开始，电视娱乐节目就摆脱了此前的结构模式，和之后的真人秀节目，开启了有机的线性结构模式。这里从娱乐节目的构成要素出发，分别对四种节目形态的结构模式进行考察。

一、同一结构模式的颠覆性发展

同一结构模式的颠覆性发展指的是综艺节目和游戏节目之间的关系。综艺节目作为改革开放以来我国最早的娱乐节目形态，以往学界已经做了大量研究，并形成许多共识。其中普遍将综艺节目的结构形式概括为"演员+表演"③。同样，游戏节目作为综艺节目之后新兴的节目形态，也得到了很高的关注度，其

---

① 在综艺节目和游戏节目中，"文艺节目"既是形式也是内容。

② ［加］让·格朗丹：《诠释学真理——论伽达默尔的真理概念》，洪汉鼎译，商务印书馆2015年版，第191页。

③ 张国涛：《电视综艺的观念演变》，《现代传播（双月刊）》2005年第6期（总第137期），第65—68页。

　卫贝妮：《试论中国娱乐节目之三十年跨越》，《东南传播》，2009年。

结构形式被表征为"明星+游戏"。从前面论及的娱乐节目的三个基本构成要素看，这种结构表征方式存在这样两个问题：第一，只是体现了其中的"表演者"和"节目形式"两个要素，忽视了"娱乐活动的性质"这一结构要素的存在，而借助什么性质的活动追求娱乐，毫无疑问是其价值取向最重要的承载项。第二，对于综艺节目来说，仅用"表演"来表征其娱乐形式，也很难体现综艺节目的形式特点，因为，"表演"本身是一个外延非常宽泛的概念，戏剧艺术和游戏活动中都存在表演，其结构也可以归纳为"演员+表演"，但显然二者有着质的区别，因此，表演难以体现综艺节目的形式本质和娱乐活动性质。对于游戏节目的表征也存在类似问题。因此，这里有必要对两种节目形态的结构特征做重新诠释。

（一）综艺节目形态："演员+文艺节目+新闻板块+主题"模式

先说综艺节目。就其节目形式而言，综艺节目的基本形式是一个个的文艺节目，无论综艺节目的内容如何变，其文艺表演的性质是不变的；但仅仅用文艺表演表征它还不够。它虽然荟萃了各种传统表演艺术，但它不只是各类节目的简单相加，而是由各种不同的板块、段落构成的，这些板块在春晚这样的晚会节目中，虽不过分强调，但也隐性地存在其中。比如，历年春晚都会有针对不同人群或行业凸显不同主题的段落；到了综艺栏目中，比如《综艺大观》《正大综艺》则都由明确的子栏目或是板块构成，因此，综艺节目之"综"不仅体现为荟萃了多种艺术形式，更重要的是它是一种板块结构。在板块构成中，自春晚开始，最典型的一个板块就是新闻板块。在综艺节目中，插入新闻板块，即推介英模或社会新闻人物，不仅是历届春晚的规定性动作，而且，这个规定性动作作为固定板块，以各种不同的形式，或现场推出或外景拍摄延续至《综艺大观》之类的常态综艺栏目中。因此，新闻板块是综艺节目形态不应忽视的结构性要素。

统观作为综艺节目之标志的春晚和《综艺大观》，内容方面除了综艺赋予的驳杂性，还有两个很突出、显在、一以贯之的特点，那就是这类节目都由"主题"统领。"主题"的存在是综艺节目众所周知的一大特点。不仅历年春晚都由一个主题统领，作为综艺节目常态栏目代表的《综艺大观》等，每期节目也都有一个主题，主题性是综艺节目的基本特征。与此同时，综艺节目之所以为综艺节目，就是因为其内容是由各种形式的"文艺节目"构成的，文艺节目既是综艺节目的表现形式，同时也是其内容组成部分，忽视了二者在综艺节目结构中的作用，就难以体现综艺节目的整体特点及属性。

　　主题、演员、文艺节目、新闻板块四个要素，使依托传统文艺形式的综艺节目构成了一个带有电视媒介日常化媒介属性的新的生命体。《广播电视辞典》对电视综艺节目的界定，也特别凸显了主题性和新闻性这两个结构要素：电视综艺节目具有"集音乐、歌舞、小品、戏曲、杂技等多种文艺形式于一体，在一定的时间长度内按照特定的主题或线索，采用主持人现场串联、字幕串联、现场采访等方式，运用视听语言，将现场演出用电视化手段与传播的时效性、新闻的纪实性、文学艺术的表现性融为一体，具有娱乐、趣味、知识、宣传、审美相结合的特点"①。其中对主题、时效性、新闻性以及宣传性的强调，也反映了新闻板块和主题性在电视综艺节目中的不可忽视的结构性作用。因此，这里我们将电视综艺节目的结构模式概括为"演员+文艺节目+新闻板块（人物、事件）+主题"。在这些要素中，哪一个要素缺失，都不能充分体现电视综艺节目形态的特质。

　　（二）游戏节目："明星+游戏+板块"模式

　　依据娱乐节目的结构要素，审视游戏节目结构模式，可以将之归纳为"明星+游戏+板块"。与此前学界总结的"明星+游戏"模式相比，这里增加了"板块"这一结构要素。之所以将"板块"作为游戏节目的结构性要素，一方面，仅有"明星+游戏"无法反映游戏节目形态的整体组织方式。"明星+游戏"存在两种可能的结构形式：一是一档节目由多个主体、多个游戏构成，形成板块状或"离散型结构"②；二是一档节目由同一主体（团体）或多个主体共同完成一个游戏，即单一线性结构。这两种结构形式毫无疑问是截然不同的，"明星+游戏"显然无法反映出游戏节目到底是何种结构。纵览《快乐大本营》《欢乐总动员》等当时的游戏节目，它们每期节目都并非只完成一个游戏，而是由多个游戏以及一些文艺节目构成，如《快乐大本营》一推出就设有"快乐传真""心有灵犀""火线冲击"等多个板块，之后虽然多次改版，板块内容也不断变化，但板块形式始终未变；《欢乐总动员》也是如此。多板块是其最基本的特征，因此，不能将"板块"特征排除在结构要素之外。

　　就表征层面而言，游戏节目的"明星+游戏+板块"模式与综艺节目的"演

---

① 赵玉明、王福顺：《广播电视辞典》，北京广播学院出版社1999年版，第133页。
② 是指游戏节目中的各个游戏竞技环节独立存在，游戏与游戏之间不存在逻辑关系或必然联系。

员+文艺节目+新闻板块+主题"模式几乎没有任何相似之处，但这并不意味着二者毫无关系。对比二者相应的结构要素，首先从人物身份看，从"演员"到"明星"，前者体现的是表演者的专业性，是一种官方标准；后者体现的则是受众的认可度，或者说是受众立场，显然后者是对前者的悖逆。其次，娱乐形式上，从文艺表演转变为游戏。前者严肃，以遵循美的原则的文艺作品为主；后者则戏谑、搞笑，是反艺术的纯粹娱乐行为。显然后者是对前者的颠覆。再次，综艺节目的新闻板块在游戏节目中不复存在。最后，综艺节目由主题统领，游戏节目则不设主题。从表征层面看，除了表演者和表演形式之间的颠覆关系，有无新闻板块和主题，只是构成了一对有和无的关系，而实际上，这种有和无的关系也体现出节目截然相反的追求，也就是说，有和无背后的意义是截然相反的关系。新闻板块的存在意味着节目重视社会责任和担当这样的意义追求，它的缺失，意味着对这种追求的放弃。主题的有无也是如此。有主题，意味着文以载道，而无主题则放弃了节目的这种功能。可见，综艺节目和游戏节目的结构要素之间均构成了正反相对的关系。但其中有一点没有变，那就是二者均为板块结构，即由诸多各自独立的段落构成。这就是我们为什么说综艺节目和游戏节目形态是同一结构模式下的颠覆性关系的原因所在。

二、结构的变异和视野的扩张

从益智节目开始，电视娱乐节目彻底改变了此前游戏节目形态的杂取种种、荟萃一堂的综合性、板块性结构特征，每期节目开始作为一个有机体，围绕着一个游戏事件或者行动展开。可以说，娱乐节目至益智节目，构成了一次质变，是一个分水岭，虽然仍旧延续了此前的"游戏"娱乐形式。所谓"结构的变异"，指的就是益智节目相较此前的游戏节目形态结构的改变。这种变异的结构至真人秀节目并未终止，而是一直延续了下来。而且，真人秀节目在继承其变异结构的同时，在表现内容和娱乐方式上也进行了拓展；具体地说，就是游戏的领域、形式已经发生了质的改变。

（一）益智节目："平民+知识竞答游戏+奖励"模式

首先看益智节目的结构。根据娱乐节目的三要素审视益智节目，其人物或者说主要表演者，不再是此前的明星，而是名不见经传、几乎无任何身份特点的普通平民，用今天的流行概念就是"素人"。人物行为所属性质则为知识问答。由于二者是此前娱乐节目所没有过的，因此，有研究者将益智节目的结构形式概括为"平民+知识",以凸显其异质性。显然,这种认识只强调了益智节目在"人物"和"题材"两个因素上的特殊性,忽略了其在"娱乐形式"这一最重要的构成要素上的特点。没有娱乐形式,就很难体现这种节目形态的性质及其结构特征。

有研究者将益智节目称为"益智闯关"节目,将其特点概括为:"让选手在规定的时间,按照规定的程序,回答主持人准备的各种问题,闯过设置的各种关口,走得越远获得的利益就越多。"① 其中虽然未强调特定的构成要素,但毫无疑问突出了回答问题、特定程序、获取利益之于这档节目的重要性。而"让选手在规定的时间,按照规定的程序,回答主持人准备的各种问题"的本质就是游戏。荷兰社会学家给游戏下过一个定义,即游戏是一种依照特定规则在某一固定的时空范围内进行的自愿的活动或消遣,游戏以自身为目的而又伴有一种紧张、愉快的情感以及它不同于日常生活的意识②。益智节目的娱乐形式虽然不同于此前游戏节目中的游戏,但据此来看,其本质无疑也是游戏,即"知识竞答游戏"。约翰·菲斯克在其《电视文化》中,直接将益智节目表征为"提问的游戏"。③ 如果忽视其游戏特征,仅仅强调知识性,实际上就是否定了这类节目的娱乐属性,将益智节目排除在了娱乐节目之外。

除了游戏性,益智节目形态还有一个不可忽视的环节或者说构成要素,那就是"奖励"环节。"奖励"是益智节目的叙事动力所在,其游戏规则一般是先公布规则,亮出奖品,然后再开始紧张、充满悬念的竞答游戏,最终决定花落谁家。因此,"奖励"是整个叙事的逻辑起点和终点,没有悬念,没有奖励,竞技游戏就失去了推动力。因此,它也应是益智节目的一个结构性要素。在西方它直接被称为"益智博彩节目",体现的就是"奖励"环节的不可或缺性。纵然我国益智节目在本土化过程中,已经大大弱化了博彩性,但是竞争奖励作为节目的结构点依旧存在。对于益智节目来说,没有奖励环节,其闯关、升级这样的节目程序就失去了应有的依托。因此,益智节目的结构模式应该是"平民+知识竞答游戏+奖励"。

---

① 尹鸿、冉儒学:《娱乐旋风——认识电视真人秀节目》,中国广播电视出版社 2006 年版,第 129 页。
② [荷兰] 约翰·胡伊青加:《人:游戏者》,成琼译,贵州人民出版社 1998 年版,第 34—35 页。
③ [美] 约翰·菲斯克:《电视文化》,王晓钰译,商务印书馆 2005 年版,第 138 页。

（二）真人秀节目："平民（明星）+游戏+N"模式

由此再来审视真人秀节目形态的结构模式。真人秀节目在我国自 2000 年诞生至今，虽然在历时性层面，它呈现出一个时期盛行一种节目形态的状态，比如最早以生存挑战类为主，其后是选秀节目风靡一时，等等，但发展到今天，从整体上看，真人秀节目是一种最多样化的节目形态，或者说以往出现的各种节目形态呈现出共时存在的景象。这意味着，真人秀不像以往三种节目形态，都只体现为一种特定的娱乐形式和内容，比如，综艺节目依托的是传统文艺表演，游戏节目是简单的身体对抗游戏，益智节目是知识竞答游戏；真人秀节目形态很难用一种形式来表征。如果说，生存挑战类节目形式还偏向于纪录片、剧情片；选秀节目更靠近演唱会，是演唱会的游戏化呈现，而之后推出的婚恋类、亲子秀、旅游秀、游戏竞技类等，从形式到内容都更为复杂，已经自成一格。学界在 2006 年前后对真人秀所做的分类中，就已经有生存挑战型、人际考验型、表演选秀型、职业应试型、身份置换型、益智闯关型、游戏比赛型、异性约会型、生活技艺型①等 9 种之多；到 2020 年底，据不完全统计，就题材维度，已经发展到医疗纪实、公路行进、大型家居等 30 多种，每一种类型都意味着一种截然不同的内容和形式。可见，真人秀节目形态是一种最具开放性的结构形式。

在这些五花八门的真人秀类型中，能够抽取的共同结构要素比较少，因此，以往学界几乎都将其归纳为"平民（明星）+秀"或"真人+秀"，主要凸显了"表演者"和娱乐形式这两个结构要素。显然，其中缺少了对"题材"性质的观照，因为，对于真人秀节目来说，题材的变化往往会带来表现形式的变化。比如，表现亲子关系的《爸爸去哪儿》和倡导慢生活的《向往的生活》同为真人秀，但节目形式大不相同，和选秀型真人秀更是大相径庭。从节目形态的发展演变看，真人秀节目和益智节目是最直接的"水平文本"②，因此，可以依据益智节目的结构方式来考察真人秀节目的表征。在益智节目的"平民+知识竞答游戏+奖励"结构中，真人秀节目显然首先将表演者从"平民"拓展为"平民"

---

① 尹鸿、冉儒学、陈虹：《娱乐旋风——认识电视真人秀》，中国广播电视出版社 2006 年版，第 7 页。

② 水平文本是指不同的初级文本之间或多或少存在着比较明显的关系，这些文本通常是从类别、人物或剧情等这些水平轴上发生联系。见约翰·菲斯克的《电视文化》，周宪、许均译，商务印书馆 2005 年版，第 156 页。

或"明星"抑或"平民+明星";其次,由于真人秀节目本质上"是一件'游戏'事件"①,因此,作为娱乐形式,其游戏性依然存在,即体现为真人秀节目中的"秀"。所不同的是,真人秀节目的游戏不再拘泥于知识竞答领域,而是伸展到了社会生活的各个领域,呈现出明确的开放性,很难用一个概念来表征、概括真人秀这种多样化开放性的游戏题材和形式,因此,这里用"N"来体现其题材的广泛性。"N"既指游戏题材的多样性、无限性,也指与之相应的游戏形式的不拘一格。真人秀结构模式因此为"平民(明星)+游戏+N"。忽略了"N"的存在,就忽视了真人秀节目的开放性。

由此可见,从益智节目到真人秀节目,其"变"和"不变"主要在这样几个方面,一是节目中的人物或主要表演者在原来的基础上进行了扩展,即从平民发展为平民或明星以及二者同时出现,也就是说,人物选择已经无门槛;二是节目的游戏性质没有改变。但由于真人秀节目中的游戏题材和形式已经从单一的知识竞答游戏拓展到各个领域,呈开放性状态,因此,从本质上看,益智节目到真人秀节目,其变化主要体现为同一结构性质下的视野扩张。但相对于综艺节目和游戏节目来说,它在结构上是一种蜕变。所谓"结构的变异和视野的扩张",意义即此。

总的来看,电视娱乐节目作为一种节目大类,其中的四种节目形态结构呈现这样两个发展、流变趋势:从综艺节目到真人秀,结构要素越来越少,意味着对结构要素的限制也越来越小,到了真人秀的"平民(明星)+游戏+N"结构,娱乐节目的三个要素虽然都存在,但除继承了前者的游戏本质,实际上其他要素都已经没有了规定性。其中,"人物"要素发展为"平民(明星)",意味着二者之间可以随意切换,在人物的选择上已不存在限制、障碍,选择什么身份的人做节目主角已经不再是节目形态、性质的直接决定因素;"N"的本质其实是对题材及形式的规定性的消解,意味着在保留游戏性质的前提下,形式和内容的无限延展。这就是说,真人秀节目实际已经摆脱了形式的限制,本质上是一种几乎无限制的模式,因为,结构性要素的规定性越小,说明节目的规定性越来越弱,叙事的限制越来越小,自由度越来越大,这是之前其他节目形态无法企及的。

---

① 尹鸿、冉儒学、陈虹:《娱乐旋风——认识电视真人秀》,中国广播电视出版社2006年版,第62页。

第三章

由政治价值主导到娱乐价值主导

前面说过，以政治价值为主导的价值取向表现为，人们在一切社会领域都要突出政治，人们的一切生活都要被笼罩在政治气氛中，一切都要用政治来衡量。由此推及电视娱乐节目，其以政治价值为主导的价值取向就是，电视娱乐节目通过各种显性或隐性方式，强调与政治生活的关系，甚至直接对国家及社会政治生活进行回应，明确表达政治立场，强调节目的政治功利性，以政治标准统领节目；而"娱乐价值"之于电视娱乐节目，既可以是目的价值也可以是手段价值。当娱乐价值作为目的价值时，意味着节目将娱乐放在了首位，诸结构要素都表现出娱乐追求。所谓娱乐为目的，就是整个节目都呈现对功利性的拒斥，不再谋求表达社会意义，旨在制造一种感官愉悦，即康德所说的作用于感官的"感性的愉悦"；罗兰·巴特将其称为诉诸身体的、感官的"狂喜"。由政治价值主导到娱乐价值为主导的变化，指的是电视综艺节目和游戏节目两种节目形态主导时期目的价值取向的变化。

一、综艺节目形态：政治为"体"，艺术为"用"

由于综艺节目最显著的特征就是由各种各样的文艺作品构成，因而，一般都会认为艺术价值当是电视娱乐节目在综艺节目时期的目的价值取向。其实不然。虽然，综艺节目的主要内容均为依据艺术规律创作的传统文艺节目，但这并不意味着各种文艺节目相加构成的电视节目，其目的就指向艺术价值。一方面，历史上看，文艺本身就有为政治、社会人生和为艺术两种截然不同的价值取向；另一方面，更重要的是，如前所说，综艺节目本质上其实并不等于各种文艺节目的简单相加，它不仅运用电视手段对各种传统文艺形式进行了加工，同时还借助特定的结构形式进行了整合，构成了一个新的有机体，不再是传统意义上的文艺"作品"，因此，其目的价值取向也就很难再是艺术价值。艺术价值最本质的特点如本雅明所说，是它的即时即地性，即"独一无二"性①，电视综艺节目作为一种节目形态、一种节目模式，显然已经不具独一无二性。那么，电视综艺节目的目的价值取向到底是什么？此前说过，四种节目形态的目的价值取向主要蕴含在节目结构模式中，结构是由节目中始终存在、不断重复的要素构成的，因此，其价值取向最终需要通过对诸结构要素意指的分析而获得。

综艺节目时代诞生于央视主导我国电视媒介场的时期。央视不仅是综艺节目的开创者，而且全国各地方电视台的综艺节目也大都因央视春晚和《综艺大观》的引领而推出。在综艺节目占主导地位的 13 年里，存在历史最长、最具影响的，是春晚以及《综艺大观》《正大综艺》等节目[48]，尤其是《综艺大观》栏目，被公认为综艺时代的符号、象征。因此，这里我们主要以央视春晚和《综艺大观》为例，对综艺节目的结构模式"演员+文艺节目+新闻板块+主题"进行分析解码。

统观综艺节目的四个结构要素发现，综艺节目的结构其实是依据政治为"体"、艺术为"用"的理念建构起来的。而政治为"体"实际上就是以政治价值为主导，将政治价值作为配置节目诸要素的出发点；艺术为"用"，即将艺术当作了体现政治价值追求的手段，正所谓"寓教于乐"。

（一）演员及文艺节目：指涉地域、民族、行业的符号

将演员和文艺节目两个结构要素放在一起解读，是因为二者有着相同的特点。首先说综艺节目中"演员"这一结构要素的意指。众所周知，任何节目中表演者的选择，都非随心所欲。以往研究者在关注综艺节目中的表演者时，都着重凸显他们作为"演员"即专业表演者的身份，强调他们这一身份和观众之间的距离感，并因此将综艺节目解读为"你演我看"的传播模式，体现的是传者中心立场。其实，在综艺节目中，表演者的"演员"身份，并不仅仅体现的是专业性，他们同时还是不同地域、民族的代表、符号，或者某一行业在场的象征，而且后一种意义在节目中更为重要。

综艺节目的演员选择，重视地域性、民族性、行业性这一现象发端于央视春晚，之后作为一种普遍现象和传统，延续到了常态综艺栏目中。1983 年春晚一开始就设有逐一介绍演员身份的环节，但主要突出的是他们所在的艺术领域，

---

① 本雅明语。出自《机械复制时代的艺术》，见汉娜·阿伦特编纂的《启迪——本雅明文选》，张旭东译，三联书店 2014 年版，第 239 页。

即，来自相声界、话剧界、电影界还是戏曲界等，强调的是他们各自的专业归属。比如，主持人刘晓庆、马季、姜昆、王景愚在进行自我介绍时，突出自己代表的是电影演员、话剧演员和相声演员；在介绍参演演员时，也主要突出的是演员个人及其所属行当，强调的是名家名角①。强调演员所在的专业领域，意味着这台节目其实是一台文艺界自己的大联欢，或者说是文艺界利用自己的专业优势，给全国人民献上的一份可供娱乐的春节大礼，表明节目的主体或者说传者是文艺界自己。到了1984年，春晚主持人的身份和来源都发生了巨大的变化。他们由来自台湾的黄阿原、香港的陈思思和大陆演员共同组成，这种组合所呈现的区域特征及其内在意蕴不言而喻；而且，节目进行中，不断反复地强调他们的来源地。

不仅如此，1984年春晚中的参演演员也由1983年只体现个人专业特点、所属行当，开始转为强调其地域身份、来源地。这表明，他们不只是名家名角，也是不同地区、民族文艺领域的代表、符号。而且，这年春晚的演员包括了台湾、香港、广东、吉林、甘肃、天津等几乎全国各个地区。由此说明，春节联欢晚会不再只是文艺界自身的联欢，而是不同行政区域、不同民族的共同大联欢。这显然体现的也是国家意识，而国家意识的背后毫无疑问是一种政治诉求。自此，春晚的主体从最初的文艺界自身，变为央视这一国家媒体；由文艺界的大联欢，转化成了国家民族仪式。1984年春晚演员选择的这种传统一直延续至今，已经成为春晚演员队伍构成的基本原则。

再说春晚的节目选择。从传播学层面看，春晚选择"综艺"形式应是借助多样化的艺术形式，满足不同受众群的不同趣味，以实现受众规模最大化。但是，春晚节目所追求的综合性、多样性和选择演员一样，将地域性或民族性以及行业性放在了首位，并未完全和通俗性、娱乐性结合起来。比如，1983年春晚包含的艺术形式相对单纯，偏重相声、杂技、歌曲、哑剧这些大众化、通俗化的艺术形式；自1984年之后，除了歌舞、相声、小品、杂技、评书等这些大众化、通俗性的艺术形式，京剧、豫剧、粤剧、西北花儿、湖南花鼓、越剧、黄梅戏等地方艺术形式无所不包，而且，地方艺术形式占据了很大的比重。据统计（见附录3，图3.1），自1984年始，历届春晚中地域性、民族性的艺术形式，或是反映不同民族、地域的文化特色、建设成就的节目，最多的时候占整台节目的72%，最低的时候也占22%，平均占所有节目的40.5%。

---

① 见1983年春晚开场演员及主持人介绍。

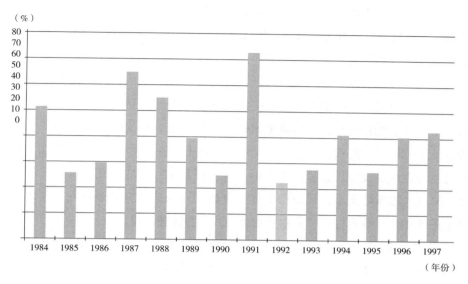

图3.1 1984—1997年央视春晚地方、民族类节目占比（%）

众所周知，地域性和大众化是相悖的，大众化意味着去地域化；但之所以强调演员身份、节目形式及内容的地域性、民族性，目的显然是要通过这些地域性的标签、符号来体现各个地区、民族的在场，进而构建一个国家"版图"，营造各地区各民族"一个都不少"的全国大联欢、民族同欢庆的氛围。这种选择的背后蕴含的显然是"国家"意识，一种聚合社会、凝聚民心的政治目的，一种国家意识形态的"召唤"①。

春晚如此，常态综艺节目也与之相似。这种地域化原则延伸到之后的综艺栏目中，主要体现在板块的设置上。

众所周知，作为综艺节目形态的象征，《综艺大观》脱胎于春晚，因而有"小春晚"之称。既为"小春晚"，意味着《综艺大观》移植的就不仅仅是春晚的形式，它同时也接受了春晚的内在精神、传播观念和立场。有研究者在对二者进行比较后指出，在节目定位方面，如果说春节晚会是大规模全民参与，那么《综艺大观》则是"各民族总动员"；在节目模式方面，春节晚会是"茶座

---

① "召唤"（interpellation）一词的意识形态含义来自法国哲学家路易·阿尔都塞（Louis Althusser）。他认为，意识形态具有将个体纳入权力结构的作用，这即为"召唤"。郭镇之认为春晚本质上就是一种"召唤"。见郭镇之《从服务人民到召唤大众——透视春晚30年》，《现代传播》2012年第10期，第7—12页。

式表演"，《综艺大观》则是全国大串联①；在表现手法方面，《综艺大观》与春节联欢晚会的灯光、舞美、服装、化妆、道具也都如出一辙。[49]可见，《综艺大观》其实是春晚的日常化存在方式。

然而，《综艺大观》毕竟是常态周播栏目，和春晚这种一年一度独立播出的节目必然有所不同。常态栏目生产的模式化、播出的高频率，决定了《综艺大观》拥有自己的特殊性，在体现地域性和民族性上，形式会有所异同。主要表现在三个方面：一是和春晚一样，在每期节目中，依托央视国家电视台的地位，有意识地在演员及节目选择上体现地域性、行业性；二是《综艺大观》作为一个整体性、连续性文本，利用每期节目聚焦不同的地区或者观众群，来体现总体上的地域性、行业性；三是主要通过板块设置体现出来。

我们知道，20世纪八九十年代，中国电视媒体尚处于央视一家独大的状态，其行政地位及业务上的权威性，使它的节目资源始终是全国性的，地方台往往成为其获得节目资源的有效渠道，而且地方台也积极主动予以配合，甚至将能够在央视播出节目视为业务水平的体现。当年央视《地方文艺》栏目能够长期存在，从一个侧面说明了这个问题。这种状况也为《综艺大观》保证自己的地域性、民族性提供了可能性。我们随机观摩了《综艺大观》1992年第53期、1994年第104期节目以及播出100期特别节目，其中，第53期节目是和浙江电视台合作，节目充分体现浙江特色文化、风土人情。节目的开篇就是用浙江石雕之乡雕刻的石头乐器演奏的《采茶舞曲》，从形式到内容，充分体现江南文化的风韵；第104期节目是以"青春"为题，开篇是56个民族共同参与的大型"鼓舞"，其规模、气氛，让人有误入春晚现场之感，其中演员均来自中央民族歌舞团；而另一些凸显该期"青春"主题的节目，有辽宁大学学生演唱的《青春风采》，长春电影制片厂电影《英雄儿女》的扮演者刘世龙、刘尚娴朗诵的诗歌《青春寄语》，等等。由此可以看出，在《综艺大观》中，演员的选择依旧存在地域性、民族性的考虑，而且，这种地域性已经不仅仅局限于个别演员，而是趋于整体化。自1994年开始，《综艺大观》开启了和地方台的合作模式，先后与辽宁台、陕西台、湖南台等进行合作。这种合作模式的潜在意义其实就是要传递《综艺大观》是中央台的综艺大观，更是全国人民的综艺大观这样一种信息。

---

① 指《综艺大观》后期深入部分地区，进行的主题性联欢。

《综艺大观》作为常态栏目对春晚的发展变异，还体现为将春晚隐性的单元性通过板块形式体现出来，在板块构成中，同样保留和强调着地域性。

《综艺大观》开播时设置了《开心一刻》《请你参加》《送你一首歌》《新起点》《艺海春秋》《海外飞鸿》《天南地北》《东方奇观》《艺术彩虹》《一分钟笑话》等栏目；1994 年之后，它先后推出了《综艺快车》《综艺传真》《东方百宝箱》《系列小品剧·咱们的居委会》等。很明显，这些板块设置体现这样两个追求：一是"综艺"性。这些板块中，有的直接规定了节目形式，有的则是对节目功能和选择路径的规定。比如《送你一首歌》意味着栏目要有声乐作品；《开心一刻》虽然没有体现具体艺术形式，但风格显然指向了小品、相声等喜剧形式。二是在强调艺术形式多样性中，显示出对节目来源，即地域性的追求，比如《天南地北》《东方奇观》《艺海春秋》《海外飞鸿》等栏目，国内国外、古往今来，皆有体现。由此可见，春晚的地域性追求在综艺节目中以板块的形式得以延续。

而其他地方台的综艺栏目则都效仿央视，其表演者和节目选择也都将能够体现所在省市的文化版图放在首位。这无疑对应的是春晚的国家民族意识。

（二）新闻板块的设置：直接体现社会政治导向

电视综艺节目的另一大特点是，除了文艺节目，几乎每期都有新闻人物或事件出现其中，而且，这些新闻人物或事件的出现，并非与节目性质相近的娱乐性新闻人物或事件，而是基于特定的政治导向选择的新闻人物和事件。1984年，春晚首次设置了推介英模环节，由此奠定了综艺节目新闻性的基调。时任天津市长的李瑞环，作为引滦入津工程劳模，和解放军及其他行业的英雄、劳模，如乒乓球冠军李国荣等，同时出现在晚会现场；之后，这个环节成为春晚的规定性动作。1985 年春晚推出的是 1984 年洛杉矶奥运会夺得冠军、取得世界"三连冠"的中国女排；1986 年不仅推出了对越自卫反击战老山前线归来的战斗英雄史光柱，同时还特别推介了刚刚带领我国围棋队在中日围棋擂台赛中获胜的围棋大师聂卫平；1987 年春晚上，除了老山前线英雄徐良出现在春晚之外，借助刚刚过去的汉城亚运会热度，将亚运会上获得金牌的"十佳运动员"请到晚会现场进行表彰；1989 年春晚首次推出了帮助小保姆治病的道德模范聂卫平一家人；1990 年春晚，推介劳模的环节虽然没有直接表现，却将时任国家主席、总书记的江泽民和总理李鹏请到了晚会现场发表讲话，同时专门向领导人介绍了在场的英模。

英雄、劳模出现在春晚中的意图是显而易见的。中国女排、史光柱、徐良体现的是国与国交锋中的国家意识和民族精神；而作为劳模的李瑞环、道德楷模的聂卫平一家，从表面上看，和政治并无关联，它只是体现了一种社会导向，传播一种互帮互助的社会美德和主流价值观，但是，无论是体现主流价值观还是互帮互助的社会美德，在当时的历史情境下，在春晚这个特定的空间里，它所发挥的都是和谐、稳定社会的作用，而和谐稳定正是国家当时的政治诉求。众所周知，中国在经历了"文革"的泛政治化之后，进入改革开放整个社会不再以"阶级斗争"为纲，整个国家开始将"社会稳定"当作最大的政治[50]。在"稳定压倒一切"的政治背景下，对社会道德、主流价值观的倡导和强调，本质上其实是服务于"社会稳定"这一政治目的的方式。

之后推介英雄、道德楷模这一结构性因素、环节，以设立新闻板块的方式，延续到后来的《综艺大观》中。对新闻性的强调，是《综艺大观》的另一重要的特点。新闻性实际就是对英模推介环节的扩展、放大。《综艺大观》开播时确定的栏目宗旨是"集娱乐性、知识性、趣味性、新闻性为一体"①。在一档综艺节目中特别强调"新闻性"，固然和大众传媒自身追求时效的属性不无关系，但在这里，新闻性实际上是政治导向的代名词，只是和春晚相比，它不再拘泥于推介英模，而是将之扩展到了更为广阔的社会生活领域，通过聚焦社会生活中发生的新生事物、新动向等，来体现节目的政治导向。

在《综艺大观》中，新闻性一方面体现在特定的栏目设置中。此前提及的诸多子栏目，其用于体现新闻性的主要有《天南地北》《新起点》；1994年之后，它先后推出了《综艺快车》《综艺传真》《系列小品剧·咱们的居委会》等。尤其是"系列小品剧"，其实是用轻松娱乐的文艺形式反映具有正能量的社会新闻事件，将栏目的新闻性常态化，以小见大地宣传国家的政策方针、发挥节目的导向作用。栏目主创人员在总结《综艺大观》的经验时，非常明确地表达了这种创作主旨：配合社会新闻热点事件展开宣传，在选题上，注重时效性，拉近与观众的距离，是《综艺大观》始终如一的追求[51]。另一方面，《综艺大观》这类综艺栏目的新闻性还体现在将新闻事件融入具体节目中，比如将某一热点事件创作成小品或歌曲等，这种现象在综艺节目中比比皆是，《系列小品剧·咱们的居委会》其实就是非常典型的表现方式。

---

① 赵化勇：《中央电视台发展史（1958—1997）》，中国广播电视出版社2008年版，第374页。

总之，如果说春晚中的英模推介环节是年度新闻大盘点，那么，综艺节目则是对现实生活中随时发生的具有政治价值的新闻事件的及时推介和宣传。

（三）主题设计：准确回应国家政治生活主题

如前所说，春晚作为综艺模式的开创者，一开始就不是各种传统艺术形式的简单荟萃累加，而是一个个由特定主题统领的新的有机整体。和其他结构性要素一样，综艺节目一以贯之地具有主题性也是从春晚开始的。在此我们首先对综艺时期即 1983—1996 年这十多年春晚的主题做了考察（见表 3.1）（其实 1996 年之后的春晚主题，和此前的思路是一致的），从表中可以看出，1983—1996 年央视春晚主题具有两个特点：一是总体上几乎每年都聚焦在"团结""欢乐"两个关键词上。其中，"欢乐"是由春节这个节日的自然属性决定的，是春晚本应有的底色、基调，因此，春晚刻意追求的主题实际上主要是"团结"。"团结"看起来只是对家庭"团圆"的放大，而实际上它是一个包含深刻政治意味的概念。《中央电视台发展史》在评述 1986 年和 1988 年的春晚时，对两台晚会主题中的"团结"主题的内涵进行了明确解释：

表 3.1　1983—1996 年央视春节联欢晚会主题一览表①

年度	央视春晚主题
1983	团结、欢乐、祥和
1984	爱国、统一、团结
1985	团结、奋进、活泼、欢快
1986	团结、奋进、欢快、多彩
1987	团结、向上、喜庆、红火
1988	欢乐、团结、奋进
1989	团结、欢乐、向上
1990	团结、欢乐、祥和
1991	团结、欢快、多彩
1992	团结、欢乐、祥和
1993	欢乐、祥和、自豪、向上

① 以上数据依据《中央电视台发展史》（1958—1997，1998—2008）整理，赵化勇主编，中国广播电视出版社 2008 年版。

年度	央视春晚主题
1994	团聚、自尊、奋进、祈盼
1995	三聚、三情、三自①
1996	欢乐、祥和、凝聚、振奋、辉煌

团结不仅包括民族团结、军民团结，还包括港澳台民众的团结[52]。由此可见，"团结"其实体现的是"国家安定、统一"这种国家意识。而且，"团结"不仅是一般性的国家意识的体现，它还是 20 世纪八九十年代社会状况、政治诉求的直接反映。80 年代末至 90 年代，伴随市场经济迅疾发展，社会转型、价值多元化，导致了社会生活"去中心化"格局逐渐形成；与此同时，经济发展出现了地区差异。由于少数民族地区大多处于中西部地区，经济发展起点低，各方面资源不足，经济发展比较滞后，因此，民族团结、社会稳定成为保证社会经济发展的必要条件。郭镇之先生在分析这一时期的历史状况时也说道："黏合一个分裂的社会已经变成日益迫切的政治任务"②；而有的研究者则明确指出，强调"团结"主题就是表达一种"对国民进行召唤和整合的愿望"③。二是历届春晚在共同聚焦"团结"主题的同时，又表现出一定的差异性。这种差异之所以存在，是因为每年政治形势、政治生活的重心都有所不同，而这种不同所反映的正是每年政治生活重心的差异。连续执导了 5 届央视春晚的导演黄一鹤在谈到1984 年的春晚主题"爱国、统一、团结"时说，这届春晚的创意和主题，是基于《光明日报》头版上的一则有关香港回归的消息确立的："突然有一天，送来新报纸一翻，我记得好像是《光明日报》，上面有一个小豆腐块似的，还不是在第一版上，有一条小消息，说 1984 年底的时候（当时是 1983 年），撒切尔夫人要到北京来，要跟邓小平一块谈中英联合声明的事，这个声明里包括香港回归

---

① 三聚：家庭团聚、各民族凝聚、华夏儿女汇聚；三情：亲情、友情、乡情；三自：自强、自信、自豪。见赵化勇主编《中央电视台发展史》（1958—1997），中国广播电视出版社 2008 年版，第 407 页。

② 李黎丹：《央视春晚意识形态运行模式的变迁》，《现代传播》2011 年第 5 期，第 30—34 页。

③ 郭镇之：《从服务人民到召唤大众——透视春晚 30 年》，《现代传播》2012 年第 10 期，第 7—12 页。

的内容。我一看这个，不知道哪儿来的灵感，突然一下子眼睛一亮"①，于是有了"团结、统一、爱国"的晚会主题，区区六个字，微言大义。由此也可以看出，春晚主题是直接回应当年的政治生活的主题的，并且成为传统，一直延续至今。

综艺栏目每期的主题则主要表现的是彼时的社会热点，依托的是其所聚焦的社会事件和宣传对象。由于综艺节目是当时电视媒体上最能体现"寓教于乐"精神的电视节目形态，因此，这种形式常常被作为宣传的平台，用于配合政治宣传，因此，主题性必不可少。《综艺大观》导演组的主要成员张晓海在谈及自己的创作体会时，对此做出了具体解释："娱乐性是综艺类节目一大优势。随着改革开放，人们的审美情趣有了很大的变化，寓教于乐，用欢乐的笑声把观众引入一个严肃的主题，是我们《综艺大观》的宗旨。"② 那么，他所说的"严肃的主题"是什么？集中体现在三个方面：一是为国家层面、具有政治意义的突发事件做宣传。诸如1991年南方遭遇特大洪灾，《综艺大观》7月推出了反映抗洪救灾的《风雨同舟，情暖人间》特别节目；紧接着的第31期节目又和受灾的几个省份安徽、湖北、江苏、浙江、河南等地方电视台共同举办了相似主题的节目等。二是配合政治性的重大主题日、纪念日进行宣传。如1993年推出了纪念毛泽东诞辰100周年特别节目《人间正道是沧桑》等，类似这样的主题晚会在《综艺大观》是一种常态。三是为各地方政府或者重要行业举办的大型活动做宣传："《综艺大观》每年有大量的节目是与各有关部委和省市合办的，如何配合合办单位的要求，把文艺的服务性功能不露痕迹地表现出来，是我们经常研究的问题。比如，这一期是国土局，编导就在短时期内了解国土局方面的情况；下一期是海洋局，就要去了解海洋局方面的情况，而且一般的介绍还不行，既要突出行业特色，又不能影响娱乐性晚会的功能，两者只有结合在一起，才能做到合办单位满意，观众满意，我们自己满意。"③这类内容占据很大的比重。

综上所述，无论是《综艺大观》的内容还是主创人员的创作观念都显示，综艺节目形态推出的初衷虽然是有意识地为受众提供娱乐，但娱乐并不是目的，而只是手段和功能之一，目的则是更好地服务于国家的政治生活。

---

① 东方卫视：《电视的记忆——春晚现象》解说词，http：//imedia. eastday. com/node2/node612/node936/node1022/node1024/userobject8i170790. html。

②③ 张晓海：《〈综艺大观〉导演工作的几点体会》，《中国电视》1994年第11期，第17—18页。

　　而且，这一时期的电视工作者，是以一种自觉的、毫不质疑的主动承担、自我审查的心理状态，承担着这种政治宣传的责任。对于他们来说，"政治正确"是第一位的，不承担宣传任务而进行单纯的娱乐是不可想象的。《综艺大观》14 年中先后经过 1994 年、1995 年、1996 年、1997 年、1999 年和 2003 年等多次改版，每一次改版的目的固然是为了适应市场变化、观众需求，但每一次改版，都在强调弘扬主流价值观，捕捉时代脉搏，聚焦时代精神。1997 年 4 月是改版力度比较大的一次，此次改版在追求"纪实性和艺术性并举"的同时，另一重点就是进行"主题深化"，保证时代感、艺术性和导向性。[53]可见《综艺大观》节目的宗旨是娱乐为用，教化、宣传尤其是服务于政治宣传才是目的。

　　综上所述，综艺节目的所有板块都包含明确的政治诉求。虽然，无论是春晚还是综艺栏目，最初都是作为一个时代的娱乐节目出现的，而且，综艺节目开办之时，着力提倡的是让文艺回归到艺术本体，强调艺术的审美性和娱乐性，并且竭尽全力调动各种艺术手段、电视手段追求娱乐效应，但实质上艺术在其中充当的仍旧是手段、形式的角色，最终表现出的则是政治价值取向，这是意料之外，也是情理之中。这是刚刚从高度政治化时代走出来的电视工作者，那种由来已久的对艺术的工具性理解，在新的历史阶段自觉不自觉地延续，是历史惯性使然。同时，也从一个侧面反映了我国社会当时的历史情境和深层心理状态。

二、游戏节目形态：身份意义的消失与身体的狂欢

　　此前说过，"娱乐节目"这一概念一开始特指游戏节目形态，或者说，因为游戏节目形态的出现，"娱乐节目"的概念才在我国盛行开来；而且，有研究者认为，至游戏节目，我国电视娱乐节目才真正让娱乐价值成为电视娱乐节目的本体价值。然而，当追溯体现这种本体价值的关键因素时，皆因为节目制作者自身将追求"快乐"作为节目宗旨①。其实之前的综艺节目也并不排斥娱乐，虽然宗旨是"寓教于乐"。问题的关键在于，游戏节目所追求的娱乐、快乐是否与综艺节目所说的娱乐是一回事？以往的研究并未在此问题上做深入开掘。

　　"快乐"并非一种笼统的感受，它是一种程度上有分别、有层次的体验。不同程度、层面的娱乐，蕴含的价值取向自然也就不同。罗兰·巴特认为快乐可以分为两个层次："小乐"与"极乐"，或者"快乐"与"狂喜"。"狂喜"指

---

　　① 张国涛：《电视综艺的观念演变》，《现代传播》2005 年第 6 期，第 65—68 页。

的是那种不追求意义的感官的、身体的快乐。"狂喜"或"极乐","是身体的表达，不是语言或意义的表达"①。"它产生在文化失效的地方"，"成功地把所指抛向远处"，表现的是"身体失控后的快感"，这种快感又称躲避式、冒犯式的快感；所谓躲避，指的是躲避意识形态，逃避社会规训[54]，处于一种与现实生活脱轨的状态。简言之，就是追求一种诉诸身体、感官、颠覆性的不承担意义的快乐，一种身体的狂欢。有研究者将之概括为"身体性的享乐"[55]。毫无疑问，"狂喜"或"极乐"的背后一定是娱乐价值取向。而"快乐"或者"小乐"则"是生产诸种意义时带来的快感"②，"关注的是社会认同与承认。如果说狂喜生产的是躲避社会秩序的快感，那么，快乐生产的却是与社会秩序达成关联的快感。快乐是更日常的快感，而狂喜则更联系着特殊的、狂欢的时刻。快乐牵涉到对社会认同的承认、证实与协商"③。

无独有偶，康德在《判断力批判》中，也对娱乐体验进行了程度划分。他认为，人类的娱乐体验分为"感性的愉悦"④和"智性的愉悦"两个层次。美国学者菲斯克在此基础上又提出了第三种快乐，即"意识形态的快乐"或者"识别的快乐""认知的快乐"⑤，这种快乐与罗兰·巴特的"小乐"相似，都是建立在观照现实、有理性参与基础上的。

那么，游戏节目形态所追求的快乐是什么层次的快乐？这里主要以湖南卫视的《快乐大本营》这档游戏节目形态的标志性节目为例，通过与综艺节目的"演员+文艺节目+新闻板块+主题"结构模式进行对比分析，揭示游戏节目所追求的"快乐"的本质。从整体上看，游戏节目的"明星+游戏+板块"结构除了保留综艺节目的"板块"特征外，其他均发生了变化。首先是主题和新闻宣传板块两个结构性要素不复存在；其次，其他两个关键性要素"人物"和"娱乐形式"也发生了变化，分别由原来的"演员""文艺节目"，演变成了"明星"和"游戏"。从前面的阐述中可以看出，综艺节目的政治价值取向主要是通过主

① ［美］约翰·菲斯克：《电视文化》，祁阿红、张鲲译，商务印书馆2010年版，第330—331页。

② ［美］约翰·菲斯克：《理解大众文化》，王晓钰、宋伟杰译，中央编译社2006年版，第58页。

③ ［美］约翰·菲斯克：《理解大众文化》，王晓钰、宋伟杰译，中央编译社2006年版，第56页。

④ ［德］康德：《判断力批判》，邓晓芒译，人民出版社2002年版，第178—179页。

⑤ ［美］约翰·菲斯克：《电视文化》，祁阿红、张鲲译，商务印书馆2010年版，第73页。

题和新闻板块这两个结构性要素体现出来的，但到了游戏节目中，不仅此前综艺节目每期直接用于反映当时社会情境，体现当时社会政治、经济、文化动向的"主题"要素已被单纯的"打造快乐"这一不变的节目宗旨取代，而且直接承担点题任务的新闻板块也完全消失，这表明，游戏节目已不再承担宣传功能，放弃了对政治意识形态的追求。可见，主题和新闻板块的消失，只是意味着原来综艺节目所追求的严肃性和政治意识形态意义不复存在，而真正体现游戏节目的"快乐"本质的，则是其他两个结构要素。

（一）"明星"：被抽离了身份意义的"演员"

以往学界主要从平民意识、平等精神这个视角解释"明星"出现在游戏节目中的意义，认为"明星"的本质是大众偶像，体现的是大众趣味，因此，"明星"作为节目主角时，体现了节目对平民的尊重；与此同时，"明星"在游戏节目中又是作为被调侃、制造笑料的对象出现的，他们被要求做的都是诸如"过独木桥""顶气球"之类的易于失控的儿童化游戏，这种游戏无疑让明星走下神坛，拉近了他们与观众的距离，因此，其意义指向平民化。而实际上，明星在游戏节目中的意义不止于此。我们知道，明星作为我国娱乐节目的主角，此前游戏节目中并未出现，但如前所说，第一次做主角的明星们，在游戏节目中并没有呈现作为明星的魅力、光环，反倒在表演与其成人身份不相符的游戏，通过一系列失控的动作被矮化。这从类型流变的角度看，相较综艺节目中的"演员"，游戏节目中的"明星"实际就是对综艺节目中的"演员"形象的颠覆、所承载意义的抽离。在游戏节目中，明星既不表现其专业水平，更不是地域文化符号的象征，而且节目也并未着力于展示他们之所以为大众偶像的那一面，甚至在解构他们的偶像身份，成为消弭了社会身份、不承载任何社会意义，仅供大众娱乐的对象。如果说综艺节目是在对"演员"充分赋意的话，那么，在游戏节目中，"明星"体现的则是对"演员"意义的充分消解和颠覆；在这种情境下，明星在游戏节目中的意义，除了"明星"这个标签，就只是动作游戏的执行者，这就是说，节目实际看重、凸显的只是明星的身体行为。

我们知道，身体是权力运作的对象和目标，自人开始关注身体，为身体设禁、包装、锻造开始，身体就已经超越了实际的"肉身"，而成为社会政治文化的符号。各种社会权力的运作都是通过对身体的控制和规训实现的。政治权力"直接控制它，干预它，给它打上标记，训练它，折磨它，强迫它完成某些任务、表现某些仪式和发出某些信号"①。"文革"中尤为突出。在一切都政治化了的背景下，身体成为意识形态严格控制的对象：统一的着装、样板戏、忠字舞等，身体完全成了一个政治运作的场所、标识。改革开放后，虽然附加在身体上的政治意义在弱化，但身体在之前的综艺节目中，依然体现着特定的社会身份以及社会正统审美观。但到了游戏节目中，身体的身份意义失效、消失，开始聚焦、发掘的是身体本身的作用，它的游戏设计是以让身体失控制造笑点为目标，以对身体既有的社会意义的反叛和消解为前提的。从身份消失，到身体走到前台，这种娱乐显然是纯粹的娱乐，也就是下面要说的"自然游戏"。

（二）"游戏"形式的本质：无功利的"自然游戏"

"游戏"既是游戏节目形态的形式，也是该类节目的内容，因此游戏节目的目的价值是什么，还取决于其中所设游戏的本质。游戏作为人与生俱来的一种行为方式，形式多种多样。在赫伊津哈那里，竞技是一种游戏，仪式本质上是游戏，艺术也是一种游戏，设谜猜谜、恶搞戏仿等，都是游戏[56]。席勒基于游戏的性质，将人类这些五花八门的游戏分为两种：一种是"物质的游戏"，或称"自然的游戏"；一种是"审美的游戏"或"形式的游戏"。"物质游戏"或"自然游戏"是指人的感性部分（身体器官或想象力）无序地自由活动，其本质是一种主要诉诸身体、感官的"无形式的游戏"；"审美游戏"或有形式的游戏是指在理性的参与和组织作用下，人的感性部分有序地自由活动，即"有形式的游戏"[57]。有形式的游戏一般指艺术作品。据此来看，游戏节目中的游戏应属于"自然游戏"。

游戏节目中的游戏主要包含两种形式，一种是戏仿。戏仿本身是一种对原事物及文本意义的消解、颠覆。在游戏节目中，主要表现为让明星或现场观众戏仿其他经典艺术作品和影视作品经典桥段，或者模仿一种设定的情境，通过戏仿过程中出现的反差、错位，制造笑点。比如《快乐大本营》一开始推出的"快乐传真"板块，就是让参与者用肢体动作表现文字所描写的难以表现的抽象情境或者情绪、行为，通过一个又一个次第性的模仿、猜测，利用前后表演者之间的误读，以及表演行为的夸张、随意甚至是不协调性，获取一种错位、戏谑、滑稽效果。另一种则主要是儿童化、即兴性的动作或身体游戏，诸如"过

---

① ［法］福柯：《规训与惩罚》，刘北成、杨远婴译，生活·读书·新知三联书店 2010 年版，第 27 页。

独木桥""踩气球""猜猜看""火线冲击"等①。比如,让一众明星去过"独木桥",在跷跷板上玩平衡,等等,目的都是借助一定的动作难度,让明星高频率地出现行为、动作的失误和失态,以制造笑点。而无论是戏仿游戏还是儿童化的游戏,在节目中,一个共同特点是,它们都不以胜负输赢为目标,甚至是以失误为目标,目的是通过变形扭曲的动作行为,制造噱头、让人捧腹。这种"快乐"毫无疑问是罗兰·巴特所说的作用于感官而不是精神和心灵的"狂喜",而非诉诸理性的"小乐"或"快乐"。

(三)板块构成:均为不同形式的游戏

从节目形态的流变关系看,游戏节目在追求娱乐效应上,其实是综艺节目的升级版,其最突出的两个特征:一是文艺节目仍存在,但其主导性地位已经被游戏取代,而且大多以戏仿的形式出现,消解了综艺节目中的文艺节目的严肃性,成为制造喜剧效果的依托;二是保留了综艺节目的板块结构,但板块的功能却发生了变化。例如,《快乐大本营》开播初期,先后设置了"快乐天平""快乐传真""火线冲击""快乐健身操"等多个板块,之后虽然板块内容在不断变化,但板块结构始终不变。和此前的综艺节目不同的是,在《综艺大观》这类综艺节目中,其中的每个板块各司其职,承担着不同的功能,有的偏向娱乐,有的偏向艺术,有的则偏向新闻宣传,不同板块发挥着不同的作用,最终目的是体现综艺节目的"综合性"。但在游戏节目中,虽然每个板块名称不一,表现形式也不同,但它们的性质是一致的。每个板块都是游戏,不同板块间的差异只是游戏形式或者说玩法的差异,因此,各个板块的作用都是一致的,都只是追求娱乐。可见,从板块构成角度看,游戏节目的目的也很单纯,就是尽可能增加娱乐的浓度和多样性,显然这和综艺节目的综合性有着本质区别。

从上述分析中可以看出,与综艺节目的每个结构要素都竭力表现时代精神截然相反,游戏节目的三个结构要素都立足身体行为,着力于利用动作上的失误、表演者之间的反差,制造喜剧效果,完全舍弃了与社会、人生乃至主流意识形态的关系。毫无疑问,游戏节目所追逐的就是一场场身体的狂欢、感官的

---

① "火线冲击"是最早的一种游戏形式。游戏方式是让参与的明星手拿一个金属棒(相当于一个电极),在一个曲折的金属架构成的通道中通行(金属架相当于一个电极),由于通道比较窄,而且人的手会因紧张或是走动过程中而发抖,一旦金属棒碰到金属架,两极相接就会溅出火花,就算输。不碰金属架顺利通过的获胜。

愉悦，是一种"狂喜"意义上的"快乐"。当一种节目形态着力于制造这样的快乐，放弃意义的追寻时，毫无疑问其目的价值取向就是制造娱乐。有研究者甚至将这种娱乐称为单一性的能够提供一种去政治化想象的"傻乐"[58]，这实际是从不承担社会意义这个层面，揭示了这类节目以娱乐价值为主导的目的价值取向。

第四章

从经济价值主导到经济价值与社会价值共同主导

　　以经济价值为主导指的是益智节目和真人秀节目一枝独秀时期，经济价值和社会价值共同主导则是指多种节目形态共存时期。将益智节目和真人秀节目时期的目的价值取向都视为经济价值，并不意味着二者没有区别。在有的研究者那里，益智节目是被当作真人秀的一种子类型即益智闯关型真人秀节目看待的，但是，就其在我国诞生的历史情境以及结构模式来看，它与之后出现的真人秀节目还是存在一定差异的，各有各的追求经济价值的逻辑。因而在此将分别予以分析。

　　我们知道，益智节目和真人秀节目都是舶来品，且在西方电视媒体上，都是获取收视率的利器。其中，益智节目是各类电视娱乐节目中历史最悠久的节目形态，产生于20个世纪30年代末，盛行于七八十年代，一直以来，都是西方电视媒体的常态化娱乐节目。约翰·菲斯克在他的《电视文化》中曾经对其做过非常具体的解读，将之概括为"提问游戏"[59]。电视真人秀节目则是20世纪末、21世纪初电视媒体竞争进入白热化阶段的产物。尹鸿、冉儒学在《娱乐旋风》中曾比较全面地分析了真人秀盛行的历史土壤，其中将电视媒体的"市场化"视为真人秀节目诞生的主要诱因之一，认为真人秀节目在欧美的诞生，主要是为了规避电视剧的劣势，一方面，主角由明星转为普通人，降低了节目成本；另一方面，此类节目模式化程度高，易于移植，可以节省推广费用，规避风险，一些成功地得到市场检验的节目，能够在全球范围内迅速得到推广，获得经济效益。[60]这就是说，真人秀节目的诞生，原本就是一种市场行为，目的就是追求经济价值。

　　当然，无论是益智节目还是电视真人秀节目，虽然它们在欧美的出现完全出于商业目的，但并不意味着它只能用于商业竞争，或者说，不能因此就简单推断它出现在我国的目的价值就一定是追求经济效益。一种文化中的任一对象都不能担保会在另一文化中拥有相同的意义[61]。任何一种事物出现在一个新的区域，一定是基于该地区自身发展的逻辑和需要，或者说，它一定是作为所在地区自身发展逻辑链条上的一个环节出现的，绝不是随意移植。益智节目和真人秀节目在我国出现的 20 世纪末、21 世纪初，正值我国电视频道资源过剩导致频道大战愈演愈烈、市场化程度越来越高的时期，这时候，作为最具市场竞争力之一的娱乐节目无论以什么形式出现，毫无疑问，都不可能与追求经济价值无关；然而是不是经济价值就是其唯一的目的价值呢？任何一种新事物都是特定历史情境的产物，因此，需要结合节目出现的历史情境对节目形态的结构模式进行重新诠释。

一、益智节目形态：消费主义生产逻辑的引入

以往，学界基于和此前游戏节目的对比，将益智节目的结构形式概括为"平民+知识"①，并因此认为，益智节目的出现反映了我国电视娱乐节目由"感性娱乐"到"智性娱乐"的转向[62]，体现的是一种文化价值取向。之所以如此理解，主要是基于"知识"自身的文化属性，认为"知识"恰好和游戏节目中的"游戏"构成一种反向关系，是对此前游戏节目过分沉溺于娱乐的矫正。这种认识有一定的合理性，但不尽然。虽然从节目形态的发展逻辑上看，"知识"的确对诉诸身体感官的"自然游戏"构成了一种补偿和矫正关系，然而这种补偿矫正是否意味着电视娱乐节目的目的价值取向转向了文化价值，还需要对其结构要素在当时历史情境下的意义进行具体分析才能确定。

作为消费社会研究的集大成者，鲍德里亚在《消费社会》论及消费主义生产逻辑的特点时，将其突出特征主要归纳为两个方面，一是消费主义生产是在物质极大丰富的前提下诞生的，因此，消费社会生产的目的不是提供使用价值，而是符号价值。所谓符号价值，就是商品和商品使用价值的分离，在此之外被赋予了更多的可以任意解释的不确定性意义，其中最根本的意义就是能够体现消费者的社会地位。二是消费社会生产的不只是物品，而是欲望，激起不断进行消费的欲望；通过刺激欲望，让生产得以持续。观察益智节目，从其诞生的特殊背景，到每一个结构要素，所蕴含的都是这样一种逻辑。

---

① 张国涛：《电视综艺的观念演变》，《现代传播》2005 年第 6 期；陈虹：《电视节目形态：创新的观点》，复旦大学出版社 2013 年版；卫贝妮：《试论中国娱乐节目之三十年跨越》，《东南传播》，2009 年。

（一）诞生的特殊背景：拯救急剧下滑的收视率

益智节目在我国的诞生，有着非常特殊的历史背景，作为一种"舶来品"，忽略其在我国电视媒体诞生的历史背景，便难以理解其在我国娱乐节目史上的特殊意义。

益智节目在西方有着悠久的历史，之所以在 2000 年前后才被引进我国，是因为背景比较特殊。众所周知，标志我国娱乐节目进入益智节目时期的《幸运52》和《开心辞典》是由央视二套经济频道推出的。因为有悖于该频道定位，曾备受学界诟病，被认为推出这类节目是经济频道不务正业。央视经济频道之所以推出这样的娱乐节目，目的很明确，就是为了挽救该频道日益下滑的收视率。时任央视广告经济信息中心副主任、央视经济频道负责人的汪文斌论及推出《幸运52》和《开心辞典》的初衷时这样说道："我们之所以来做这样的尝试，源于经济节目的困境，我们经济节目 1999 年与 1997 年相比，收视率平均下降30%……提高收视率，抑制收视率下滑成为我们那时的当务之急，这不是责任问题，而是生存问题，我们已经面临极大的生存危机。"[1] 对于大众媒介产品来说，每种节目形态推出其实都是为了追求高收视率，但在此之前，无论是综艺节目还是游戏节目，在我国都还不能算是真正意义上的大众媒介产品，或者说虽然也重视收视率，但收视率并非主要矛盾，当时还主要强调的是喉舌、工具属性。综艺节目形态选择"综艺"形式，固然可以说是借助"综合性"来满足各个层次的受众，实现老少咸宜，但是，真正促成其选择综艺娱乐的则是"寓教于乐"的原则；游戏节目形态的诞生较综艺节目有了更明确的受众意识[2]，但是，整个创意过程却是以当时一枝独秀的综艺节目为参照，以针锋相对的思维方式，打破综艺节目的僵化模式为目标的。因此，支撑游戏节目形态的并不是收视率，而是一种革命性、反叛性追求。在当时的节目制作者看来，只要颠覆了综艺节目，就会具有收视率，所以，创新形式才是第一位的。而益智节目产生的逻辑与之不同，甚至相反。它的目的很明确，就是提升收视率。这就从价值主体角度非常明确地表明了益智节目的价值取向，即经济价值取向。

为提高收视率的央视经济频道何以会选择益智节目这种娱乐节目形态？一

---

① 汪文斌、李幸：《"大众化"与"新形态"（上）》，《现代传播》2002 年第 1 期，第15—18 页。

② 《快乐大本营》创办初期的目标受众是暑期中学生。见黄晓阳《魏文彬和他的电视湘军》，新华出版社 2006 年版，第 126 页。

方面，我们知道，《幸运 52》和《开心辞典》这两档节目是在美国的《谁能成为百万富翁》《最薄弱的环节》等博彩节目版式的基础上改造而来，这些有着成熟套路的博彩节目具有可复制性，而且已在国外市场得到充分认可，无风险，这是它们被央视经济频道"拿来"所用的基本前提；另一方面是因为，基于市场喜新厌旧的特点，当时的游戏节目形态处于霸屏状态，全国大多数地方频道几乎每家都有一档游戏节目，娱乐节目呈现出高度同质化状态；而且，其一味消解意义的文本特点，也不适用于央视这样严肃的国家媒体，央视也不可能再去选择这种市场已经饱和的娱乐节目去实现占领市场的目的。事物发展的一般规律以及推出一种新产品的思路，往往是找到旧事物、旧产品的缺失，然后有针对性地进行改革和补充，而益智节目的"知识"竞答游戏，恰恰和游戏节目的不承担任何意义的无功利的动作游戏完全相悖："知识"体现的是理性和意义，肢体动作游戏则体现的是感性和娱乐，客观上构成一种差异性互补关系，这是有着悠久历史的益智节目会出现在这个时期的原因所在。

（二）平民成为主角：扩大受众规模的需要

在益智节目中，"平民"第一次真正作为主角在我国电视娱乐节目中亮相。以往人们从传播政治学视角，将此解读为电视媒体平民意识的觉醒，反映了媒体从精英立场到平民立场的转变，这是毋庸置疑的。让谁做节目的主角，无疑是价值主体立场的反映，正如有的研究者所说：它为普通人提供了展现自我、彰显个性的机会，这对于传统的娱乐节目是一个颠覆。让电视回归到观众自娱自乐的时代，加强了观众的亲近感和认同感。但今天来看，仅从传播学层面理解"平民"成为主角的意义，是由当时特定的社会环境与媒介生存环境决定的。20 世纪 90 年代末，中国社会尚处于从政治社会到经济社会、世俗社会的转型期，人们仍习惯于从意识形态或者官方立场审视新的社会现象，尤其是对于一向将喉舌、工具身份和宣传功能放在第一位的电视媒体，更敏感于它的这种变化。因此从平民化角度解读这种变化也顺理成章。而事实上，"平民"成为娱乐节目主角的意义并非仅仅昭示了电视媒介从精英立场向平民立场的转型。在提高收视率的目标追求下，"平民"做主角实际是节目制作者为扩大受众规模而不得不做出的选择。益智节目的策划者是这样解释该类节目对"平民"的选择的："《综艺大观》《正大综艺》是打明星牌的方式，而我们是打平民牌的。"① 由于

---

① 汪文斌、李幸：《"大众化"与"新形态"（上）》，《现代传播》2002 年第 1 期，第 15—18 页。

《综艺大观》《正大综艺》当时在央视还居主导地位，因此，这句话的意思是，他们选择"平民"为主角，主要是基于这个群体在当时电视娱乐节目中的稀缺性，而稀缺性所反映的正是市场逻辑。也就是说，在这个逻辑链条上，"平民"显然是被当作占领市场的工具看待的。在消费社会中，消费主义生产本质上是建立在物质（产品）过剩前提下的，因为物质（产品）过剩，产品的差异性就成为占领市场的关键；尤其是消费社会初期，需要全民总动员，普通平民自然是不可忽视的市场力量。鲍德里亚在论及消费社会生产对待大众的态度时说，保证消费社会正常运转的方式就是将每一个社会大众变成消费者，就是把每一个个体都当作不可忽视的存在，当作消费的领域[63]。对于电视娱乐产品来说，将每一个个体都变成消费者的一个非常关键的问题就是，让每一个受众都能感受到一种接近性，并能有一种参与的可能性，而不仅仅是被动地观赏。益智节目中以平民为主角的游戏方式，以及下面将要论及的"知识"本身的特殊性，恰恰满足了受众的这种心理需要，也给受众提供了接近、参与的可能性。

还需要指出的是，出现在益智节目中的"平民"，又都是生活在都市中的文化程度比较高的群体，具有一定购买力，将这一群体作为主角，一方面能吸引广告商，另一方面能吸引更多的同类人群参与，扩大受众规模，从而形成良性的提升收视率的机制，这也是平民做主角不可忽视的因素。

（三）知识竞答：一种拥有符号价值的游戏形式

相比游戏节目中诉诸身体的自然游戏，益智节目中的知识竞答很容易被理解为目的价值就是为了传播知识，追求社会或者文化价值。从外部特征看，这种理解不无道理，"知识"的确是文化的典型体现。但不可否认的是，知识竞答的本质也是游戏，而且是游戏节目中自然游戏的升级版。对于电视娱乐节目这种媒介产品来说，它的使用价值毫无疑问就是能够为受众提供娱乐，正如箱包的使用价值在于收纳物品一样。在此意义上，此前游戏节目中的仅仅在于提供娱乐的自然游戏，显然体现的是此类节目的使用价值。而益智节目中的知识游戏则不然，"知识"和游戏结合，赋予游戏以一定的文化意义，因此它就不再只是提供使用价值的娱乐节目产品，而成为一种拥有符号价值的娱乐产品。

之所以如此理解知识游戏的本质，是基于知识自身在我们这个时代的特殊功能、地位。我们都知道，知识是一种文化资本，占有知识的多少，决定着一个人的社会地位和身份。"知识是为社会所承认的获取权力、影响力和物质财富的手段"①，尤其是那些从学校学来的专业知识，如文学、艺术、地理、历史知识等，可以让拥有者据此进行自我价值和地位的判断、认定。所以，知识竞答游戏既具娱乐性，同时又能激发观众进行自我考量，让不同阶层的观众都能够在这里获得一种被认可、被肯定的体验，进而对自己进行地位、身份确认：受教育程度比较高的社会精英阶层的观众，在益智节目中测试自己的学术知识，以获得一种自我肯定；而受教育程度低的普通观众，则在观看益智节目时，可以检验和证明自己是否和参赛者一样聪明。这种作用较游戏节目中单纯的动作游戏所带来的纯粹感官快乐，无疑多了一重"意义"，让观众拥有价值感，在这样的娱乐过程中，有一种提升自己身份地位的幻觉，因此，知识游戏的本质是诉诸身体、动作的自然游戏的升级版，是娱乐节目生产从追求使用价值转为追求符号价值的体现。

在消费社会中，产品对符号价值的追求，归根结底是对经济效益最大化的追求。也就是说，到了益智节目阶段，生产者选择知识竞答这种游戏形式，不是在弱化电视娱乐节目的娱乐性，而是要从最初的仅仅粗放、粗糙地给受众提供感官娱乐，升级为依照消费社会的生产规律，进行娱乐产品生产。因此，从追求使用价值到追求符号价值，从更深层意义上看，它所体现的并不是这种媒介产品的文化转向，而是以更隐蔽、更艺术的方式吸引消费者，追求经济价值。

（四）奖励机制：追求经济效益的直接体现

奖品、奖励是益智节目的标配，也是益智游戏得以展开的驱动力，但以往却忽略了它在整个节目结构、叙事链条上的这种决定性作用，直接将之视为拜金主义、物质主义的体现。今天看来，这种认识未免简单化。首先，我国在引进益智节目的过程中，对其进行的最大改造就是最大限度地降低甚至去除了它原来的博彩性，虽然奖励环节依旧存在，但奖励的方式不再是西方同类节目中赤裸裸的金钱或者高端奢侈品，而是体现一定社会价值的奖品，比如家庭旅游、亲子活动等，因此，其拜金主义的一面被摒弃。它存在的主要意义在于保证知识竞答游戏得以进行，是该类节目的推动力：选手的闯关、升级，主要以奖励（奖品）为支撑，奖励、奖品在整个叙事链条中，充当了人物行动的目标、任务，驱使选手一关又一关地将游戏延续下去。益智节目中的闯关设置，基本原理很像是夺宝类影视剧的寻宝过程，需克服重重困难，过五关斩六将，才能逼

---

① ［美］约翰·菲斯克：《电视文化》，王晓钰译，商务印书馆 2005 年版，第 384 页。

近宝藏,宝藏在剧中是核心要素、叙事的驱动力。反观益智节目,从《幸运52》到《开心辞典》,乃至今天的《一站到底》等,都在奖品环节上做足了文章,在节目进行中,不断地对奖品做各种展示、反复介绍、渲染,也从一个侧面体现了它们在节目中的这种地位和作用。所以,菲斯克在论及这一节目形态时,也将其作为不可忽视的结构性要素进行了诠释。他认为,在这类节目中,奖品几乎和其中的参与者一样,都构成了节目的重要"角色",甚至成了"明星"[64];它不仅是激发参与者继续博弈欲望的诱因,同时也是吸引观众眼球、黏附受众的重要因素。

其次,奖品、奖励环节的设置,也给广告商提供了推介产品的最直接、名正言顺的渠道。由于它们是游戏的推动力,我们看到,在这些节目中,作为奖品的产品或提供奖品的企业可以以最直接的方式被反复强调,名正言顺地出现。从这个意义上说,益智节目是一种能够非常具体、直接、最大限度地为广告商提供宣传、推介产品机会和方式的节目形态。对广告商有利,显然就是对节目生产者收获更大的经济效益有利。

可见,益智节目从诞生的历史背景到所有结构要素设置,都是我国电视娱乐节目真正依据消费主义生产逻辑构建自身,成为实质上的大众媒介产品的集中体现。之前的游戏节目形态通过自然游戏吸引受众目的也在于扩大受众面,且最终也会体现在经济效益上,但就当时的节目制作主体者来说,问题的关键在于如何能够制造真正纯粹的快乐。因为在一个一直以来都将娱乐当作手段、载道的工具的历史情境中,要制造纯粹的娱乐,其实是一项非常具有挑战性、革命性的工作,因此,如何制造娱乐才是游戏节目的核心追求。而益智节目的生产逻辑恰与之相反,其目的很明确,就是为了扩大受众规模,提高经济效益,知识游戏只是实现这一目标的手段。因此,从节目形态层面看,益智节目的目的价值取向是经济价值而非文化价值。

二、真人秀节目形态:应对市场不确定性的形式乌托邦

此前说过,在西方,真人秀节目的诞生就是为了使经济效益最大化,因为真人秀以普通人为主角,可以降低电视剧的成本。那么,它于21世纪初出现在我国电视荧屏,成为我国电视娱乐节目的主导性节目形态,并呈现出一枝独秀的状态,是否也是为了追求经济价值?尤其是在新媒体崛起,媒介环境发生巨变的背景下,它的结构形式何以蕴含着谋求经济价值的逻辑?这些都是需要我

们进行具体诠释的问题。

我们知道，"乌托邦"的原初意义源自莫尔的小说《乌托邦》，由此乌托邦被理解成一个超越现存社会秩序的理想化的世界。对于电视娱乐节目来说，形式乌托邦就是指这种娱乐节目的形式具有一种既能让电视节目生产者随心所欲地用以制造娱乐效应，达到吸引观众的目的，又不会轻易被观众视为违规逾矩的合情合理的理想化形式[65]。电视媒体发展到今天，见多识广的电视受众变得越来越挑剔，尤其在各种网络娱乐形式被广泛开发的背景下，电视娱乐节目能够吸附受众的难度越来越大，能够找到一种可以随心所欲、一劳永逸制造娱乐效应并能被观众接受的节目形态，无疑是节目生产者的理想。找到这种理想形式，毫无疑问就是找到了占领市场获取经济价值的通途。真人秀节目形态正是这样一种形式。

首先，和此前三种娱乐节目形态比，真人秀节目的结构形式完全是一个例外，其"明星（平民）+游戏+N"结构模式的最大特点就是它的开放性，不拘泥于任何一种游戏形式和内容。先说表演者的身份。真人秀节目可以在"平民"和"明星"之间随意切换，意味着节目在选择什么身份的人做表演者这个问题上，是没有障碍、不存在限制的。选择明星或者平民，主要取决于生产者对市场的判断。如前所述，平民的背后蕴含的是市场需求和经济价值；明星更是如此，经济价值是明星的本体价值。理查德·戴尔在《明星》一书中将"明星"的经济价值归纳为"资本""投资"与"市场"三个方面[66]，认为它既有资本的效应，也有投资的功能，资本效应即粉丝效应，意味着它拥有巨大的市场潜力。因此，当明星成为娱乐节目的主角时，无论如何也不能忽视节目生产者的经济价值取向。我国真人秀节目的表演者经历了"平民"—"明星"—"明星+平民"这样一个发展过程。最早一批的生存挑战类和歌唱选秀节目的主角是"平民"，之后的表演型选秀节目如《舞林大会》《星跳水立方》等表演秀节目的表演者开始由明星统领；自2012年之后，呈现出平民和明星共存的状态。这种不断切换更迭的状态毫无疑问体现的是市场稀缺逻辑：当一种元素产生审美疲劳时，必然会选择另一种元素保证其可持续发展。因此，"平民（明星）"元素不断切换的背后，实际是占有市场的目的。

再说"游戏+N"。前面说过，"游戏+N"其实意味着游戏的内容、形式是无限制的、不确定的，有着无限广阔的拓展空间。只要掌握游戏的本质与规律，就可以将游戏伸展到各个领域，可以随心所欲地更新换代；而且，真人秀节目自 2000 年诞生之后，也的确处于这样一种不断变化的状态。从一开始集中在生存挑战型、人际关系型，到之后《超级女声》使歌舞等表演秀充斥荧屏，再到 2009 年前后，《非诚勿扰》《百里挑一》这种相亲类以及职场类等节目盛极一时，真人秀节目始终在内容、形式上游刃有余地变化着，它能够让生产者生产出各种不同形式、不同内容的节目样态，以适应观众不断变化的口味。从这个意义上说，真人秀节目是一种可以让电视节目生产者一劳永逸地顺应市场需求的节目形式。虽然"游戏"规定了娱乐的方式，但是"游戏"本身有着极其宽广的内涵和外延，任何假定性的形式，都可以视为游戏；"N"作为游戏的题材，表明了它的无限性。这就将电视娱乐节目带入了游刃有余、随心所欲的状态。这种几无羁绊的结构模式，在"形式"层面，无疑是一种乌托邦。

其次，真人秀的形式乌托邦属性还表现在它既能随心所欲，又能让观众接受，正所谓随心所欲不逾矩。今天的观众见多识广，可以越来越理性地对待娱乐。因而娱乐节目已经无法仅仅凭借身体、动作制造的狂喜来吸附受众；任何文本，如果忽视生活逻辑，已经难以征服观众，必须依托叙事带来的戏剧性，制造娱乐效应。

所谓戏剧性，虽然迄今为止仍存有争议，但是，因果关系、矛盾冲突是戏剧性的集中体现，已成共识。而因果链条、矛盾冲突的设置并不是一项随心所欲任意为之的工作。电视新闻类节目自不必说，即便是全然建立在虚构基础上的电视剧，其戏剧性的设计也不能任意为之。它虽为虚构文本，但属于艺术范畴，创作者在制造戏剧性的过程中，必须遵循艺术创作的基本规律和原则；而且，大众也会依据自己对艺术的基本理解，来要求和评价它。普通大众对大众艺术文本的基本要求源自历史悠久、普及甚广的现实主义原则，即矛盾冲突设置必须合乎生活逻辑，正所谓"典型环境中的典型人物"。这就是说，电视剧可以天马行空地结构故事，观众也可以接受电视剧天马行空的驰骋想象，但却不能容忍其背离现实生活的基本逻辑和日常生活经验，因此因果关系的合理性，是观众接受故事的基本前提。正因如此，不少影视剧会遭诟病。而真人秀节目则不然。节目生产者能够在当中随意设计因果关系、戏剧冲突而不被受众质疑。因为真人秀本质上其实"是一件'游戏'事件"。游戏形式的本质是什么？简单地说，就是一种自规定性的超常规表演活动。荷兰社会学家胡伊青加将它的表现形式概括为两个方面：首先，它是一种脱离常规生活的假定或假装行为；其次，这种假定性的活动所依据的规则是自规定性的，即由游戏共同体自己制定，无须得到他人认同。而且，游戏作为一种几乎和人类一同产生的超常规活动，这些特点已经成为共识，旁观者不会依据现实生活逻辑去质疑、评价游戏共同体制定的游戏规则及其表演的合理性。因而，真人秀节目可以摆脱一切现实逻辑的制约，不受任何羁绊去选择最能吸引人关注的节目内容（时间和空间、人物、活动），设计一切可能导致激烈矛盾冲突或者出人意料效果的游戏规则和形式，最大限度地追逐娱乐效应。例如，在《奔跑吧兄弟》中，充斥着与参与者日常生活身份不相符的极度夸张且集动作、悬疑、戏谑为一体的儿童化行为；在《爸爸去哪儿》中，为了制造强烈的反差，制造矛盾冲突，可以任意设置、选择各种极端的环境；《变形记》甚至利用繁华都市叛逆小子与穷乡僻壤隐忍勤奋少年进行身份置换这种高反差、强刺激的方式，制造看点。最典型的例子是《我是歌手》第三季中的孙楠退赛事件。孙楠依据现实逻辑，将自己的退赛行为解释为成全别人的淡泊名利的侠义之举（虽然客观效果如此），但观众并不认同，反倒将之视为对游戏规则和契约精神的僭越、践踏。可见，观众不会依据现实逻辑去要求和理解真人秀节目中表演者的行为。这就意味着节目制作者可以超越现实逻辑的羁绊，在不触及社会道德底线的情况下，随心所欲地安排人物活动、结构故事情节，且不会被观众质疑。也正因这样，我们看到，真人秀节目借助游戏自规定性，推衍出了千姿百态的真人秀节目类型，既有生活体验型真人秀，也有表演型、歌唱类、生活服务类真人秀，真人秀甚至已经延伸到医疗、健康节目领域；而且，在这些不同类型的真人秀节目内部，又派生出了诸多新的形式。比如在表演类节目中，就有音乐选秀类、歌唱竞赛类和才艺表演等多种形式，而且几乎每一种真人秀节目都能受到观众青睐。这种在制造戏剧性问题上所具有的不受制约、不被质疑的自由，给节目制作者提供了可以随心所欲地想自己所想的可能性。这从另一个侧面体现了真人秀节目的形式乌托邦属性。

　　形式乌托邦属性意味着真人秀节目形态能够游刃有余地应对不断变化着的受众需求，而顺应市场需求的最终目的其实就是追求经济价值。我们知道，鲍德里亚的一大贡献就在于他认识到，在消费社会中，人的需求和需求物之间是一种不确定性关系。他认为，将消费者当作一种自由的、有意识的、知道其所作所为意欲如何的存在，只是一种理性神话、一种理想主义的假设；真正支配消费的是人的永远无法满足的欲望[67]。这就是说，在消费社会中，商品生产和消费与某种明确的需求或功能，不存在必然、固定的联系，"想对需求的客观观点进行确定，变得越来越不可能，原因就是所谓的客观观点并不存在——于是我们可以说，某一能指对另一能指的这种趋势消失、这种持续流动、这种逃逸只是某种欲望的表象……在物品和持续需求中进行局部自我指向的正是这种永远无法满足的欲望"①。也就是说，正因为人的欲望是无限的，因此，他认为，消费社会的需求是一种不确定性的存在，"需求从来都不是对某一物品的需要，而是对差异的'需要'"，对差异的满足实际意味着"永远都不会有圆满的满足，因而也不会有需求的确定性"②。当需求是一种不确定的存在时，意味着是没有一种一劳永逸的东西可以满足这种需求的，真人秀却做到了。

三、多种节目形态共存时期：文化主导与去游戏化

此前说过，2013 年前后，我国电视娱乐节目发生了比较大的变化，一方面，自 21 世纪初开始的不同阶段由某一种电视真人秀节目统领的局面被打破，出现了多种娱乐节目形态共存的局面，这些节目形态包括益智节目的复苏以及《见字如面》《朗读者》《国家宝藏》等新型的文化娱乐节目；另一方面，电视真人秀内部也出现了多样化趋势，不再一窝蜂地追逐某一种节目类型。娱乐节目发生这样一种前所未有的变化，有着特定的历史背景，具体说是和行政干预分不开的。由于行政干预，娱乐节目生产机构必然会有意识地改变此前单一性的经济价值追求；而新兴节目形态的出现，以及真人秀节目内部的多样化，透露出了目的价值取向的变化。这些新的变化集中体现为经济价值和社会价值的并重。

（一）"限娱令"促使电视娱乐节目矫正发展方向

电视娱乐场是经济和政治两个场域争夺的对象，而电视娱乐节目天然倾向于市场力量。从历史发展看，娱乐节目的大规模高速发展本身就是经济利益驱动的结果；如果没有外在力量强有力的干预，娱乐节目会始终是电视媒体追逐经济利益的手段。但我国电视媒体作为文化事业单位的属性决定了电视娱乐节目也必须担当一定的社会责任，经济价值和社会价值并重是其应然的存在状态。然而，由于娱乐节目与经济价值追求有天然的关系，在政治场疏于介入的时候，电视机构很容易忽略应有的社会责任。二者一旦失衡，过于受制于经济力量牵制，政治场的介入、干预就会成为必然。西方历史上，传媒的社会责任理论的

①② ［德］让·鲍德里亚：《消费社会》，刘成富、全志钢译，南京大学出版社 2008 年版，第 59 页。

出现，就是非常典型的例子。为了遏制新闻业滥用自由，净化新闻市场，在倡导新闻业自律的同时，诞生了允许政府干预的社会责任理论。西方全然的私有制媒体尚且如此，何况我国国有体制下的电视媒体。

然而，政府的干预是否一定会改变电视娱乐节目的价值走向？回溯我国娱乐节目发展史发现，的确每一次干预都会对其有一定的矫正作用。国家广电总局对娱乐节目的明确干预始于 2006 年，但真正对电视娱乐节目产生根本性影响，迫使其目的价值追求发生改变的是 2011 年《关于进一步加强电视上星综合频道节目管理的意见》的颁布。

2006 年 8 月，重庆卫视的选秀节目《第一次心动》因内容粗陋，热衷于制造噱头，刻意炒作，格调低下，被国家广电总局叫停；同年国家广电总局下发了《关于进一步加强广播电视播出机构参与、主办或播出全国性或跨省（区、市）赛事等活动管理的通知》。该通知主要针对的是湖南卫视当时正播得如火如荼的选秀节目《超级女声》、央视的《梦想中国》等。通知明确强调娱乐节目应该"树立政治意识、大局意识和责任意识，坚持正确的舆论导向，坚持三贴近原则，各类赛事活动要积极向上，健康高雅，愉悦身心，陶冶情操，体现正确的世界观、人生观和价值观"，"赛事活动内容的设置、公益活动的策划以及选手参赛曲目的选择等赛事环节都要符合建设社会主义先进文化要求，符合加强未成年人教育，加强大学生思想政治教育的要求，要符合当前宣传工作的总体要求，要为构建社会主义和谐社会创造良好的舆论氛围"。[1] 同时，通知还对参赛选手的年龄、着装、发型、言论等提出了一系列具体要求，尤其要求"力戒庸俗、低俗的现象，不能迎合少数观众的猎奇心理、审丑心态"[2]。

2007 年，国家广电总局在《关于同意湖南电视台举办 2007 年〈快乐男声〉活动的批复》中，又对此类节目做了非常具体的规定："湖南电视台要始终坚持媒体的党性原则，坚持正确的舆论导向。《快乐男声》的活动要设计一些公益性内容，参赛曲目要积极健康，弘扬主旋律，提倡多样化。对《快乐男声》的宣传推介，要遵守宣传纪律，要把社会效益放在首位，使活动健康有益地顺利开展。不要炒作各种所谓的内幕新闻、花边新闻以及歌迷、观众的狂热追捧等，

①② 《国家广播电影电视总局关于进一步加强广播电视播出机构参与、主办或播出全国性或跨省（区、市）赛事等活动管理的通知》，2006 年 3 月 13 日，http：//china. findlaw. cn/fagui/p_ 1/204659. html。

防止负面效应。"① 并明确禁止发放奖金奖品。这些要求和规定的确对当时这类节目内容的过度娱乐化倾向进行了矫正，《快乐男声》中不再有制造噱头的海选环节，从曲目选择到歌手形象，相较《超级女声》都更合乎大众基本审美趣味。

　　既有问题得到遏制，同时另一些问题却又出现了。2007 年反而成为我国选秀节目大爆发之年，各大卫视纷纷推出选秀节目：《快乐男声》、《加油！好男儿》（东方卫视）、《我型我秀》（东方卫视）、《第一次心动》（重庆卫视）、《奥运真男孩》《红楼梦中人》（北京卫视）、《绝对唱响》（江苏卫视）等。有人这样评价当时这些节目的特点：相互复制、克隆，东施效颦、近亲繁殖，"以低俗当幽默，以恶俗当通俗，以媚俗当前卫……冠冕堂皇地进入'克隆＋炒作＋土俗＝利润'的商业怪圈"②。2007 年 8 月，广东电视台女性整形真人秀节目《美丽新约》因"导向意识不强，画面血腥、恐怖、暴露、格调低下，且活动组织奢华铺张"③ 被国家广电总局停播；2010 年 6 月 9 日，又针对《非诚勿扰》等婚恋节目出现嘉宾身份造假、话题出现的拜金主义倾向下发了《关于进一步规范婚恋交友类电视节目的管理通知》，敦促《非诚勿扰》等一批同类节目进行整改等。这一系列相关规定被学界和业界称为"限娱令"。由于规定都过于具体，大多都集中在节目的内容层面，刚纠正了一种偏颇，又会出现另一种偏颇，治标不治本，因此 2011 年颁布《关于进一步加强电视上星综合频道节目管理的意见》，对娱乐类节目数量进行严格限制，才使电视媒体在娱乐节目上有了比较深刻的变化。

　　《关于进一步加强电视上星综合频道节目管理的意见》，对节目形态雷同、过多过滥的婚恋交友类、才艺竞秀类、情感故事类、游戏竞技类、综艺娱乐类、访谈脱口秀、真人秀等类型节目实行播出总量严格限制，而且特别要求各电视上星综合频道要开办弘扬中华民族传统美德和社会主义核心价值体系的思想道德建设栏目。这种直接针对节目类型中观层面的控制，不同于以往只针对某些节目内容、风格的微观干预，内容风格是无边际的，限制了一种内容风格，仍

---

① 《广电总局关于同意湖南电视台举办 2007 年〈快乐男声〉活动的批复》，2007 年 4 月 5 日，http：//tech. sina. com. cn/it/2007-04-05/1607281498. shtml。

② 中国网：《2007 年国内娱乐圈十大关键词》，2007 年 11 月 2 日，http：//www. china. com. cn/book/txt/2007-11/02/content_ 9165820. htm。

③ 徐中迅：《〈美丽新约〉血腥恐怖美丽不再》，2007 年 8 月 25 日，http：//ent. sina. com. cn/x/2007-08-25/01001688738. shtml。

会出现限制之外的另一些不当的内容，难以根治节目质量差的现象；而在节目数量上进行控制，就促使各电视频道只有走少而精之路，扩大节目的社会影响，才能弥补因娱乐节目数量减少而导致的收视规模的收缩。2011 年"限娱令"之后，经过一年多的酝酿，于 2013 年前后，我国电视娱乐节目发生了显著变化。这种变化体现为如前所述，以往真人秀节目一个时期内一种类型独霸天下局面被破解，由现象级节目所取代；虽然真人秀节目仍呈强劲之势，但其他节目形态也开始出现，呈现出"多元形态共存"的局面[68]。这种变化不能不说是对"限娱令"的响应，而这种有意识的响应，必然体现为目的价值取向的变化。

（二）益智节目以聚焦中国传统文化的方式重返荧屏

自真人秀节目兴起之后，随着《幸运 52》和《开心辞典》的停播，益智节目这一曾盛极一时的娱乐节目形态几乎在电视荧屏上销声匿迹，但在 2013 年前后，这一节目形态重返荧屏。据统计，自 2013 年到 2020 年底，各省级卫视就推出了 21 档（见表 4.1）。21 档节目虽然远不及歌唱类、才艺类真人秀节目的数量，但是这些节目的社会影响甚至收视率都不亚于各类真人秀节目，《中国诗词大会》每一季收视率在同时段都名列前茅。

表 4.1　2013—2018 年传播传统文化知识的益智类节目

序号	节目名称	播出频道	播出时间	播出现状
1	中国灯谜大会	云南卫视	季播（4 季）2013—2017	停播
2	汉字英雄	河南卫视	季播（3 季）2013—2014	停播
3	成语英雄	河南卫视	季播（2 季）2013—2014	停播
4	中华好诗词	河北卫视	季播（5 季）2013—2018	停播
5	中国汉字听写大会	CCTV-1、CCTV-10	季播（3 季）2013.8—2015.10	停播
6	最爱中国字	黑龙江卫视	2014.1	停播
7	中国成语大会	CCTV-10	季播（2 季）2014—2016	停播
8	中国谜语大会	CCTV-1、CCTV-10	季播（3 季）2014.2—2016.2	停播
9	中华好故事	浙江卫视	季播（5 季）2014.8—2017.12	停播

续表

序号	节目名称	播出频道	播出时间	播出现状
10	大国文化	甘肃卫视	季播（2季）2014.7—2016.4	停播
11	最爱是中华	贵州卫视	季播（3季）2014.4—2016.4	停播
12	唐诗风云会	陕西卫视	2015.3—2015.8	停播
13	中华百家姓	安徽卫视	2015.10—2015.12	停播
14	非凡匠心	北京卫视	季播（2季）2017—2018	停播
15	汉字风云会	浙江卫视	2017.7—2017.9	停播
16	国学小名士	山东卫视	季播（4季）2017.8—2021.11	在播
17	诗书中华	东方卫视	2017.4—2017.7	停播
18	奇妙的汉字	湖北卫视	季播（5季）2018—2021.11	在播
19	中国地名大会	CCTV-1、CCTV-4	季播（2季）2019.11—2021.4	在播
20	神奇的汉字	湖南卫视	季播（2季）2019.6—2020.7	停播
21	成语天下	河北卫视	季播（2季）2019.6—2020.12	在播

在一个全新的语境下，任何旧事物的复苏，都不是简单的回归。新兴的益智节目与以往益智节目最大的不同，在于它的知识竞答游戏主要聚焦于传统文化知识，以汉字、成语、谜语、诗词等为主要竞答内容，《中国诗词大会》的宗旨明确为："赏中华诗词、寻文化基因、品生活之美"，其弘扬传统文化的追求不言而喻。聚焦传统文化何以体现的是对经济价值和社会价值的双重追求？内容和形式从来都是无法分割的，内容决定形式的传统认识，在此依然有效，而且，益智节目聚焦传统文化不仅仅是内容的变化，它也带来了表现形式上的变化。这一时期目的价值取向为经济价值和社会价值并重，首先体现在益智节目这种内容和形式的变化上。

1. 传统文化知识在现时代的特殊性

传统文化知识在现时代是一种既具大众性又有一定精英性的知识类型。其大众性在于，益智节目所聚焦的文字、谜语、成语、诗词等方面的知识，具有常识性和一定的普及性，受众面非常广泛，可以说，每一个识字的中国人都是其潜在的受众。在此意义上说，益智节目选择传统文化，体现着一定的大众化追求。大众化追求和经济价值取向的关系不言而喻。然而，传统文化知识又和其他大众性知识有所不同。其一，传统文化知识不同于21世纪初益智节目所聚焦的一般生活常识、商品价格、文史地理知识,后者更具消遣性,距离生活更近,更具娱乐性;前者即传统文化则因其和现时代文化风尚存在一定距离,更具严肃性,尤其如诗词、谜语甚至成语,均已远离了日常生活,成为特定语境或者节日性的知识类型。其二,中国传统文化知识在今天已经成为相对专业的知识,它需要一定的教育背景和硬性知识储备,甚至个人偏好,因此,相较之前的地理、生活常识,它更偏向于知识阶层。毋庸讳言,传统文化知识本身实际上并不是一种具有娱乐性的内容,它能够被开发成为一种娱乐节目形态,和当时"限娱令"要求各电视上星综合频道要开办弘扬中华民族传统美德和社会主义核心价值体系的思想道德建设栏目不无关系。换句话说,聚焦传统文化,其实并非娱乐节目制作者的自发选择。纵然如此,当娱乐节目开始将中国优秀传统文化作为主导性内容时,已表现出电视媒体对自身应有的文化传承及教育功能的重视,表明其开始担当大众传媒应该承担的社会责任。这就意味着它开始从一味地追求经济效益转为经济效益和社会效益并重。

2. 形式上的"仪式化"趋势

上一章说过,益智节目之所以被视为我国娱乐节目追求经济价值的开端,是因为它借助"知识"竞答,赋予"游戏"以文化附加值,使之成为具有符号价值的"游戏"。从这个意义上说,这个阶段的益智节目聚焦传统文化,似乎本质并未变化。但就其整体形式而言,显然《成语英雄》《中国诗词大会》这样的益智节目和当年的《开心辞典》已经大相径庭。这种区别主要表现为节目形式的变化。从整体上看,这一时期的益智节目如《中国诗词大会》呈现出更浓郁的仪式感,而以往的益智节目更强调制造游戏的紧张感。

游戏是一个内涵外延都极其广阔的概念,游戏研究的集大成者荷兰社会学家胡伊青加曾将竞赛和仪式甚至诗歌、舞蹈等艺术形式都列入游戏范畴。但他并不认同泛游戏论。他认为"仪式"并不是一般意义上的游戏,而是一种特殊的"神圣游戏"。他说,"仪式行为,或仪式行为的重要部分,将始终留在游戏范畴之内",但是,"在这种表面的隶属关系中,仍能辨识出仪式的神圣性质"[69]。无独有偶,涂尔干在其《宗教生活的基本仪式》中论及仪式和游戏的关系时指出,"仪式与游戏不同,仪式是严肃生活的一部分","仪式如果不具有一定程度的神圣性,它就不成为仪式"[70],这就明确将"仪式"从一般意义上的"游戏"中剥离了出来,表明游戏有广义和狭义或普通和特殊之分。

仪式和狭义的游戏的本质区别在哪里?二者之间首先体现为目的诉求的不

同。胡伊青加认为，真正的游戏是一种自觉地伴随着紧张感、喜悦感的无目的活动，如果有目的，也只是消遣娱乐，只是为了游戏[71]；而仪式虽然具有一定的娱乐性，但有其特殊性：一是具有高度象征意义的神圣性，其诸形式要素都具有某种符号价值，人类学家特纳甚至认为"仪式就是一个符号的聚合体"；二是仪式追求一种社会聚合功能，即"唤醒某种观念和情感，把现在归为过去，把个体归为群体"，为维护一个群体信仰的生命力服务，"而且它仅仅为此服务"[72]。而游戏活动则只是一种单纯、具体的娱乐行为。

由此审视 2013 年以来我国各大卫视传播传统文化的益智娱乐节目，如央视的《中国汉字听写大会》《中国诗词大会》，河南卫视的《汉字英雄》等，它们都有如下特点：其一，节目的诸构成要素具有明确的符号化倾向。就其中的人物来看，首先，参赛者无论以团队为单位还是采取个人单兵作战的方式，节目都刻意突出参赛者的社会身份，比如《中国诗词大会》中对参赛者职业的强调，赋予参赛者一定的象征意义，象征某个群体的在场，体现节目所涉社会群体的广泛性。其次，裁判团队、考官以及解说嘉宾，均强调的是他们的专家身份和权威性。比如，在《中国汉字听写大会》中，现场考官由央视新闻主播甚至是《新闻联播》的播音员担任。众所周知，央视新闻主播尤其是《新闻联播》的主播，不仅是语言标准化的象征，而且是国家形象的象征。最后，竞赛内容，无论是汉字还是诗词，毫无疑问都是中华传统文化的典型符号，是中国传统文化的象征。可见，从人物到竞技内容，新型益智节目有体现出仪式的符号化特征。其二，节目的所有环节都非常节制、严肃，评委只裁判对错，最多对选手的疑问进行必要解释，呈现出高度严谨、一丝不苟的特点，充分彰显了仪式的形式感；与此同时，对于嘉宾，节目绝不涉及他们的个人生活，只强调他们在相关领域的权威地位，摒弃了以往同类节目对待嘉宾力图消除距离感，追求生活化的特点。其三，场景设计追求庄严肃穆，各种舞美道具在注重现代风格的同时，竭力融入传统元素。经由上述设计，这类益智节目实现了从一场普通的知识竞答游戏到符号化、象征化仪式的蜕变，拥有了超乎它本身的符号意义。正如"《中国汉字听写大会》并非一场个人秀，其目的也绝不仅仅限于选拔、树立一个'博闻强记'的少年典型，而是旨在借助电视这一大众媒介平台，推动全社会树立书写汉字、保护汉字的意识"①，"弘扬中华优秀文化，推进国家语言

---

① 文卫华：《电视节目的价值引领与形态创新——"中国汉字听写大会"热播的启示》，《中国电视》2013 年第 10 期。

文字事业的发展，提升国人文化认同感与文化自觉的文化传承活动"①，以传播传统文化为主旨的益智节目的大规模出现，则表明娱乐节目不再一味地追求经济价值，而是呈现出与社会价值并重的态势。

（三）新型文化类娱乐节目的"去游戏化"追求

伴随着聚焦"传统文化"的益智节目的成功，娱乐节目开始在"文化"上做文章，出现了"文化转向"。2017 年，出现了多档备受关注的现象级电视娱乐节目，如新型文化类娱乐节目《见字如面》（黑龙江卫视）、《朗读者》（CCTV-1）、《国家宝藏》（CCTV-1）、《一路书香》（深圳卫视）、《喝彩中华》（东方卫视）、《上新了·故宫》（北京卫视）、《诗·中国》（安徽卫视）等，2017 年几乎每个省级卫视都推出了形式不一的传播传统文化的节目。其中最具影响力的是《见字如面》《朗读者》和《国家宝藏》。这三档节目的出现及其所产生的广泛影响，成为娱乐节目发展中不可忽视的新动向，也是"多种节目形态"中最能体现"多样性"的节目形态。三档新的节目类型既有综艺节目的板块性特点，又有真人秀节目的"真人"要素及故事性，还包含了谈话形式等。这些跨类型的结构要素相结合，构成了全新的混合型娱乐节目样式，因此，很难将它们归类于以往的节目形态中。比如央视的《朗读者》，它在推介自己时，用的是"文化情感类节目"这个概念；《见字如面》则将自己界定为"文化节目"；《国家宝藏》则为"文博探索节目"。在此，我们将其统称为"文化类娱乐节目"。虽然它们的节目形态各不相同，但都有一个共同特点，即既舍弃了游戏形式，也不再刻意追求综艺节目和表演型选秀节目对文艺表演和视觉效果的依赖，因此，被誉为娱乐节目中的一股"清流"。在"豆瓣"平台上，《见字如面》和《朗读者》分别拿下了 9.2 和 9.5 的高分；《国家宝藏》的豆瓣评分从第一季的 9.0，到第二、三季呈逐渐上升趋势，分别为 9.1、9.2。这些节目构成了多种形态共存时期的新景观。《国家宝藏》因其节目内容的奇观性、参与嘉宾的明星化以及节目形式的高度戏剧化、规模化，而具备了娱乐节目应有的所有元素，加上"国家宝藏"这一典型的中国传统文化符号，其社会价值和经济价值兼而有之显而易见。因此，这里仅以《见字如面》和《朗读者》二者为例，通过分析文化类娱乐节目在人物和表现形式这两个主要结构要素上的特点，从一

---

① 　文卫华：《电视节目的价值引领与形态创新——"中国汉字听写大会"热播的启示》，《中国电视》2013 年第 10 期。

个侧面揭示此类节目中体现出的经济价值和社会价值兼备的目的价值取向。

1. 表演形式："读+聊"形式取代竞技游戏

从外部特征看，两档节目在表现形式上和以往最大的区别是从"动"到"静"的变化。这种变化主要由节目中人物行为方式的改变所导致。纵览我国电视娱乐节目的发展历程，从综艺节目到游戏节目、益智节目以及真人秀，其中除了益智节目，多诉诸各种形体表演或动作游戏，而这两档新的娱乐节目却转为以"读"和"聊"为主，读"文学""书信"，"聊"历史、人生。《见字如面》中除了"读"书信，还设置了解读、评价书信环节；《朗读者》是人物访谈加朗读，因此，我们将二者的形式概括为"读+聊"。显然，这种形式大大弱化了其他真人秀节目因激烈的竞争性和叙事的曲折性，所带来的强烈戏剧性和视觉刺激，感官娱乐大大弱化。但这是否就意味着价值取向有所变化？

就"读"和"聊"两种行为本身来说，"读"毫无疑问是一种仪式化的、郑重其事的行为。在两档节目中，"读"都是节目的主体。形式即内容，姑且不论"读"什么，"读"这种行为本身其实就已经显示出了节目的社会价值取向。因为，"读"本身暗含着一种有意识的、明确的、闭合性的意义传达，这种意义传达方式体现的是传播者影响受众、引导受众的意图，而不是单纯地传递感官快乐。而且，《朗读者》所选文学作品大多为名家名篇，主要反映的是人生感悟、生活哲理；虽然《见字如面》所选书信原本是日常生活文体，但在添加了时间和距离的分量之后，也变成了一种严肃文体；而且所选书信也大多出自名家，文学价值和史料价值兼备。因此，无论是前者还是后者，毫无疑问既在进行文化传承，同时也在强调节目的教育功能。对于一档娱乐节目来说，重视文化传承和教育功能实际上就意味着它已经开始担当起了社会责任，开始追求社会价值。"聊"则是一种开放性的与严肃谈话相反的消遣行为，它其实是对脱口秀的借用，西方有学者将其渊源直接指向女性之间的闲言碎语，可见其娱乐本质。所以，从形式上看，文化类娱乐节目形式虽然严肃，但并不排斥娱乐。

2. 人物身份：更多艺术家、学者、科学工作者成为主角

这些混合型文化娱乐节目形态在"人物"这一要素上和以往娱乐节目相比也有了较大变化。后者主要以娱乐明星或普通平民为主，前者即这些新的文化娱乐节目，虽然不排斥明星，但是，艺术家、学者、科学家已经占据了很大比例。在《朗读者》播出的两季节目中，文学家、艺术家、学者专家、科学家等非明星人群占据75%（见图4.1），而且从第二季的发展趋势看，明星人群呈现

明显的下降趋势（见图4.2）。在《见字如面》中，节目主角除了读信人，其实还包括一些未出场的潜在主角，即书信主人。如果从叙事学角度看，这些书信主人其实才是节目真正的主角。我们对第一、第二季中的书信主人进行了统计，在共计86对172位（见图4.3、附录5）书信主人中，主要是历代的文学家、艺术家和官吏，真正的明星只有冯小刚和徐帆夫妇，只占全部嘉宾的1.2%。明星

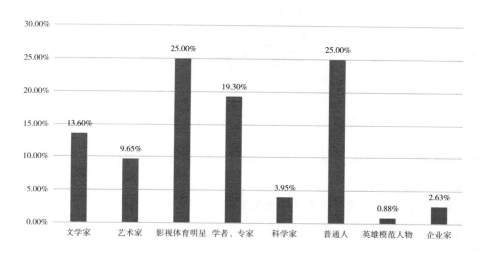

图4.1　《朗读者》嘉宾身份总量统计（前两季）

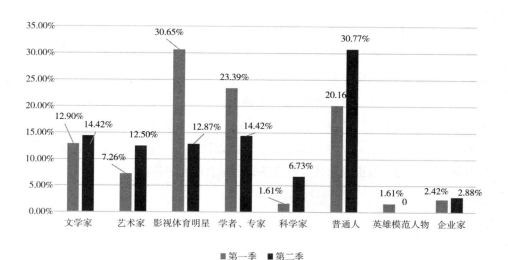

图4.2　《朗读者》前两季嘉宾身份数量变化

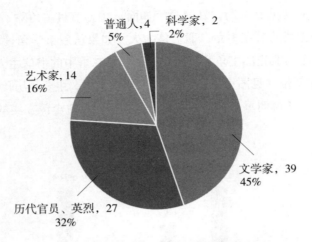

图4.3　《见字如面》中书信主人身份统计

意味着经济效益、粉丝经济；淡化明星的作用，意味着节目已经不再完全匍匐于粉丝经济之下。

　　洛文塔尔将娱乐明星称为"消费型偶像"，将各行业的专业人士、成功人士称为"生产型偶像"[73]。当媒体将生产型偶像作为节目主体时，实际上是在推举一种"建设"性、奉献型的理念，表明媒体对自身应承担的社会责任的重视。

　　总之，从上述三个方面可以看出，无论是"限娱令"干预，还是节目生产者在节目上表现出的新追求，都表明电视娱乐节目制作者力图在市场效益和社会效益之间寻求平衡。形式上，虽然表现出去游戏化的趋势，但是并未彻底拒绝娱乐节目元素，而是巧妙利用，例如《见字如面》和《朗读者》对脱口秀的运用，《国家宝藏》对视觉景观的利用。人物上，虽然娱乐明星之外的科学家、艺术家等生产型偶像的主导性作用越来越大，而且，开始从文化、教育、科学等方面寻求娱乐节目新的生长点，但是，并未完全拒斥娱乐明星的作用，这些新的发展路径，改变了以往非此即彼的二元思维模式，意味着我国电视娱乐节目开始探索一种经济价值和社会价值兼顾、融合的发展道路。

第五章

目的价值取向评析：滞后与同步

众所周知，从反映论角度看，一切文本都是社会发展历程直接或间接的反映，但因不同场域都有各自独特的生产逻辑，因而，与社会发展进程并不一定完全一致。电视娱乐产品生产，无论是否蕴含功利目的，首先都必须能够提供感官愉悦、快乐，这就使它和直接源自现实、目的在于提供信息的电视新闻产品有了本质区别和一定距离。正如文学艺术因其特殊性，并不会完全和社会政治经济发展状况合拍，甚至在某些历史阶段其兴衰会与现实境况相反而行一样，电视娱乐节目生产也会有自己特有的运行逻辑，因而其价值取向也必然有其特殊性。前面所揭示的电视娱乐节目目的取向之变化，看似简单，却是目的价值取向自身属性的体现——"目的是主体内部规定性的具体化和现实化"，是由价值主体本身的性质决定的，主体在一个时期内的价值目标，不可能是纷繁复杂的，因为价值主体的身份本身不可能是非常复杂的，娱乐节目的价值主体电视媒体的身份很明确，就是媒介机构与党和国家的喉舌，因此，目的价值取向主要集中在政治价值、经济价值和文化价值上。那么，如何理解这种看似简单的目的价值取向？整体上看，它和改革开放以来我国社会发展的进程其实是一致的，在一定程度上反映了社会发展趋势，但某些阶段却滞后于同时期其他文化艺术领域。

一、滞后于同时期文学艺术领域

审视娱乐节目目的取向的发展变化轨迹，综艺节目时期表现出的政治价值取向，显然滞后于同时期的社会主潮，尤其是滞后于文学艺术领域的发展。当然，滞后并不意味着落后，更不意味着要被否定。

我国 20 世纪 80—90 年代，是与"思想解放""去政治化"这些概念联系在一起的，此时的电视娱乐节目则正是由综艺节目主导的。20 世纪 80—90 年代，伴随着轰轰烈烈的"思想解放运动"，还有思想文化领域的"新启蒙运动"。它们集中体现为一种"去政治化"思潮，这种思潮对文学艺术领域产生了革命性影响。"改革开放以来，我国经济社会发展取得了举世瞩目的成就，但与此相伴随的是，我国学术理论和思想文化界出现'去政治化'的话语现象，并且渗透在不同学科中。"① 纵览 20 世纪 80—90 年代的文学艺术领域，尤其是文学领域，表现个人困惑，张扬个人价值的先锋文学、私人叙事，取代传统宏大叙事，成为时代主潮。作为先锋文学的代表作，以描写青年一代的迷茫、颓废为主旨的《你别无选择》（刘索拉，1985）、《无主题变奏》（徐星，1985）等就诞生于这个时期，而且盛极一时。而在美术界，自 1979 年"星星"美展开始，"用自己的眼睛认识世界，用自己的画笔和雕刀参与世界"，张扬个性、表达自我，就已经成为艺术家们的共识；各种实验性、探索性作品，极其个性化的行为艺术等，成为美术界主潮。例如，当时轰动一时的王克平的木雕作品《沉默》《偶像》等，彻底颠覆了正统美学观念，表现出浓郁的荒诞性；而被誉为新潮美术代表作的《在新时代——亚当·夏娃的启示》则是典型的超现实主义作品。总之 20 世纪 80—90 年代的文学艺术领域，内容上开始"向内转"，形式上盛行的是现代主义的实验之风。

　　然而，从前面的分析中可以看出，这一时期的电视娱乐节目，从春晚到常态栏目《综艺大观》等，都关注的是当时的社会政治生活，密切配合当时的政治宣传，表现出明确的政治价值取向，这显然与当时的文艺领域的价值取向是不同步的。当然，站在今天的立场上看，电视娱乐节目不是文学艺术，自然会有不同。而问题的关键在于，这时期的娱乐节目即综艺节目，在当时被称为"电视文艺"，也即是被当作文学艺术的组成部分看待的；而且，20 世纪 80—90年代，无论是学界和业界，都普遍认同电视是一种艺术样式这一观点。高鑫先生、张凤铸先生在其《电视艺术美学》《中国电视文艺学》等著作中，都特别强调了这一点。既然同属于文艺范畴，与其他文艺领域相比，综艺节目的价值取向却集中在政治价值上，显然是滞后于同时代的文艺主潮和主导性社会观念的。

　　之所以将其视为"滞后"，是因为这种价值取向体现的是一种历时惯性。所谓历史惯性，就是上一历史阶段的世界观、价值观对新的历史阶段的社会观念

---

　　① 李辽宁：《当代中国"去政治化"话语评析》，《红旗文稿》2014 年第 4 期，第 30—31 页。

及深层心理仍在发挥影响。任何历史变革即便是革命性的，最初也都是在体制和政治意识形态这些显性层面率先改变，而社会大众的深层意识、认知习惯、刻板印象，在新的历史阶段的相当长时间内，还会延续以往，这是不言而喻的。改革开放之前，中国社会长期处于高度政治化状态；改革开放之后，纵然迅速向"经济建设为中心"转移，市场经济观念开始深入人心，但是，政治价值第一位的文艺观，主动配合政治宣传的意识，不可能即刻消失。就此意义上说，综艺节目时期的政治价值取向是顺应历史惯性的结果。

何以当时的"电视文艺"会延续历史惯性？基于以下两个原因：一方面，20世纪80—90年代本身就是一个非常复杂的历史时期，思想解放虽然是主线，但是政治领域、思想文化领域的动荡也贯穿始终，整个社会价值观的多元化状态几乎是新中国成立以来从未有过的。这种状况必然会引发政治场的重视。而且，历史证明，文化场、艺术场越是活跃，政治场也就愈加重视宣传阵地的价值导向作用。而作为当时的新媒体的电视，由于其特殊的媒介形式及影响，主要身份还是国家政治宣传的阵地，其任何行为都是官方行为，绝对受政治场域控制，也就是说，它实际是按照单一的官方逻辑、宣传逻辑运行的；甚至可以说，它是政治场的组成部分。因此必然会有别于其他艺术和文化场域。

另一方面，与当时的电视文艺编导队伍的来源有关。20世纪80—90年代，我国电视文艺编导队伍大多来自传统文艺团体或高校文学及相关专业，其中位居创作一线的主力均有文艺团体工作背景。我国真正的电视专业人才培养起步于1980年，这一年我国专门培养广播电视人才的北京广播学院成立了电视系、文艺系和播音系，但是，电视文艺编导专业则是在1993年之后才成立的[74]；在其他院校，电视编导专业开设得更晚，要到20世纪90年代中期之后。当年笔者曾经是这支队伍中的一员。据观察，在1995年前后，各电视台的文艺编导中，真正具有电视编导专业背景的，只占10%—20%；而且，由于电视台一直存在师承传统，活跃在第一线，或者说真正掌控电视文艺创作的都是具有一定实践经验的"老"员工，电视编导专业的毕业生并非一毕业就能独当一面。这种状况从综艺时代央视那些著名文艺编导身上也可以看出。从老一代的黄一鹤、邹友开、邓在军，到中青年一代的王冼平、孟欣、郎昆等，专业背景或音乐或戏剧或舞蹈。这些来自文艺团体的中青年电视文艺编导，当时虽然都置身于思想解放的大背景下，但是，在文艺团体成长过程中接受的均是传统教育，"文以载道""寓教于乐"、政治正确这种将"文艺""娱乐"和政治视为一种天然、必然关系的认识，已经烙在他们意识深处。因此，纵然这一时期文学艺术领域"去政治化""躲避崇高""消解意义"成为主潮，电视综艺节目依旧将政治价值放在首位。

二、整体趋势与改革开放以来的社会进程一致

整体上看，"政治价值取向—娱乐价值取向—经济价值主导—经济价值和社会价值共同主导"这一发展变化轨迹，和改革开放以来的中国社会进程是一致的。前面说到，改革开放伊始，中国社会思想文化领域开始呈现出"去政治化"趋势，这种趋势具体体现为整个社会价值观的多元化和各种社会思潮的此起彼伏。这种状况导致的结果是，原来整齐划一的社会被逐渐撕裂，政治意识形态的中心地位渐渐丧失。但也正因如此，改革开放初期，社会政治领域又始终都在强调政治意识形态在文化领域的领导权，尤其是在电视这一新兴媒体上。或者说，改革开放以来，虽然整个社会已经逐渐去除了泛政治化倾向，但是，由于意识形态领域的博弈始终存在，政治场从未放松过对其他场域的控制，加上香港、澳门回归等重大政治事件迫近，因而，一直都在强调民族团结、社会和谐、核心价值观建构等一系列政治诉求，政治场的声音在 20 世纪 80—90 年代一直都是最强音。就此意义上说，综艺节目在这个时期将政治价值作为主导性价值，其实是对这一社会状况的反映。

20 世纪 90 年代中期之后，经由 1992 年邓小平南方谈话，我国市场经济体制全面展开、深入，整个社会逐渐摆脱了物质贫困，但核心价值观尚未重新建立，经济利益、"向钱看"成为这一时期的社会风尚。更重要的是，20 世纪 90 年代中期之后，我国经济也由此前的飞速发展、急剧变化，进入相对平缓的瓶颈期，整个社会出现了断裂，社会活力明显下降，呈现出越来越突出的凝滞状态[75]。如果说精神层面的"无中心"溃散状态在 20 世纪 80 年代主要存在于少数文化精英阶层的话，那么，到了 90 年代中期之后，则已经开始全面扩散，成为一种整体性社会现象。一个典型的表现是，这一时期，连政府机构都开始直接参与营利性经营活动，而且成为普遍现象。政府用行政权力牟取部门或官员个人的经济收入，很多部门和官员都忙于"创收"，甚至借"为企业办实事"的名义介入企业活动，从中收费甚至从中牟利；而且，片面地将经济增长速度作为衡量政府官员政绩的基本标准[76]。由此可见，当时经济利益至上充斥着整个社会。而这种将经济效益放在第一位，忽视精神追求的状况，不仅导致"去

政治化"向全社会扩张，而且，必然导致对一切传统的、严肃的、崇高的事物及价值体系的无视和反叛。由此反观这一时期兴盛的游戏节目，其戏仿、刻意搞笑的内容及形式，对此前一直位居主导地位、被视为娱乐之正统的综艺节目的全面颠覆，以及放弃追求意义，一味通过身体行为追求感官愉悦的特点，是对当时这种社会精神状态的曲折反映。

何以游戏节目没有体现出对经济价值的直接追求？的确，20世纪90年代中期之后，我国电视媒体的产业化发展方向已经确立，游戏节目不可能不考虑市场效应，而且，当初它选择这种形式的初衷，正是基于差异化竞争的考虑。① 20世纪90年代中期，综艺节目持久的一枝独秀局面已经呈现颓势，原本就一直位居弱势的地方电视台为了在综艺市场占领一席之地，开始另辟蹊径。而之所以选择游戏节目这种颠覆性的形式占领市场，正是因为看到了这种形式所拥有的广泛的社会心理基础，而且这种形式也的确最终获得了市场认可。但是，这种形式本身体现的却并非媒介产品的生产规律，而只是娱乐效应的生产逻辑。因为，媒介产品生产遵循的是高度类型化原则，而游戏节目除了"板块"性和"游戏"性，其实并无严格的套路、规则可言。所以，游戏节目其实回应的是20世纪90年代中期之后中国社会发展进入瓶颈期的精神状态，而不是真正的媒介产品的生产方式，娱乐因此成为它追求的真正目标。

从益智节目开始，直到今天依旧盛行的真人秀形态，娱乐节目进入了真正的类型化、模式化、标准化生产时代；而且开始大规模借鉴国外模式。垂青"模式化"的本质，主要是对这种生产方式、模式的市场效益的认同；而引进国外模式则体现的是规避市场风险的意识。因此，无须多言，模式化、类型化的本质是商业逻辑和经济价值。而这个时候已经是21世纪初，中国成功转型进入经济社会。益智节目和真人秀的商业化追求，意味着电视娱乐节目并未置身事外。

"去政治化"、一味由经济利益主导带来的社会后果有目共睹。如果说20世纪80年代"去政治化"主要是对过往泛政治化社会的"反思"、矫正的话，那么，伴随着消解政治意识形态的主导地位，片面强调人的自由意志和主体能动性，作为认识事物的尺度的价值观念的盛行，必然导致整个社会道德观、价值观的倾斜失衡，以及媒体社会责任、使命感的丧失。因此，近年来，整个社会

---

① 见黄晓阳的《电视湘军》对《快乐大本营》策划推出过程的叙述。《电视湘军》，新华出版社2006年版，第126—129页。

各个领域开始反思"去政治化"的危害，提出重返"政治化"，重新重视政治意识形态的主导作用。这种趋势也反映在传媒领域，体现为相关行政部门加大了政策干预的力度。尤其是 2011 年以来国家广电总局出台的一系列"意见""规定"，不仅对过度娱乐现象加以限制，而且开始在内容层面进行积极规定、引导，体现出明确的政治导向。2013 年前后娱乐节目开始表现出的经济价值和社会价值兼顾的趋势，显然是对这种"再政治化"趋势的一种回应。因此，从整体上看，电视娱乐节目的目的价值取向和整个中国社会发展进程是合拍的。

下篇

手段价值取向的变化

相对于目的价值取向体现的是电视娱乐节目结构模式的意指，手段价值取向的阶段性、工具性特点，决定了它对应的是电视娱乐节目结构要素的变化，反映的是电视娱乐节目局部调整时所透射出的价值取向。或者说，手段价值取向是从某些局部变化出发，对我国娱乐节目的整个发展历程进行考察，因此，这项研究不再以某种娱乐节目形态为单位，而是将娱乐节目作为一个整体性文本，捕捉、聚焦其局部变化。

纵览电视娱乐节目的发展历程，其最大、最重要的局部变化主要集中在人物即表演者、表演的内容、形式及风格这些节目要素上，因此，对手段价值的研究可以具体为对这些变量的考察。如何展开考察？对于价值主体即电视娱乐节目生产者来说，无论基于什么目的价值追求，所有的阶段性调整、变革，都是为了更有效地黏附受众，适应受众需求，否则，其目的价值追求就无法落到实处。从这个意义上说，虽然电视娱乐节目的局部调整可能随时发生，涉及的手段价值取向也一定是多元多样的，但这当中，社会价值和审美价值是争取受众最不可或缺的两种手段价值。因此，本书下篇将着重从这两个维度，对我国电视娱乐节目的手段价值取向展开研究。

第六章

社会价值取向的变化：一元主导与多元共存

在研究框架中，我们提出并阐明社会价值和娱乐价值一样，既是电视娱乐节目的目的价值也是手段价值。目的价值取向维度的社会价值取向，指的是在诸多目的价值中，电视娱乐节目选择了以社会价值为主导；手段层面的社会价值取向则指，在电视娱乐节目不同时期采取的策略性调整中，涉及各种社会关系的处理时所显示出的价值取向。通过综合考察发现，电视娱乐节目的阶段性调整中，体现社会价值诉求的，主要人物即表演者、游戏形式和游戏的规则、组织方式等方面。其中的社会价值取向在整体上呈现出以下变化：首先是从群体价值取向到个体价值取向的变化，紧接着集体主义价值取向开始兴起；与此同时，又经历了从重视精神、感官的满足，到追求实用功利的获得这样一种变化。

应该说明的是，在此发展演变过程中，每个阶段的价值取向并不是相互取代的，而是呈现不断累积、叠加的状态，因而构成了一元主导、多元共存的局面。在当今这个价值多元的时代里，电视娱乐节目作为一个自主性相对较强的场域，其中充斥着大量的符号资本，不同的符号资本体现的是不同力量的存在，因此，价值取向不可能是单一的。所以，在此我们虽然以一种价值取向来体现一个阶段的变化，但并不意味着这个阶段的手段价值取向只处于单一化状态。

一、从彰显群体价值到强调个体价值的转变

群体价值取向指电视娱乐节目在处理个人与群体的关系时，着力凸显的是某一特定群体的价值，或者说将个人作为群体的一员，忽视个人、个性的存在。群体价值取向不等于集体主义价值取向，区别主要在于，"群体"通常指一种自发形成的具有一定共性的人群或阶层，而"集体"一般指具有一定组织形式的团体、团队；而且，集体主义强调集体利益高于个人利益，个人利益要服从集体利益，并在这一前提下，维护个人的正当利益，尊重人的个性发展[77]；群体

价值取向则主要体现为对个体价值的忽视，以群体代个人。

个体价值取向在此则指对个人的特殊性、异质性和风格化的追求与肯定。个体价值取向和个人主义取向的不同在于，在利益选择上，虽然二者都以自我为中心，但前者并不完全拒斥群体利益，并不一味地强调个人利益至上，而是将个体价值放在首要地位，将其当作行动的依据。

电视娱乐节目从群体价值取向到个体价值取向的转变，主要指的是娱乐节目从综艺节目、游戏节目、益智节目到真人秀节目中的表演者的形象及其行为方式所发生的变化，而形象、行为其实就是表演者所充当的角色，这和表演者自身的社会身份是两个截然不同的概念。如果说选择什么人做娱乐节目的表演者，体现的是节目制作者的目的价值取向的话，那么，让同样身份的表演者以什么形象、角色出现，则体现的是娱乐节目不同时期的策略性追求。由此观照娱乐节目的发展历程，其人物形象塑造可以分为两个阶段，其中，综艺节目、游戏节目、益智节目为一个阶段，真人秀节目自成一格。

（一）综艺节目、游戏节目和益智节目中的人物特征：凸显群体属性

电视娱乐节目和电视剧不同，电视剧的表演者在剧中是以其所饰演的角色出现的，观众主要和剧中的角色交流，其价值取向通过角色设置体现出来；电视娱乐节目中，除了综艺节目的表演者是作为德艺双馨的艺术家，行业水准、各地区、民族文化在场的象征出现外，其他节目的表演者在节目中并不扮演特定、明确的角色，他们都以真实身份出现。比如在游戏节目中，明星或者现场的观众都只是作为游戏者出现，游戏虽然也是一种假定情境，游戏者也需要放弃自己既有的社会身份进行表演，但这种表演在现象层面并不是要去扮演另一个角色，而是表演者本人进入一种新的情境，因此，角色感是不明确的；益智节目也一样，参与者都不充当某个角色，而是以个人真实的社会身份参与知识竞答，有人甚至将之归为"真人秀"形态。但是，这并不意味着这些节目没有角色意识。实际上，无论是游戏节目还是益智节目，其中的表演者和综艺节目一样，竭力展示的其实都不是他们自己，而是他们所在的阶层、群体，彰显的是所属群体的形象，表现的是所属群体的意义：游戏节目强调的是参与者的"明星"身份，益智节目突出的是"平民"属性，作为表演者个体的他们，都处于有名无实的状态，其实是在场的缺席。

游戏节目中的明星本人的面目是模糊的。首先，游戏节目选择明星但并不考虑他们的个人风格是否和节目契合，只看重他们在当时的知名度和热度。比

如，《快乐大本营》第 2 期邀请了靳羽西参与节目表演，就靳羽西的气质风格而言，她知性、优雅、庄重，而且其屏幕形象也主要是由其主持的看中国之类的纪录片建构起来的，无论从哪个角度看，都与《快乐大本营》这种依赖身体行为失控来制造娱乐的节目风格极其不符，而且，节目制作者也认识到了这一点，所以，在"快乐天平"和"快乐传真"这两个主打性游戏板块，靳羽西并未像其他明星那样参与其中，而只是做了一个打酱油的点评者。即便如此，仍由于其个人风格过于突出，在节目现场，靳羽西显得非常尴尬，和节目氛围也格格不入。而她之所以出现在节目中，主要是基于其作为改革开放后第一个美籍华人电视节目主持人的身份，而且，当时她主持的电视纪录片《看东方》正在国内热播，具有"明星"效应。其次，明星不是游戏节目的主角，节目的真正主角是"游戏"本身。在游戏节目中，每位明星在游戏中的功能、角色是没有分别的，所有参与节目的明星，类似于团体操中的表演者，只是为了完成游戏，整个节目的看点是游戏的喜剧性。这是游戏节目的普遍特征。在当时的游戏中，明星云集同做一个游戏的情况比比皆是，如联合"背气球"、一起"猜猜猜"等。在 1998 年的一期《快乐总动员》中，港台大陆十几位明星会聚一堂，只是为了戏仿一个传统舞狮游戏，每个人的动作、角色没有差别，其位置、行动也没有个性化布局。在《快乐大本营》中，当时如日中天的成龙、黎明都曾出现其中，但他们也只是千篇一律地重复"火线冲击"之类的程式化游戏。这和明星们在今天的《奔跑吧兄弟》之类的游戏类真人秀中各司其职、高度角色化的状态截然不同。这就是说，游戏节目中的明星没有特定的功能、角色设定，明星在其中发挥的实际只是工具作用。

　　益智节目也同样，表演者的个性是缺席的。益智节目中的主角是普通平民或者说是素人，但是，这些平民选手和明星在游戏节目中的功能一样，无论是谁，在高度程序化、不断反复、高速运转的竞答游戏过程中，都只是一个竞答工具：参与者虽然有名有姓，但高度程式化的程序，胜负悬念的巨大吸引力，彻底消解了参与者个人的特点，以至于和游戏节目一样，益智节目的主体其实也是知识问答游戏本身，而不是竞答者，突出的是答题行为，而不是谁在竞答。所以即便是存在时间最长、影响最大的《开心辞典》和《幸运 52》，除了主持人王小丫和李咏，几乎没有一个参与者像之后真人秀节目中的参与者那样，成为热点人物而广为人知。这也充分说明了个体在这类节目中的非中心地位。

　　由此可见，无论是游戏节目还是益智节目，虽然表演者的社会身份发生了变化，但和综艺节目一样，竭力凸显的都是人物所在群体、阶层的意义，即"明星"或"平民"成了主角，这就从一个侧面表明，综艺节目、游戏节目和益智节目主导时期，社会价值取向维度追求的是群体价值。

从某种意义上说，在诸多电视节目类型中，娱乐节目是社会大众心理和精神状态最真实的反映，因为，相对于其他节目来说，娱乐节目是距离政治场最远、自主性比较强的一种形式。娱乐节目自综艺节目到益智节目盛行的 20 年间，即 20 世纪 80 年代到 21 世纪初期，我国社会正处于由高度政治化社会向经济社会、世俗社会转型的过程中，一方面，财富的重新分配，社会结构的变革、阶层变化，使整个社会人们的身份焦虑超过任何一个时期。身份的焦虑必然激发归属需要，所以，对群体、社会阶层的关注远远超过个体。换句话说，在社会大变革、大调整时期，个人身份危机，必然促使人们更多关注的是自己的社会占位和群体归属，以及不同阶层的社会状况，以获取身份认同感和安全感，因此，社会价值取向集中于群体价值，也就成为必然。另一方面，对于此前一直生活在集体中的人们来说，脱离之后的最初一段时期内，很难不存有一种群体意识，保留一份对群体的依赖，"世界分崩离析了，但'我们'又必须在一起，'我们'与整个世界的关系，我们在整个世界中的地位决定了'我们'只能在一起"①。群体价值取向其实是这种社会心理状态的一种反映。

（二）真人秀节目中的表演者：突出个体形象和个性特征

上一章说过，真人秀节目中表演者的变化在于既有游戏节目中的"明星"，也有益智节目中的"平民"，可以在二者之间随意切换。这意味着在这类节目中，其表演者的选择范围得以拓宽，但表演者的身份并未有变化。然而，表演者身份没有变化，并不意味着真人秀节目中的"明星"和"平民"依旧是游戏节目和益智节目中的"明星"和"平民"。此前二者在节目中的角色主要代表的是他们所在的群体，作为群体符号存在；自真人秀开始，节目竭力凸显的是每位表演者自己的个性、风格，着力塑造的是他们自己的个人形象，这是真人秀节目中表演者行为的突出特点。

凸显个人形象，彰显个体价值，和近年来娱乐节目中普遍存在的"人设"现象又有不同。"人设"的本质是"类型化"，是由明星在影视剧中扮演的角色扩展、延续或者附加到现实生活中的个人形象定位上的，如"暖男""老干部"

---

① 樊浩：《伦理，如何"与'我们'同在"?》，《天津社会科学》2013 年第 5 期，第 4—20 页。

"禁欲系""吃货""女汉子"等，其本质是经纪公司基于明星的粉丝效应和市场潜力，为其量身打造的标签化身份。"人设"虽然强调差异性，但其实质是连接市场需求的通俗文艺中常见的"类型"人物。类型人物和个性化人物最大的区别在于，前者个性特征明确而单一，其背后是社会某一方面或某一群体的需求；而个性化则主要体现的是个人难以复制的特质，比如李宇春的中性化、曾轶可的"绵羊音"、周深的男性女声等，都属于个人的鲜明特质，是无法复制的"这一个"。"人设"的本质是对"个性"的商业化开发利用，是市场整合、分析的结果；而个性化的背后则是全民总动员，指向每一个个体。

基于上述辨析，真人秀节目的表演者的个性化追求一般表现在两个方面：一是游戏规则设置凸显个体性格、个体差异，促使参与者竭力使自己在节目中成为不可复制的"这一个"，个性化被作为游戏活动的核心甚至是评判的尺度；二是每位表演者也都以极其个人化、高辨识度的造型和风格出现。

如果将2000年广东台《生存大挑战》的出现视为我国真人秀节目的开端，自此开始，真人秀节目就已经开始有意追求表演者的个性化。整个节目就是在表现个人和他人、自然之间的关系。在历时6个月的时间内，节目让三个参与者——来自湖北的青年诗人吕岛、新加坡航空公司的空姐王樱和北京退伍军人张钧一起，在严苛的条件下（只带一个背囊、一双运动鞋、一些药品及地图、指南针、水壶、帐篷和4000元旅资），穿越广西、云南、西藏、新疆、内蒙古、黑龙江、吉林、辽宁八省（自治区）的3.8万公里边境地带，在整个过程中通过各种经历，将三个人的个性展示得淋漓尽致。有研究者明确指出，《生存大挑战》的主要特点就在于"着重表现挑战者个性的魅力、坚强的毅力和执着的精神"[1]。同样，在2002年湖南经视推出的《完美假期》中，12位选手除了职业、年龄的差异外，已经更进一步突出相互间性格和生活态度的差异。他们在密闭的酒店中朝夕相处，纵然节目的初衷是要体现"人与人的合作、团结、友爱精神"[2]，但节目其实表现的还是人物个性与处事方式差异引发的各种大小矛盾冲突。正因其中个性主义、利己主义大行其道，因而曾被国家广电总局干预，受到观众质疑。

---

①　陈持：《广东电视台真人秀节目的历程回顾》，《当代电视》2010年第9期，第55—56页。

②　湖南卫视芒果捞博客：《2002年湖南经视〈完美假期〉节目资料篇》，http：//blog.sina. com. cn/s/blog_ 681ab3ed01017kaa. html。

到了 2004 年的选秀节目《超级女声》，作为我国电视娱乐节目进入真人秀形态主导时期的标志，其个体价值追求体现得更为直接、充分。主要体现在四个方面：首先，表现在对选手的选择上，不对其社会身份设限，忽略参与者的群体特征，但选手本身要有特点。这档节目的选秀宗旨是"零门槛""想唱就唱"，"不分唱法、不限年龄、不论容貌、不问地域，均可免费报名参加"①。这种思路显然是对以往娱乐节目选择表演者所依据的专业、人气、地位等原则的颠覆。其结果是，"2004 年四个赛区总共有 6 万人参加"，到了 2005 年，"《超级女声》节目引来全国 15 万人报名参与"，"参赛者中年龄最大的 89 岁，最小的 6 岁，但大多是十几岁到二十几岁的少女"②。从参赛者的规模、年龄也可以看出，节目对参与者身份的零限制名副其实。

其次，表现在选手造型上，允许选手们以高度个性化、风格化的形象、行为，极具辨识度地出现在节目中。对选手的社会身份不设限，在形形色色的参赛者中，表演者要脱颖而出，必然通过自身鲜明的个人风格提升辨识度，这是《超级女声》一个非常引人注目的特点，也是与以往相似节目类型的主要区别。与《超级女声》比较相似的节目主要是之前的电视声乐竞赛节目，它们都是歌唱竞赛，但是以往节目中歌手的造型追求的是契合传统舞台氛围的大气、华丽、仪式化、唯美化风格；而在这档节目中，已不再追求传统舞台造型的正统、华美，而是悖逆大众审美，走中性化抑或男性化路线，甚至以刻意扮丑的形式出现。比如，通过海选晋级之后，在演播室表演时，有的女选手以男性化的中式衬衫加宽大牛仔裤出现，加上蓬乱的发型，完全颠覆了大众心目中的女性形象；有的甚至内衣外穿或者将胸衣印在 T 恤上，等等。参赛者以各种颠覆常规审美的混搭方式来追求标新立异、与众不同，充分彰显个体的存在，使得其本人成为节目的主要焦点。而且，这种现象不只是个别案例，而是这档节目的整体特征。

再次，鲜明的人物形象取代演唱能力成为节目的重心。《超级女声》的游戏规则和以往的声乐比赛将展示选手演唱技能、水准放在第一位截然不同，它将参与者的演唱水准、能力放置到了次要地位，将凸显参与者自身的存在感、展现不同的个体放在了首位。正是基于这样的思路，节目打破以往歌唱竞赛中依

① 戴廉：《"超级女声"现象》，《瞭望新闻周刊》2005 年第 32 期，第 52 页。
② 郭建民、刘靖华：《从〈超级女声〉到〈中国好声音〉—— 中国电视声乐选秀个案剖析》，《音乐传播》2013 年第 3 期，第 37—44 页。

据唱法（美声、民族、通俗）标准，考量选手高下的原则，将选手个人的声音特色、表演风格放在了第一位。因此，该节目的每一位、每一届获胜选手都具有极高的辨识度和争议性，比如首届冠军李宇春的中性化、第三届冠军尚雯婕的雅痞风格等。2009 年的《快乐女声》（《超级女声》的后续版）甚至让传统意义上被认为是五音不全代名词的"绵羊音"选手曾轶可晋级 20 强。虽然此举引发极大争议，但从一个侧面看出真人秀节目对个性化的重视。

最后，体现在节目评委的选择上。传统音乐竞赛节目的评委都是官方公认的某种唱法的专家，凸显的是权威性。而在这档节目中，评委选择依据的则是个性化、辨识度原则，专业性、权威性位居次要地位，甚至无视专业性和权威性。第一季评委由柯以敏、黑楠和刘晓庆组成，前二者虽是专业人士，但节目主要彰显的是他们率性、尖锐的个性特征，他们在节目中的点评风格更是将个性化发挥到无以复加的程度。刘晓庆作为声乐节目评委，显然看重的不是专业性。后来加入的杨二车娜姆，其摩梭人身份和个人传奇经历，在节目中被反复强调，成为吸引受众的一大噱头。

地方台如此，央视也不例外。和《超级女声》同年推出的《星光大道》从主持人到选手选拔，也都竭力走个性化道路。阿宝、"大衣哥"、"草帽姐"以及李玉刚等，每一位都以突出的个人形象取胜。

之后，真人秀节目类型越来越多，而且类似的歌唱类真人秀乃至整个表演型真人秀都在形式上有了比较大的变化，但无论节目主角是明星还是普通人，个性化、高辨识度成为所有真人秀节目人物设置的共同特征。《快乐男声》《加油！好男儿》《我型我秀》《绝对唱响》等莫不如此，"我"成为这些节目的绝对主角。

2012 年浙江卫视引发收视热潮的《中国好声音》可以视为《超级女声》的升级版。在这档节目中，选手们虽然不像《超级女声》那样一味地通过造型风格的标新立异凸显个性，但是，"好声音"的定位本身其实已经表明声音个性是节目对参赛者的决定性要求。对"声音"的强调，其实就是对个性的强调，因为声音或者说音质是纯粹的自然、身体行为，巴特尔曾经用嗓音来解释什么是不承载意义的极乐，表明它的个性化特质①。与此同时，节目通过大屏幕、现场引导等各种方式，将每位选手的家世背景、个人经历等，做比较详尽的介绍。这些背景材料使每一位站在舞台上的参赛者成为与众不同的"这一个"，不再是一个节目叙事链条上面孔模糊的"参赛者"，更不是某一群体、阶层的符号。由

---

① 　约翰·菲斯克：《电视文化》，周宪、许钧译，商务印书馆 2010 年版，第 330—331 页。

于对选手个人身份及特点的反复渲染，个性化的选手不断引发话题效应，使得选手自身和歌唱竞技一起成为节目的焦点。比如第一季中的"光头王韵壹"、摇滚百变女吴莫愁以及既时尚又民族的吉克隽逸等；第二季中男性女声的周深、民族和摇滚混搭的新疆歌手帕尔哈提等，他们的个性特点，在扩大节目影响、吸附受众中所发挥的作用，并不逊色于其演唱水平。直到最近的第九季，对歌手的个性化要求依然贯穿始终。

而且，《中国好声音》中的另一主要人物——现场导师，其构成方式本质上也延续了《超级女声》中的风格化设计，而且每位导师风格定位更加明确、稳定。每一季四位导师的选择，不仅仅代表不同的演唱风格，更重要的是，四位的性格也大相径庭。第一季中，刘欢的沉稳，那英的活泼，与杨坤的粗犷，庾澄庆的幽默、率性，形成鲜明对比，因此小的矛盾冲突也连绵不断，避免叙事流于平淡。之后每一季均如此，四位导师的个人风格都非常清楚，在节目叙事过程中，都有自己的角色任务，每个人都是不可替代的。

当然，《中国好声音》并非特例。同时期的演唱秀《我是歌手》以及其他类型的真人秀如亲子秀《爸爸去哪儿》、旅游秀《花样姐姐》、慢综艺《向往的生活》以及游戏竞技秀《奔跑吧兄弟》等，莫不如此，甚至更为典型、突出。比如《爸爸去哪儿》《花样姐姐》《奔跑吧兄弟》，参与者不同的性格特点、处事风格，是推进故事、制造矛盾点的一个主要因素。

如果说群体价值取向是社会转型期社会心理层面归属需要缺失的反映，那么，随着市场经济发展的进一步深化，在社会竞争日益激烈的同时，社会竞争规则逐渐完善、规范，社会阶层也逐渐形成甚至固化。在高度秩序化的社会中，必然要求个体通过凸显自己的稀缺性、特殊性，才能在竞争中取胜，德国的莱克维茨将现时代人类社会称为"独异性"社会。"独异化要追求独一无二和卓尔不群，要达到这个目的当然不再仅仅取决于主体的个人意志，它已经变成了社会的期望。"① 因此，个性主义追求的兴起，其实也是这一新的社会境况的反映。娱乐节目的个体价值取向有意无意地成了时代变革的典型反映和写照，它从一个侧面昭示了现实生活中的一种生存之道——这是人才资源过剩社会中个人生存与发展必须遵循的原则。从这个意义上说，娱乐节目发展史其实是一部社会竞争模式的另类文本。

---

① ［德］安德雷亚斯·莱克维茨：《独异性社会：现代的结构转型》，巩婕译，社会科学文献出版社 2019 年版，第 28 页。

二、集体主义取向的出现

集体主义是对群体主义的发展、升级，因为集体主义首先是建立在有一定组织形式、共同目标的"集体"存在的前提下的，没有集体存在，集体主义就无从谈起；而群体则指的是一种自发自然形成的人群。但是，电视娱乐节目中的"集体"，并不是指节目的参与者或表演者由以往的以个人为单位，变成了以集体为单位，而是指参与者即便仍以个人为单位，甚至个体价值取向仍然存在，但是，节目游戏规则设置不再刻意突出个体，而是有意识地将个体的行为放置在与集体的关系中展开，并让集体主义精神贯穿始终。

电视娱乐节目的集体主义取向出现在第五阶段即多种形态共存时期。此前说过，电视娱乐节目发展到第五阶段即 2013 年之后，不再是真人秀节目一枝独秀，新生的传播传统文化的益智节目、新型文化类娱乐节目大量出现并产生了广泛影响。然而，就 2013—2020 年进入收视前 20 名的 68 档省级卫视娱乐节目看（见附录 6），其中除了《天天向上》《食在囧途》等 4 档非典型性真人秀节目外，其他均为真人秀节目，在所有娱乐节目中占据 93% 的比重，可见真人秀节目仍是这一时期最重要的节目形态，其社会价值取向可以代表这一时期电视娱乐节目的社会价值取向。因此，这里说这一时期电视娱乐节目出现了集体主义价值取向，主要考察对象依旧是真人秀节目。

2013 年之后，真人秀节目表演者的身份依旧为"明星"或"平民"，抑或"明星+平民"，但是，这一时期表演者参与游戏的方式较之前发生了很大变化：几乎所有真人秀节目中的游戏规则都开始由以往主要表现个人的成败胜负，转为表现个人与团队、团队与团队间的竞争；而且，在表现个人和团队的关系时，都着力强调团体利益至上的原则，而这正是集体主义价值取向的典型体现。

（一）游戏方式以团队形式开展

"团队"是有意识地按照一定规则组织起来的群体，而不是自发性的组合，因此，团队是集体的表现形式。2013 年前后，我国涌现出的一大批类型各异的真人秀节目，如亲子类节目、旅游类、游戏竞技类、科学竞技类、极限挑战类等，不一而足。这些节目都有一个共同的特征，那就是：几乎都以团队的方式参与游戏竞技，即便是常见的表演型选秀节目，相较此前的同类节目，也都不约而同地开启了团队化游戏模式，而且都将个人放置在团队中经受考验，并以个人服从团队为导向设置游戏规则。

比如，同样是音乐选秀节目，《中国好声音》《中国好歌曲》和早期的《超级女声》比，竞演方式由个人与个人之间的竞争，变成了导师团队之间的竞争，选手们依据自己的风格爱好，选择不同的导师，进而最终构成相应的团队；生活体验型节目如旅游真人秀《花样姐姐》和亲子秀《爸爸去哪儿》等也是如此。前者将演员之间的关系设定为兄弟姐妹，倡导的是无血缘的家庭意识；后者则直接表现父子、父女关系，以及不同父子、父女和团队之间的关系。游戏设置的目标也是要一个团队最终完成某项任务，所有个体都作为团队成员出现。比如，《花样姐姐》的游戏规则设定为在经费拮据的情况下，整个团队如何克服困难、精诚合作完成规定的旅程；《爸爸去哪儿》的游戏则都以父子（女）为单位，或者临时性地让小朋友们组成团队，旨在考察父子（女）之间如何相互理解、小朋友之间如何相互配合，考察和培养他们面对集体时的态度和能力。游戏竞技型真人秀也是如此。如具有影响力的节目《奔跑吧兄弟》《极速前进》等，其每一个环节设置都表现的是团队之间的相互配合，而不是个人与个人之间的竞争，可见游戏规则设置的依托是对集体主义的考察。而早期同类节目如《生活大挑战》《欢乐英雄》《完美假期》等，游戏规则设置均是以个人为单位，游戏规则是让个人战胜所有参与者，拔得头筹，表现的都是个人和他人之间的矛盾冲突，因此这种游戏方式呈现出浓郁的个人主义取向。

为了能充分体现这种变化的普遍性，我们特别考察了2013—2020年省级卫视收视率前20位娱乐节目中的游戏形式。8年中，进入前20位的实际共有68档节目（见附录6）。这68档娱乐节目中，并非全都是涉及人与团队关系的竞技性游戏，比如《我是那小子》《我们的师父》《恋梦空间》等，因此将之排除在外，这样共有53档考察对象。这53档中，就有50档是以团队形式开展游戏（见附录7），占据所有涉及团队关系游戏的94%（见图6.1）。

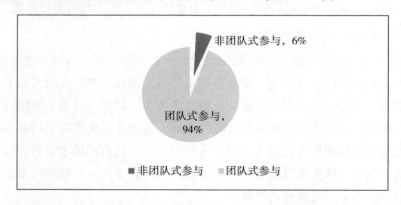

图6.1　2013—2020年省级卫视收视前20位娱乐节目的团队参与情况

但是，重视团队式参与只是集体主义价值取向的基本条件，并不代表在价值取向上一定会偏向集体主义，最终还要看节目在表现个人面对团队利益、目标时，其行为、态度是否真的以团队为重。

（二）团队利益至上的情节设置

可以说，2013 年之后，我国娱乐节目都是有关集体主义的叙事。我们知道，矛盾冲突是叙事的主要驱动力，人物之间的矛盾最能体现节目的价值取向。这一时期节目的矛盾点几乎都反映个人利益和集体利益的关系，矛盾的产生、解决，推进着游戏活动的升级和发展，而且其结局均体现为集体主义的胜利。

首先以《中国好声音》为例。整个游戏其实有三大矛盾点：一是导师盲选，考察的是选手和导师风格之间的关系；二是团队内部竞争，体现的是选手和团队利益之间的关系；三是四支导师团队之间的竞争。三个矛盾点考察的都是团队意识。在最初的"导师盲选"环节，四位导师在争夺选手时，就开始强调各自团队的特点，向选手传递团队意识，而不是强化个人追求；在导师团队建立之后，在"导师选择"环节设计了各导师团队内部队员之间的 PK。这个环节虽然是个人之间的竞争，但也是最能体现节目价值取向的环节：竞争的方式是让同一团队成员演唱同一首歌，并在共同演绎中分出胜负。这既是考察选手各自的演唱水平，更是在考察二者的配合意识、利他精神，因为在这种竞演形式中，选手之间唯有相互配合、互相成全才能真正体现出自己的水准，如果仅仅是凸显自己，只能导致作品撕裂、两败俱伤。所以，在这个环节中，选手们在保留自己风格的同时，都必须兼顾对手，而不是孤立对抗竞争。这种设定本身其实就蕴含着一种关系思维和集体主义诉求。最终的"导师对决"环节考察的是导师团队之间的竞争，是一种一荣俱荣、一损俱损的机制，选手们既代表个人，更代表所在团队。可见，团队意识的考察渗透在节目的各个环节。更重要的是，在这些环节中，所有选手也都积极配合，的确都表现出了非常明确、浓郁的团队精神；节目制作者也通过后台记录、采访等方式，让选手和导师表达了这种个人服从团队的价值取向。

再看同期的《爸爸去哪儿》。参与者除了父子（女）组合之外，还设计了父子（女）互换、孩子之间组成团队等各种组合方式。每一个游戏都在强调，任何行动都不是孤立的，而是生活在与他人的关系中，而且每次游戏对团队成员的责任都规定得非常清楚。比如在第一季中，设置了父子（女）互换的游戏，田雨橙和林志颖组成父女，林志颖的儿子则和田亮成了一组，如此等等，这些不同组合形式的设置，在比较具体生动地表现每个孩子天真无邪的个性及其适应环境的能力的同时，还主要考察了：其一，父子（女）这个小团队在特定情境下配合的默契程度；其二，考察孩子们之间相处协作的能力，而且将能够处理好和同伴的关系，作为考核团队的一个非常重要的标准。

《花样姐姐》更为突出，可以说，这档节目本身就是有关集体主义战胜个人主义的叙事。节目的参与者是男女混搭旅行团，而且特别设计他们是一个经济共同体、一个有经济条件制约的大家庭。游戏规则限定了团队成员在旅途中的生活支出，并由一个人统一管理。这就意味着，这些来自四面八方、个性十足的明星无论生活习惯、消费习惯存在多大差异，都必须在同一经济水准下生活。因此，集体主义和个人主义、个性主义的冲突是这档节目的主要叙事动力。第一季中许晴退出风波等小矛盾，无不因为集体生活和个人生活习惯发生不可调和的冲突所致，但最终都以个人让步于集体而化解。

这种严密的团队游戏设计，显然与此前游戏节目和益智节目中的群体性游戏不同。在游戏节目中，虽然不乏多人配合共同完成的游戏，比如《欢乐总动员》《快乐大本营》中的"众星舞龙""顶气球""过独木桥""快乐传真""快乐天平"等，但在这些游戏中，选手之间只是松散组合，本质上只是"群体"，并未形成一个有组织、强调相互之间责任、角色功能分明的团队，参与者的行为几乎是割裂的，缺乏规定性。正因如此，节目制作者才能够让参与者不时出现失控行为，以此制造娱乐。可以说，游戏节目所追求的恰恰是个人与个人、个人与群体的不相融性、悖逆性。

其他类型的节目因题材不同，表现形式会存在比较大的差异，但都以不同方式体现着集体主义取向。如《最强大脑》，这是一档主要考察不同个体的科学动手、思维等能力的节目，原本凸显的是个体价值，但节目的规则设置是，个人之间PK的最终结果是要进入国家队，这就和纯粹的个人间的竞技、个人英雄主义区别开来。最终，个人能力的较量，成了一场国家荣誉之战。毫无疑问，这种规则设置所追求的也是集体主义精神。

应该说明的是，个性主义和集体主义并不是对立关系，个性主义取向存在并不意味着要排斥集体主义。因为强调个性并不一定忽略集体，所以，在此说集体主义转向并不意味着节目放弃个性主义追求，而是在保留个性主义的基础上，更强调集体主义精神。

三、功利价值取向的兴盛

电视娱乐节目原本是用于提供娱乐的，综艺节目以文艺形式娱乐，游戏节目以自然游戏方式娱乐。文艺娱乐作用于人的精神、心灵；游戏娱乐则作用于人的身体、感官，二者提供的都是非日常性体验，前者服务于政治意识形态，后者作用于感官体验，都和现实利益无关。但是，自益智节目开始，娱乐节目并未停留在传递精神或感官愉悦上，而是逐渐向现实生活靠拢，和现实利益对接，表现出浓郁的功利价值取向。

这里说的功利价值取向和密尔、边沁的哲学、伦理学意义上的功利主义同理，但又不尽相同。功利主义是从目的、动机意义上以人的行为是否能够让人获得最大幸福来定义的，其内涵丰富而广阔。这里说的功利价值取向，指的是一种价值层次，即人物行动中表现出的对具体的现实生活利益、实用、使用性的追求。具体地说就是"满足主体现实生存发展的直接需要"①。"通常人们把物质、经济、政治、社会日常生活等方面所获得的功用、效益、使用价值等，叫作功利价值。"②总之，功利价值取向体现的是人在面对现实利益时的立场、态度。由此来看电视娱乐节目的功利价值取向，是指娱乐节目不仅仅提供受众情感和心理上的愉悦及美感体验，同时还辅以具体的现实实利。

就其本质而言，娱乐节目原本就是一种和功利性相对立的存在[78]，它和实用性、功利性无关，但我国娱乐节目自益智节目形态出现之后，就开始与现实实利联系起来，通俗地说，就是从单纯务虚开始既务虚也务实。娱乐节目的功利价值取向主要表现在节目功能的变化上：一方面，娱乐方式、游戏规则不再仅仅提供精神和感官层面的娱乐，而是开始和现实生活对接，充当改变个人命运的平台；另一方面则体现为，节目内容、题材不再拘泥于文艺和自然游戏，向日常生活领域扩张，开始追求服务性。前者让娱乐节目变成了名利场，后者则表明，娱乐节目在向务实、接地气方向发展。前者主要体现在久盛不衰的选秀节目中；后者则表现在近年涌现出的亲子类、旅游类、经营类等与现实生活

---

①② 李德顺：《价值论》，中国人民大学出版社 2013 年版，第 96 页。

相关的生活体验类节目上。

（一）游戏形式成为名利场的"伪狂欢"①

在学界，用"狂欢""狂欢节"界定电视娱乐节目十分常见。规模宏大、参与面广泛，具有一定热度的现象级节目，往往被视为全民狂欢。比如历年春晚，人们会将之喻为全民狂欢、盛世狂欢。尤其是真人秀节目诞生后，以《超级女声》《中国好声音》和《我是歌手》为代表的表演选秀型节目，充斥其中的浓郁的平等意识和宏大的规模、颇具仪式感的程式，都呈现出明确的狂欢节特征，这些选秀节目也因此被认为是"草根的娱乐，庶民的狂欢"②，体现的是一种狂欢文化："'电视奇观'、'音乐奇观'以及'导师奇观'等'奇观元素'汇聚于《中国好声声》的舞台，并在相互交织与激荡中演变为'超级仪式'与'媒介盛典'，把狂欢文化推向了一个崭新的境地。"③"狂欢"意味着对现行秩序的颠覆，意味着无功利性"狂喜"。但这里认为，用"狂欢"来界定这些真人秀、现象级节目的性质，其实只能是一种借用。形式上，这些节目的确可以说具有狂欢节效应，本质其实是"伪狂欢"。

我们知道，在巴赫金那里，狂欢节本质上是一种脱轨的、无现实实利的行为。在狂欢节中，大众可以纵情欢乐，颠覆正常的社会秩序，不分阶级与等级，不受长幼尊卑等传统观念的束缚，平等自由地活动，并且可以笑谑地给国王进行加冕和脱冕，制造一种诉诸身体的感官快乐。"狂欢就是要解构一切凝固和僵化的秩序、规范和思想，力图建构人与人平等自由的关系，建构交替和更新的创造精神，张扬生动活泼的思维方式。"④ 狂欢节的特点具体体现为：参与范围的全民性，参与者的平等性、草根性，以及表现方式的仪式化和游戏规则的颠覆性，其中最本质的特点是平等精神和无实用追求，或者说"狂欢节"其实就是平等无功利性的代名词。

由此审视我国电视娱乐节目，真正具有"狂欢节"本质的，是综艺节目和游戏节目时期。综艺节目尤其是晚会型综艺节目，虽然带着浓郁的意识形态色

---

① 董华峰、霍丽姗：《一场伪狂欢的盛宴》，《艺术百家》2014 年第 6 期，第 57—60 页。

② 陈功兰：《草根的娱乐庶民的狂欢》，《青年记者》2010 年第 2 期，第 47 页。

③ 赵红勋、赖黎捷：《〈中国好声音〉缘何造就收视奇观》，《传媒观察》2012 年第 11 期，第 21 页。

④ 程正民：《巴赫金的文化史学》，北京师范大学出版社 2001 年版，第 147 页。

彩，表现出强烈的"载道"倾向，但它竭力追求的地域、民族以及各阶层、行业在场的意识，追求民族大联欢的效果，无疑是一个延续着政治至上历史惯性的社会里的狂欢节；而游戏节目如前所说，所追求的是"狂喜"效应，在罗兰·巴特看来，"狂喜"本身就是狂欢节才会有的体验[79]。然而自益智节目开始，娱乐节目的狂欢节效应开始式微，成为建构新等级、秩序和现实利益对接的"伪狂欢""名利场"。

从表征层面看，益智节目的确依然拥有狂欢节的特征：参与者无门槛的"平民"身份，节目中一视同仁的游戏规则，是对狂欢节的草根性、平等意识的诠释，而事实上，在平等的形式下体现的却是难以忽视的阶层观念和功利诉求。早在20世纪80年代，约翰·菲斯克在其《电视文化》中，就从仪式和竞赛的差异出发，非常明确地揭示了益智节目蕴含的不平等本质。他认为，益智节目的竞答游戏是一种从仪式到竞赛的过程。其中，竞赛占据主导地位，仪式占据的比重很小，且不起决定作用。竞赛和仪式的区别是什么？他援引列维·斯特劳斯的观点："竞赛是从平等到不平等；仪式则是从不平等到平等"①；"仪式把不同的团体（或个人）聚集在一起，给予他们平等的公共意义或身份"②。菲斯克认为，在益智节目中，仪式只出现在节目开始部分：主持人将身份本不相同的参赛者做逐一的同一形式的介绍，于是，背景各异的参赛者经由这个环节被消弭了相互之间的差异，拥有了同一身份，即都是身份平等的参赛者，仪式在益智节目中就此结束。之后，游戏便进入了"竞赛"阶段。在"竞赛"中，参与者是要分出高下、胜负的，因此，平等也就不复存在。菲斯克甚至认为，益智节目其实是对资本主义社会中常见的通过一种看起来平等的形式，将社会差异和阶级差异自然化这一现象的反映。换句话说，竞赛的本质就是以外在的平等掩盖和制造事实上的不平等。这种阐释，从一个侧面揭示了益智节目游戏形式蕴含的不平等性。

而且，其中存在的不平等还并不仅仅体现为节目中有胜负存在。此前游戏节目中也分胜负，但并不影响它的狂欢节本质。问题的关键在于，游戏节目中的胜负在社会生活中是无效的——随机戏仿一个演员动作，模仿过独木桥等活

---

① ［美］约翰·菲斯克：《电视文化》，王晓珏译，商务印书馆2005年版，第383—384页。
② ［美］约翰·菲斯克：《电视文化》，王晓珏译，商务印书馆2005年版，第384—385页。

动，其胜负不会让人和社会生活对接起来，甚至完全是对社会正常逻辑的颠覆，胜负结果只在游戏中有效，因此才会是狂欢性的。益智节目则不同，它所考察的知识类型包含两类，一类是学校习得的文化地理知识，另一类是日常生活知识，而无论是哪种知识，实际上都是考察一个人的知识占有程度，而知识占有程度本身就对应着选手的社会阶层、社会身份。也就是说，考察知识占有程度本身就暗含着一种精英立场，一种知识改变命运的理想神话；与此同时，对竞赛中的胜利者又都以奖金或者具体的现实利益做奖励，因此，无论是节目的叙事逻辑还是游戏规则、胜负结果，实质上都是逐利的。也正是在这个意义上，纵然益智节目竞赛过程跌宕起伏、紧张有趣、充满悬念、惊喜不断，但所传递给观众的并不是真正意义上的狂欢。

真人秀节目的本质也是如此。从最初的《超级女声》到今天的升级版《中国好声音》和《中国好歌手》，乃至曾经盛极一时的公益节目《中国达人秀》《中国梦想秀》等，"狂欢节"的各种特征越来越突出：形式感越来越强，规模越来越大，而且任何身份均可参与。《超级女声》曾经因其无门槛的参与规则和评选环节，使短信参与投票规模空前，近千万人参与投票，约 4 亿人观看，在热度、形式上，都堪称"草根的狂欢""全民狂欢"；《中国好声音》选拔歌手只听声音不看形象、不问出处；《我是歌手》打破权威，让已经在专业领域具有一定地位的专业人士、明星，以普通歌手身份参与竞演等，形式上都完全具备狂欢节特点。尤其是《中国好声音》，资深歌手可以和初出茅庐者同台竞技，甚至出现了导师争抢学员，和学员地位颠倒，以及同台演出的现象，一定程度上消解了导师的权威性。除此之外，台上台下、后台前台界限的消失，台下观众的参与等，都充分诠释了狂欢节的"广场"特点、平等意识。但考察这些节目的内在机理就会发现，"狂欢"只是节目的表征和假象，其本质其实是要建立一种新的等级和秩序。

比如，吴莫愁、姚贝娜是《中国好声音》中两位最具代表性的选手，前者在参加《中国好声音》前名不见经传，后者在歌坛上已经小有名气。但是，最终前者从一个名不见经传的大学生顺利加冕，荣登总决赛亚军宝座，成功演绎了一个从丑小鸭变成白天鹅的传奇故事，成为歌坛新星和 90 后标志性人物。而姚贝娜虽然已经被《中国好声音》的导师们公认为国内顶级的实力唱将，但在《中国好声音》中的命运却充满英雄苦楚的仪殇色彩。进入终极对决后，各位导师对她的要求极为严格，甚至对她与其他选手的评选标准都不一样，战平、战败、险胜、惨败，这是姚贝娜在终极对决中的表现，最终她的命运就像传奇故事中描绘的那样，从英雄变成令人惋惜的"破落汉"。吴莫愁的加冕，姚贝娜的脱冕，这种结局似乎非常贴切地体现了狂欢节颠覆现实既有地位、秩序的特征：这是一个公平、平等的舞台，以往的成就和地位在这里是失效的，丑小鸭可以成为白天鹅，英雄可以成为破落汉。也正因如此，人们会将节目视为音乐的胜利和"狂欢"。而实际上，这只是以外在的平等掩盖本质上的秩序、等级的重建。

有研究者明确指出，《中国好声音》节目的规则和流程设置实际上是在依照古老神话中的英雄故事模板讲述一个个"超级英雄成长史"，"如果细究选秀类真人秀节目的核心流程，就会发现它与英雄故事模板之间有着依次对应的关系——'英雄'起初隐没于参与海选的人潮之中，晋级后在电视这个'神奇的境地'里，获得相当于'神秘力量'的名家点评，最终经过层层筛选，打败'对手'，夺得冠军"[1]。的确，无论是《中国好声音》《我是歌手》，还是《中国达人秀》《中国梦想秀》，就整个游戏规则看，几乎所有的表演秀节目讲述的无非都是丑小鸭变白天鹅或者英雄变破落汉的故事，而这个故事的本质是，这个看似狂欢节的舞台，实际被当作了改变歌手现实命运的机遇、途径。因为，节目竞赛的结果、人物在节目中的结局不仅仅停留在活动本身，而且，会延续至现实生活中。比赛过后，我们清楚地看到，参与的选手有的走向神坛，成为新贵或"偶像"，所在领域进行座次重排；即便是未能加冕的选手，也因此或是生活或是心理上发生巨变，再也回不到原有的生活轨道，这显然不是狂欢节应有的效应。

在巴赫金那里，"狂欢的一个重要功能就是打碎日常生活中各种身份地位的人为界限，使民间文化彻底地摧毁正统官方文化所确立的各种僵化刻板的规范"[2]。虽然这种打碎是暂时的，但其目的和主旨直接指向对现有秩序的颠覆和抽离，而不是在其中再重建一种秩序、等级，并移置到现实生活中。也正因如此，它才是无现实功利的，是一种脱轨和出离。显然，选秀节目并非如此。其

---

① 屈斯微：《用"好声音"讲述一个"好故事"》，《当代电视》2013 年第 2 期，第 79 页。
② 程正民：《巴赫金的文化史学》，北京师范大学出版社 2001 年版，第 147 页。

狂欢节表征下，是名副其实的"名利场"，内核是现实功利取向。

（二）题材的日常生活化与节目功能的"实用"追求

自综艺节目开始，我国电视娱乐节目都体现为题材和表现形式高度统一的状态，比如综艺节目中，文艺既是题材也是形式；益智节目中，始终是知识竞答模式。但是，到了真人秀节目时期，娱乐节目开始突破节目形态和题材直接挂钩的局面，构成了"游戏+N"这种多元多样的状态，其中一个非常明显的趋势就是，日常生活题材越来越多，诸如婚恋约会类《非诚勿扰》、亲子教育类《爸爸去哪儿》、旅游类《花样姐姐》《花儿与少年》等。从借助文艺、游戏活动制造娱乐，转向从日常生活层面寻找娱乐，而且其中渗透着浓郁的服务意识，即为受众提供相应的服务，使娱乐节目不仅仅提供娱乐，同时还具实用性。

21世纪初期，学界借鉴西方真人秀节目的分类，结合当时我国真人秀节目的发展状况，将我国真人秀节目划分为9种题材类型：生存挑战型、人际考验型、表演选秀型、职业应试型、身份置换型、益智闯关型、游戏比赛型、异性约会型、生活技艺型①；有的研究者则将真人秀节目划分为8类：表演选秀型、野外生存型、职场创业型、生活服务型、益智游戏型、室内体验型、婚恋约会型、角色置换型。② 这些类型的划分显然都是基于题材维度，其中已经出现了"生活技艺型""婚恋约会型"这样的和日常生活相关的题材类型。到了2013年前后，我国真人秀节目类型出现了井喷之势，涌现出了亲子类（《爸爸去哪儿》《妈妈是超人》等）、旅游类（《花样年华》《花儿与少年》等）、科学竞技类（《最强大脑》）、健康养生类（《超级健身房》），以及被称为慢综艺的生活体验类如《向往的生活》《亲爱的客栈》等。有研究者统计，单是2013—2014年两年间，题材维度上，就涌现出了30种真人秀节目类型（见表6.1）。从表中可以看出一个非常明确的趋势，即服务于日常生活的节目类型占据很大的比重，比如服饰类、筑建类、宠物类、校园类、医患类、亲子类、旅游类等。

---

① 尹鸿、冉儒学、陈虹：《娱乐旋风——认识电视真人秀》，中国广播电视出版社2006年版，第7页。
② 谢耘耕、陈虹：《真人秀节目：理论、形态和创新》，复旦大学出版社2007年版，第29页。

表 6.1　2013—2014 年真人秀节目类型示例①

综艺类型	示例节目
1. 亲子类	爸爸去哪儿（湖南）、人生第一次（浙江）、爸爸回来了（浙江）、妈妈听我说（北京）、爸爸请回答（贵州+青海）、爸爸回答吧（浙江）
2. 旅行类	花儿与少年（湖南）、花样爷爷（东方）、鲁豫的礼物（旅游）、如果爱（湖北）、两天一夜（四川/东方）
3. 演讲类	开讲啦（央视）、超级演说家（安徽）、我是演说家（北京）
4. 竞速类	奔跑吧兄弟（浙江）、极速前进（深圳）
5. 文化类	中国汉字听写大会（央视）、汉字英雄（河南）、成语英雄（河南）、中华好故事（浙江）、中国谜语大会（央视）、中国面孔（山东）
6. 喜剧类	我们都爱笑（湖南）、笑傲江湖（东方）、中国喜剧星（浙江）
7. 医患类	因为是医生（浙江）、急救室故事（东方）、健康 007（浙江）
8. 孕产类	来吧孩子（深圳）
9. 校园类	一年级（湖南）、我们一起来（东方）
10. 军旅类	真正的男子汉（湖南）、星兵报到（北京）、烈火雄心（山东）
11. 农家类	明星到我家（江苏）、喜从天降（天津）

---

① 刘俊、胡智锋:《多元类型的"井喷"：中国电视综艺节目内容生产的新景观》,《中国电视》, 2015 年, 第 22—25 页。

综艺类型	示例节目
12. 寻人类	等着我（央视）、有你一封信（深圳）
13. 汽车类	最高档（湖南）、巅峰拍档（东方）
14. 模仿类	百变大咖秀（湖南）、天下无双（天津）
15. 励志类	超级先生（安徽）、花样年华（江苏）
16. 跳水类	是国星跳跃（浙江）、星跳水立方（江苏）
17. 足球类	中国足球梦（天津）
18. 拳击类	勇敢的心（北京）
19. 台球类	星球大战（山东）
20. 魔术类	大魔术师（央视）
21. 粉丝类	百万粉丝（天津）
22. 代际类	我不是明星（浙江）
23. 探险类	秘境（天津）
24. 密室类	星星的密室（浙江）
25. 生存类	这就是生活（浙江）
26. 戏曲类	国色天香（天津）
27. 歌团类	最强天团（江苏）
28. 服饰类	女神的新衣（东方）
29. 筑建类	梦想改造家（东方）
30. 宠物类	狗狗冲冲冲（东方）

真人秀节目题材的日常生活化并不是一开始就存在的，这种趋势发生在2010年左右，以《非诚勿扰》为代表的婚恋型真人秀的盛行为标志。我们知道，我国真人秀节目自诞生以来，整体上经历了四次大的变化：最初是"野外生存挑战类"、人际关系类主导时期。第二阶段是表演选秀节目主导时期。《超级女声》成功之后，《梦想中国》《我型我秀》《舞林大会》等各类表演秀相继出现，引发了表演秀热潮[80]。之后，由于选秀节目泛滥，真人秀节目进入低

谷，2009 年《非诚勿扰》的问世，引发了婚恋相亲类节目热，这是第三阶段。这一阶段涌现出了《百里挑一》（东方卫视）以及《我们约会吧》（湖南卫视）、《为爱向前冲》（浙江卫视）等大批婚恋类真人秀，而且引发了收视热潮。在 2009—2012 年四年中，单是湖南、浙江、江苏、东方四大卫视就先后推出了 11 档同类节目。《非诚勿扰》曾经创下连续 12 周夺得全国卫视周收视总冠军的纪录①。2013 年前后，《中国好声音》《爸爸去哪儿》等节目横空出世，打破了真人秀节目某一个时期由单一类型独霸天下的局面[81]，涌现出了题材各异的真人秀节目，构成了题材变化的第四阶段。总的来看，自《非诚勿扰》热播之后，现实生活类题材真人秀节目逐渐增多，娱乐节目开始从文艺、体育竞技游戏这种娱乐性题材向日常生活转移，并开始强调节目的服务性。比如，《非诚勿扰》就明确将自己定位为"大型生活服务类节目"，这实际就表明了节目的实用性追求。

为了能更充分说明真人秀节目题材变化的这一规律，我们在 2003—2020 年对 5 家娱乐节目比较有影响的卫星频道（湖南卫视、江苏卫视、北京卫视、东方卫视、浙江卫视）的真人秀节目进行了统计，从中可以看出我国电视娱乐节目题材愈益日常生活化的趋势。参照学界以往的分类，按照题材的性质，将迄今为止出现的 396 档真人秀节目中的生活服务型节目也进行了统计。为了凸显"生活服务型"的发展趋势，又将数量最多、历史最长、最常见的"表演选秀型"单独列出作为参照；然后，将其余类型归类于"其他"中。这样，将 2003—2020 年的真人秀节目整合为"表演选秀型""生活服务型"和"其他"三种类型，构成了附录 1 和图 6.2。

从图 6.2 可以看出，生活服务型真人秀到了 2010 年是一个爆发点，这一年，异性约会型即相亲节目在《非诚勿扰》的影响下，形成井喷之势；仅 2010 年一年，5 个卫视频道就推出了 8 档同类节目（见附录 1）；2011 年之后，虽然有所回落（见图 6.2），但从中可以看出，在最具娱乐性的表演型节目势头比较强健的背景下，生活服务型节目总体上一直维持着比较高的增长态势。其中，在 2013—2014 年两年新增加的 71 档真人秀节目中，生活服务类就占据了 16 档，占据 25% 的比重，其中包括亲子类、旅行类、服饰类、筑建类、寻人类、医患

---

①　刘晓萍：《〈非诚勿扰〉电视节目的后传播现象分析》，《今传媒》2011 年第 9 期，第 87—88 页。

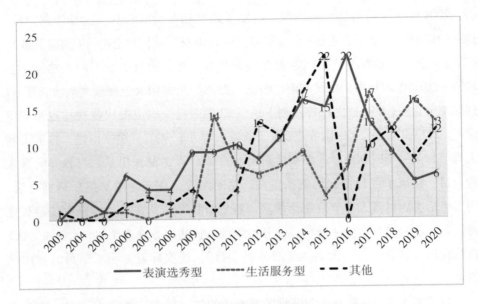

图 6.2　2003—2020 年真人秀节目的发展态势

类、汽车类、孕产类、宠物类等。2015—2020 年生活服务型真人秀共有 76 档，占据 19.2% 的比重。由此也可以看出，生活服务类题材不仅量大，而且几乎到了无所不包的程度（附录 1、图 6.2）。

这些真人秀节目不仅题材上开始向生活化方向偏移，而且内容设置也的确都在强调服务性。比如，《爸爸去哪儿》制作方的类型定性是"亲子互动"，围绕儿童教育问题设置游戏；《花样姐姐》定位为"旅游"真人秀，为大众展示国外旅游区的盛景及衣食住行，可谓情景式的旅游攻略；《非诚勿扰》甚至在每期节目开始都由孟非明确声明自己是"大型生活服务类节目"。由此说明，这类真人秀节目的确是在有意识地让自己服务于大众的现实需要。《非诚勿扰》节目客观上拥有两个非常具体的功能：其一，让参与者在此找到理想伴侣；其二，女嘉宾通过长时间出现在节目中，达到宣传推介自己的目的。其中抱第二种目的的不在少数，这也是不断有选手被观众诟病的原因所在。而无论前者还是后者，其实都表现出娱乐节目既提供娱乐又提供生活服务的追求。

而时装时尚类、亲子类、旅行类、服饰类、筑建类、寻人类、医患类、汽车类、孕产类、宠物类等，更是直接立足于日常生活，服务于日常生活。比如，亲子类节目《爸爸去哪儿》曾引发了一轮又一轮有关儿童教育问题的论争；《女神的新衣》《梦想改造家》等也都备受关注，淘宝上甚至出现了大量《女神的新衣》中的同款服装；《花样姐姐》之类的旅游类真人秀甚至可以说是白领阶层、中产家庭的度假和旅游指南。

可见，娱乐节目在发展过程中，或者说在争取受众的过程中，开始从意识形态和身体感官层面转向实用层面，"娱乐+生活服务"成为一种发展趋势，其中蕴含的毫无疑问是功利实用追求。

四、社会价值取向评析

从前面的阐释中可以看出，我国电视娱乐节目手段价值维度社会价值取向的变化呈现出五个特点：一是社会价值取向和目的价值取向一样，也呈现出多元共存状态，新价值取向的出现并不意味着旧的价值取向消失，比如，在当下集体价值取向表现得比较突出的娱乐节目中，并不排斥个体价值追求。与此同时，在群体价值主导时期，功利价值取向已经悄然出现，比如在益智节目中二者就共存。二是手段价值层面社会价值取向的变化，不以节目形态的变化为节点。手段价值取向变化考察的是节目个别要素的变与不变，有时候，虽然节目形态发生了变异，其中的结构要素也发生相应的变化，但是这种变化并不一定会导致手段价值取向的变化。比如，综艺、游戏和益智三种节目形态的表演者虽然发生了比较大的变化，但其群体价值取向并未改变。三是手段价值取向因其对应的是阶段性的个别策略调整，随机性比较大，所以，其中不同价值取向出现的时间节点、指向的节目形态，并不是此消彼长的严格意义上的线性关系，不同的价值取向有各自的发展逻辑。比如，功利价值取向始于益智节目，实用取向则集中出现在 2010 年婚恋类真人秀节目盛行前后。四是从价值取向的性质、内涵看，从群体价值取向到个体价值取向再到集体价值取向的变化，显示出越来越朝正向发展的趋势，体现出电视媒体社会责任意识的回归。其中，功利价值取向的兴盛反映出娱乐节目从务虚到务实，从专注于满足精神和感官愉悦，最终到更注重满足现实生活需求的变化过程。五是同一时期的社会价值取向存在着明显的悖论。比如，在彰显集体主义价值取向的同时，又存在着功利取向；在追逐名利的同时，又追求实用、服务。

上述五个特点充分体现了"手段价值"和策略性调整之间的对应关系，体现了娱乐节目策略性调整的随机性特点。但是，虽然手段价值取向显得复杂无序，却并非随心所欲，它并未背离娱乐节目的目的价值取向，是从政治价值主导到经济价值主导，再到经济价值与社会价值共同主导这一目的价值取向发展演变过程的曲折反映，一方面体现了历史惯性支配下的自发探索，另一方面也反映出经济价值主导下的娱乐节目的自觉追求，以及行政干预下的被动调适这一社会大背景。

（一）历史惯性主导下的自发探索和经济价值主导下的自觉选择

从群体价值取向到个体取向再到集体主义取向，在伦理学中，是人类社会发展进程的一种反映。群体主义诞生于农业社会，是农业社会以部落、家族为单位的生产范式的反映；而个性主义和个人主义，众所周知反映的是现代工业社会的一般性价值取向；集体主义则是人类社会进入社会主义社会之后产生的一种更具进步意义的价值取向[82]。由此审视我国电视娱乐节目价值取向从群体主义到个性主义的转变，再到集体主义的勃兴，虽然不能简单地套用这一发生学层面的解释，但是，在我国改革开放以来的社会背景下，它自身的发展逻辑却也是非常清晰的。从群体价值取向到个体价值取向变化的背后，其实是目的价值取向从政治价值主导到经济价值主导的曲折反映。

电视娱乐节目的群体价值取向发生在综艺节目、游戏节目和益智节目时期，即 20 世纪 80—90 年代至 21 世纪初的近 20 年间，这一时期手段价值层面之所以表现出群体价值取向，从两个方面体现了这种价值取向和当时社会现实境况的关系。一方面，这一时期，中国社会已经由政治化社会向经济社会转型，阶级意识已经退出，集体主义意识作为政治化社会的体现也被搁置；另一方面，伴随着市场经济的高速发展以及新媒体时代的到来，整个社会开始进入个体化社会，个体价值得到承认，而且普遍认为，社会层面个体价值取向已经成为主流："改革开放以来，单位制、公社制这样国家主导型的集体消失……实体性的'我们'碎片化为个体性的'我'"①，"我们"不能不以"我"的方式存在着。然而，电视作为主流媒体，政治正确的惯性思维始终存在。而且，从上一部分的阐述中可以看出，这 20 年间，除了游戏节目，综艺节目时期和益智节目时期的主导性生产场域都是作为国家媒体的央视，因此，虽然这一时期个体意识在全社会已经铺展开来，但是，政治至上的思维惯性仍在电视场发挥作用，群体意

---

① 樊浩：《伦理，如何"与'我们'同在"？》，《天津社会科学》2013 年第 5 期，第 4—20页。

识其实是集体主义和个性主义之间的折中物，因此作为一种策略、手段被选择、利用。

进入 21 世纪后，由于经济的迅速发展和电视媒体产业化进程的加剧，电视娱乐节目开始服从于商业逻辑，将经济价值放在第一位，经济价值、商业逻辑和个体价值取向的关系是不言而喻的，没有对个体的尊重，就不会有真正的市场繁荣。因此，真人秀节目崛起后表现出的个体价值取向，其实是经济价值取向主导下的必然追求。

2010 年前后出现的功利价值取向也是电视娱乐节目为适应市场需要，依据市场运行的稀缺性原则做出的调整、回应。在此之前，娱乐节目要么如综艺节目提供的是"认知快乐"，要么如游戏节目和表演型真人秀节目，主要提供的是"狂喜"；而之后娱乐节目对实用功利的追求，既让娱乐摆脱了过多的意义重负以及由此带给观众的距离感，同时又可以避免让观众沉溺于无意义的虚空的感官刺激之中。这一变化，让人从高邈空无中坠落到人间，在立足现实、关注现实中，赋予人一种安全感。从这个意义上，实用取向值得肯定，它是节目生产者基于市场的稀缺性或者补偿逻辑做出的主动选择。

（二）被动调适中的悖论性选择

在多元共存的社会价值取向中，个体价值追求和群体主义、集体主义追求以及实用功利价值取向呈现出悖论关系。比如，功利价值取向中的既鼓励追逐名利，又追求实用服务之间就存在直接或间接的矛盾性；集体主义取向和伪狂欢、名利场之间也具有一种悖论性关系。这种悖论性状态的存在，其实是电视娱乐节目双重身份之间博弈的反映。此前说过，我国电视娱乐节目发展过程中，尤其是自电视媒体进入产业化运行轨道之后，经济价值就成了控制娱乐场的主导性力量。一味地迎合市场必然会出现微观、宏观层面的价值失衡，这就促使相关部门不得不进行行政干预。作为国家事业单位的电视机构也就不得不依章调整节目形式与内容，但这并不意味着它们会终止商业追求。为了在社会责任、主流价值观和市场需求之间寻求平衡，节目制作者必然会一定程度地追求正能量，呈现合乎主流价值观的价值取向，其中集体主义取向的兴起，就与国家广电总局颁布的有关限制娱乐节目过于突出明星个人的相关规定即"限娱令"不无关系。

当然，这里并不是说没有行政干预，电视娱乐节目就不会有自觉的正向价值追求，娱乐节目并不意味着一定必然要追求负面价值取向，但是，娱乐节目的逐利性本质和娱乐本身的特点，决定了它在无社会责任制约的前提下，很难摆脱低俗化所拥有的市场效应。不能否认的是，娱乐节目越趋于感官化、情绪化、非理性，所覆盖的受众面就越广，任其自由发展，很难不逾越社会伦理底线；唯有在强有力的外力的干预下，它才会在合乎社会主流价值观前提下追求娱乐，才会承担相应的社会责任。因此，电视娱乐节目价值取向正负共存的悖论性局面，是这种特殊节目类型无法规避的发展状态，是这类节目在经济价值诉求和社会责任之间博弈的必然结果。

（三）实用转向与日常生活审美化趋势的潜在影响

不能否认，娱乐节目的实用性追求与消费社会中日常生活审美化大趋势、大背景之间拥有直接或间接的关系。我们知道，日常生活审美化既是消费社会的文化表征、审美取向，也是消费社会的生产方式。我国娱乐节目的实用转向之所以出现在 2010 年前后，与中国社会发展状况不无关系。2009 年我国经济总量首次超过日本成为世界第二大经济体，这从一个侧面表明了我国实际上已经无可争议地进入了消费社会。消费社会中，生活和艺术的界限被打破，"一切事物，即使是日常事务或平庸现实，都可归于艺术之记号下，从而都可以是审美的"，"这种审美化不仅涉及现实表层，而且深及现实内部，进而影响作为整体的文化形式。概言之，日常生活审美化是作为消费社会重要组织原则和标志性文化景观而存在的"。① 因此，我们很难说真人秀节目向日常生活领域扩展，和日常生活审美化无关。

日常生活审美化包含了三个方面，一是艺术渗透到日常生活领域，日常生活的各个方面都开始具有审美化倾向；二是艺术自身开始走向日常生活化，即艺术原有的尺度被消解、放弃，日常生活中的任何东西、行为都可以引入艺术领域，被视为艺术品；三是随着影像的普及，任何诉诸影像的事物都被艺术化。[95] 而三种表现形式的目的归根到底其实都是制造欲望、刺激消费。因此，日常生活审美化，看起来是审美问题，实际上反映的是消费社会的生产方式问题，三者之间相互影响、相互促进，使消费市场得以扩大和持续发展。

电视娱乐节目的实用功利取向与日常生活审美化的关系在于，一方面，通

---

① ［英］迈克·费瑟斯通：《消费文化与后现代主义》，刘精明译，译林出版社 2000 年版，第 99 页。

过将日常生活引入电视媒介，拉近娱乐节目和电视观众之间的关系、增加节目黏性；另一方面，日常生活一旦进入电视媒体，就必然会被景观化、审美化，而景观化、审美化的日常生活，则势必会成为人们现实生活的理想参照和依据。如此循环往复，就使大众文化文本和日常生活之间构成了一种相互依赖、相互促进，无法分割的关系。从这个意义上说，电视娱乐节目的实用性追求，是其利用日常生活审美化这种消费文化生产逻辑占领市场的一种不可避免的策略。

第七章

审美取向的变化：由追求生活真实到 "唯真主义" 统领

在论及我国电视娱乐节目的审美价值取向时，以往一直存在这样一种认识，认为审美价值在我国电视娱乐节目中不是一以贯之的价值取向，而是和娱乐价值一同构成了一对选择取舍关系，即审美价值并非普遍性地存在于我国电视娱乐节目中。原因在于，娱乐原本应该是审美的题中之义，通过审美来实现，但是，我国电视娱乐节目中的娱乐并不都是审美的娱乐。审美的娱乐是一种包含理想的具有积极意义的 "智性娱乐"，而我国娱乐节目更多追求的是一种纯粹感官的娱乐，即 "感性娱乐"，因此不具有审美价值，甚至 "审丑" 现象大行其道。这种理解存在三个需要解释的问题：一是这种认识对于某一时期的娱乐节目可能是适用的，否则就会以点带面、以偏概全。二是这种认识是将审美和娱乐视为两种相互独立的价值类型。其实娱乐价值和审美价值是一种相互依存的关系。经典美学在论及审美和娱乐的关系时强调，审美活动原本就是一种娱乐、消遣活动，康德的审美无功利说，就是主张将消遣、娱乐视为审美活动的基本功能。从这个意义上说，娱乐本身并非和审美无关，审美价值应该是电视娱乐节目实现娱乐价值的基本手段价值，因此 "审美" 和 "娱乐" 并非非此即彼的对立关系，"娱乐" 并不意味着对 "审美" 价值的否定。三是 "美" 有广义和狭义之分，狭义的 "美" 指的是 "优美" "崇高" "典雅" "壮美" 这些审美类型；广义的 "美" 指的是审美活动，即从美的视角对客体做出判断，这个意义上的美要宽泛得多。经典西方美学将之分为三大类型："美" "悲" "喜"。而这三大类型又分别包含了更多的子类型，其中 "美" 指前面所说的 "优美" "崇高" "典雅"；"喜" 则包含了丑、怪、荒诞等。可见，将 "审美" 和 "娱乐" 对立起来看待，源于对审美活动的狭义理解，将其等同于 "优美" "典雅"，而将 "滑稽" "丑" "荒诞" 等审美类型排斥在了审美价值之外。因此，当优美、壮美等狭义的审美类型缺席时，就认为电视娱乐节目不具有审美价值。如果我们超越了对美的狭义理解，从广义上理解审美活动，那么，在电视娱乐节目中，审美价值就不是是否存在的问题，而是如何存在的问题。所以，有研究者提出了不同认识："任何一种文化艺术形态，都是以审美的方式掌握世界，而不是以政治说教的方式掌握世界。大众文化虽然目前尚处于审美弱势呈现状态，但仍然不能改变其审美属性与作为审美范畴的存在。""无论是西方当代的文化消费，还是中国当代的大众文化产品，真正优秀的作品无不是在不断丰富与提升自身的审美文化元素与艺术感染力的同时，赢得大众消费与商业利益。'娱乐话语'也好，'快感政治'也好，都必然依附作为文化艺术品的审美叙事与艺术体验。"所以，审美化已是大众文化的一个基本特征[83]。可见，审美价值是电视娱乐节目中不可或缺的价值类型，问题的关键在于如何理解娱乐节目的审美价值取向。

在以往为数不多的有关娱乐节目的审美取向或审美价值的研究中，大都将"审美价值""审美取向"作为一个与"娱乐价值""低俗化""愚乐"等相对立的理想尺度、标准来理解；即使就审美价值及审美取向进行具体阐释，大多也都脱离"审美"范畴，而将之等同于社会价值取向来认识。比如有研究者会将"拿来主义""急功近利"当作审美价值取向[84]，这些显然揭示的是支撑审美取向的立场、态度，或者说选择审美取向的出发点，而不是审美取向本身。真正基于审美体验，针对某一阶段或某一些特殊现象、特殊个案，对我国电视娱乐节目的审美取向进行定性的，主要有两种认识：一是认为，"审丑"是我国电视娱乐节目比较突出的审美取向。这主要是针对一些特殊个案而言的，比如，《快乐大本营》《欢乐总动员》之类的游戏节目中设计的明星失控行为，以及选秀节目如《超级女声》等，刻意让海选环节的选手表现出扭曲、夸张、反常规的状态；2003年被国家广电总局叫停的《第一次心动》表现出的设计粗陋、格调低下现象；《完美假期》中毫无节制的矛盾设置表现出的自然主义倾向等。二是从电视娱乐文本的后现代属性出发，将"扁平化""戏仿""拼贴""颠覆""躲避崇高""唯美"这些后现代审美特征视为我国电视娱乐节目的审美取向[85]。这些审美取向显然指的是我国电视娱乐节目中的某些阶段或某些个案。那么，到底如何理解我国娱乐节目审美取向的发展变化？

总体上看，我国电视娱乐节目的审美取向也是多元多样的。所谓多元多样是指，我国娱乐节目审美价值包含了中外古今、现代、后现代等不同性质的审美取向；与此同时，几乎每一种节目形态、每一种节目形态中的每一档节目，也都有各自不同的审美取向。比如，同为音乐类真人秀，《我是歌手》《中国好声音》无论是视觉效果还是歌曲选择都追求一种奇谲瑰丽之美，同时后者大量推出的摇滚歌曲，表现出对颠覆性、叛逆性的追求；同一时期的生活体验型真人秀或者"慢综艺"，如《向往的生活》传递的是一种真实自然之美，而其同类节目《亲爱的客栈》《中餐厅》则又于日常中蕴含着对奇幻之美的追求。再回溯到 20 世纪 90 年代，游戏节目着力制造的是滑稽、荒诞感；之前的综艺节目，整体上看，始终都追求一种和谐、圆融和崇高之美，如此等等，不一而足。由此可见，微观层面，电视娱乐节目的审美取向既有传统审美趣味，如综艺节目中的和谐之美、崇高之美；也有现代、后现代审美风格的相互交织，如游戏节目中的戏仿、滑稽、拼贴，以及真人秀节目中的拟像化、奇观化等。而且，这种多元化的审美取向并非呈现出明显的从传统、现代到后现代的递进性关系，三者其实是交织在一起的。比如，在近年推出的诸如《中国诗词大会》之类的益智节目中，古典和时尚就同时并存。古典美不仅体现在诗歌本身，在人物着装、环节设计等方面都有体现；而整个舞台效果、道具设置则又充分利用现代数字技术优势，体现出奇谲的技术美、时尚美。可以说，审美取向的多元化、多样性是作为大众文化文本或者说大众传媒产品的电视娱乐节目的基本特征，因为大众文化文本的"大众性"决定了它必须满足各个阶层、各种人群的审美趣味，因此，不同的节目形态甚至同一节目形态内部，必然是各种审美取向多元共存的。而且，我们知道，审美价值取向不同于其他价值取向，从审美主体看，审美价值是感性与理性结合的产物，很大程度上要依赖于感觉、感受，它不像政治价值和经济价值那样，可以完全依据理性判断，因此，对审美价值的理解，有着比较大的不确定性，容易陷入相对主义泥潭。

但是，审美价值研究并非毫无规定性。从审美客体来说，它必须是一种具体可感的形象，脱离了形象，审美价值就无从谈起。而且，它也不像其他价值取向那样，只需考察某一个或几个要素、指标，就可得出结论，审美价值有赖于相对完整的能够给予突出感受的形象、风格："审美价值的形式总是具有完整性……'价值乃一完形性质'，美感结构既不是一种抽象，也不是一种概念；它是我们在日常经验中所找到的统一。完形之中有一种内在的相互关系……总之，'完形'、整体，确实是审美价值的形式的一个重要特点。"①这表明，理解文本的审美价值取向必须选择那些风格典型的完整形象，由此入手进行发掘。

基于上述认识，结合此前所确立的审美价值取向的内涵，为了避免审美价

① 杜书瀛：《价值与审美》，《江西社会科学》2004 年第 1 期，第 39—46 页。

值取向研究陷入不确定性中，这里确立了这样的研究思路：首先，为了能够点面兼顾，既不以偏概全，也不至于过于笼统，将我国电视娱乐节目当作一个整体性文本，依据从内容到风格，从部分到整体的原则，从各种节目形态中选取一些共同存在的整体性形象即"完形"，来揭示其中蕴含的审美取向及其变化，这样就规避了研究对象的庞杂性、无序性。基于这一前提，通过考察，在各种电视娱乐节目形态中，发现了三个一以贯之的"完形"，那就是内容情境、人物风格以及节目所建构的整体空间。其次，依据第二章所说的审美取向是在诸多审美类型中表现出的选择倾向这一认识，从审美的"元价值"出发，通过考察，选取一个最能体现电视娱乐节目整体性审美追求的价值维度或审美类型，然后从这个审美维度审视娱乐节目审美取向的变化，这样就避免了审美取向研究的庞杂和无序。众所周知，真、善、美既是人类社会的三种基本价值形态，也是三种基本的审美价值类型，是反映人与世界关系的最具统摄力的"元价值"[86]，任何事物都会涉及真善美问题，并从中做出选择。在审美维度内，我们知道，"真"体现的是审美主体对待现实的态度，即指文本和现实之间的关系；"善"通常被理解为文本的思想性、道德价值；"美"指的是对表现形式的追求。不同时期、不同性质的文本对待三者的态度、要求是不一样的，有的偏向于求真（真实性），有的偏向于求善（思想性），有的则偏向于求美（形式），这即是不同审美取向的体现。在此，我们将真、善、美作为三种基本的价值类型，通过对我国电视娱乐节目的整体观照和案例分析发现，在三种审美价值类型中，大致经历了这样一种发展历程：最早的综艺节目主要表现为对"真""善""美"即对真实性、思想性和形式感的全面追求；自游戏节目开始，求"善"的意识则渐渐淡化，形式也变得粗陋起来，开始着重于对"真"的追求；直至真人秀节目崛起后，开启"真"和"美"并举的审美取向。由此可以看出，在"真善美"三种元价值类型中，在电视娱乐节目中一以贯之的审美类型是对"真"和"美"的追求。其中，在求"真"维度上，表现出了从关注现实发展到"唯真主义"的变化，可以说，电视娱乐节目正是在对不同层次的"真实"的追求中，一路发展演变到今天的。而在"美"的追求上，则体现出越来越突出的唯美主义倾向，但这里不对娱乐节目的唯美主义倾向做专门的探讨，因为，众所周知，唯美主义是消费文化文本的普遍性、典型性特征。我国电视娱乐节目伴随着电视媒体资源过剩局面的形成和产业化进程，其作为文化消费品的性质越来越突出，自游戏节目尤其是益智节目之后，毫无疑问已经完全脱离了综艺节目时期的"作品"意识，完全遵循文化消费品的生产逻辑，所以，唯美主义当是电视娱乐节目无须言说的审美取向，这一点也可以从近年来电视娱乐节目越来越大的规模、越来越浮夸的形式中看出。因此，这里我们着重从求"真"这个维度研究娱乐节目价值取向的嬗变。或许这会显得比较单薄，但是，"意义是一种对话——永远只能部分地被理解"①，穷尽只是一种想象。

综上所述，本部分将从此前所说的内容情境、人物风格以及节目所建构的整体空间三个完形入手，审视"真"在电视娱乐节目中的发展变化。通过分析发现，三者在追求真实的过程中，分别发生了这样的变化：一是内容构成呈现出后台化趋势；二是对原生态风格一以贯之的追捧；三是从乌托邦到异托邦的变化。这三个方面的变化，最终都指向"唯真主义"。

一、"唯真主义"释义

当我们将"唯真主义"作为一种审美类型时，人们一定首先会联想到历史上的唯美主义审美取向。关于唯美主义，虽然有着十分丰富的内涵，但美学研究领域几乎都认同唯美主义是一种为艺术而艺术的美学理念："唯美主义所倡导的文艺观念，包括文学自律、艺术无功利、纯形式、纯粹审美经验以及'为艺术而艺术'的口号。"② 即将"艺术"或者"美"当作了艺术创作的目的，而不是将之作为反映社会现实或人的精神、心灵的方式、通道。也正因如此，唯美主义在历史上一直备受诟病，被认为其颠倒了目的和手段的关系，忽略了为"人生"而艺术的主旨。如何理解唯真主义？曾有研究者用"唯'真'"来概括电视真人秀节目的价值取向，意指电视真人秀节目过度追求真实，以至于不顾个人隐私、忽视道德底线的程度[87]，关注的是"真实"和社会道德、个人隐私之间的关系问题。而这里所说的"唯真主义"审美取向与之截然不同，它的确是对"唯美主义"表述的借鉴和呼应。所谓"唯真主义"的审美取向，在此具有两重含义：一是指电视娱乐节目将真实作为目的来追求，其一切要素、环节设计，都是为了让观众看起来更为真实，将真实感作为电视娱乐节目立足、吸引受众的首要审美特征；二是指电视娱乐节目所追求的真实，既不是对现实生活自身的反映（有现实对应物的真实），也不是源于生活高于生活的合规律性

①　[英] 斯图尔特·霍尔：《表征：文化表象与意指实践》，周宪、许均译，商务印书馆2003年版，第3页。
②　周小仪：《唯美主义与消费文化》，北京大学出版社2002年版，第2页。

的艺术真实，而是一种脱离现实的高度逼真，或者说是具有高度真实感的假定真实，这种真实的本质是一种虚幻和假定。它与鲍德里亚所说的"超真实"相似，但又不尽相同。"超真实"是基于媒介世界主导、左右现实世界，与世界构成了一种颠倒关系这一现象提出的，是对整个媒介世界本质的概括。鲍德里亚认为，大众传媒早已不再是传统意义上的对现实世界的反映，它依据消费主义原则和逻辑建构起的媒介世界，反倒成为现实世界人们行动的依据；正因这种和现实世界的颠倒关系，它的真实已经凌驾于现实之上，因此谓之"超真实"。可见，"超真实"针对的不是某些具体的文本形式，而是媒介及其功能。而"唯真主义"则指的是文本建构中表现出的一种美学观念，再具体地说，就是文本在建构一种形象世界时，所表现出的美学追求。可见，"唯真主义"和"超真实"属于两个不同维度的范畴。

二、"前台"的"后台"化趋势[①]

电视娱乐节目是一个既假定又真实的空间。其假定性在于，它是一个设计的、重构的世界；真实性在于，没有任何一种电视娱乐节目能像电视剧那样将"四堵墙"完全封死，构建的是全然的封闭世界。每一种电视娱乐节目形态都有一个和现实生活直接对接的豁口、通道，或大或小。综艺节目中，这个豁口首先体现为主持人的存在。主持人既是场内的串场司仪，也是连接屏幕外观众的信息员，是沟通假定世界和现实世界的桥梁；其次是其中的新闻节目，直接将节目和现实生活联系在了一起，拥有了现实真实。到了游戏节目中，主持人不仅依旧存在，还将现场的普通观众请上舞台，表演区的第四堵墙被打破，现实和假定的界限内爆，如此等等。之后的益智节目、真人秀节目，完全由真人参与，而且节目的结果会直接延续到现实生活中。可见电视娱乐节目和现实世界的关系越来越密切，越来越趋于真实。这意味着，自综艺节目开始，电视娱乐节目就拥有了一个特点，那就是它是一种在假定和现实之间来回切换的节目形态，无论什么类型的娱乐节目，都不能像电视剧那样，让观众仅仅依据剧情逻辑去认识、接受其中的表演。也就是说，电视娱乐节目随时都要被观众依据现实逻辑做出评判，这就需要真实性做保障，真实性和娱乐性一样，是其始终需要追求和重视的审美价值。纵览电视娱乐节目发展历程，电视娱乐节目也的确

---

① 董华峰、李茜：《电视真人秀节目中的"后台"情境研究》，《中国电视》，2016年，第64—68页。

始终都在真实问题上做文章。其中一个一以贯之地追求真实的路径，几乎都是通过引入"后台"行为来实现的。

20世纪50年代末，戈夫曼在其《日常生活中的自我呈现》中依照舞台演剧原理，将社会生活场景划分为"前台"和"后台"。前台就是指"任何在某种程度上让个体感受到屏障限制的地方"①，即个人所置身的人为设定且有"观众"在场的活动区域，如餐馆大厅之于侍者、会场之于参会者、课堂之于教师等，社会生活中的公共领域，比如上述场所以及大众传媒也为社会"前台"；而"后台"则是"表演者可以确信观众不会突然闯入的地方"②，在社会生活中，则指的是那些与特定社会角色空间（正式场合）相对应的所有个人化空间。比如，对于政治家、显贵名流和明星来说，所有政治活动、典礼、舞台以外的私人场所都属于"后台"。由于"前台"有观众在场，有高度的规定性，因此，前台行为具有一种显而易见、刻意为之的表演性。相反，由于后台区域中没有观众在场，人处于自然、放松状态，不会刻意控制自己的行为，所以，人们一般都认为后台行为具有自发性和本真性，因此更为真实。

但前台和后台又非恒定的，二者在特定的情况下会发生转化，即后台行为并不意味着只有在后台才能出现，前台的失控行为，也属于后台行为；而当原本的后台有观众闯入时，其行为则会变成前台行为，后台也就变成了前台。

戈夫曼之所以借用戏剧表演中的"前台"和"后台"来划分社会生活场景，是基于他对人的行为本质的认识。一方面，在他看来，人的日常生活的所有行为其实都是有意或无意的表演，表演是人的基本存在方式和行为本质。他曾援引帕克的话说："'人'这个词，最初的含义是一种面具，这也许并不是历史的偶然，而是对下属事实的认可：无论在何处，每个人总是或多或少地意识到自己在扮演一种角色……从某种意义上说，如果这种面具代表了我们自己已经形成的自我概念——我们不断努力去表现的角色——那么这种面具就是我们更加真实的自我，也就是我们想要成为的自我。"③ 这意味着，人经过社会化之后，自我和各类社会角色之间的界限已经"内爆"，现实中的人已经难以分辨自

---

① ［美］欧文·戈夫曼：《日常生活中的自我呈现》，冯钢译，北京大学出版社2008年版，第20页。

② ［美］欧文·戈夫曼：《日常生活中的自我呈现》，冯钢译，北京大学出版社2008年版，第98页。

③ ［美］欧文·戈夫曼：《日常生活中的自我呈现》，冯钢译，北京大学出版社2008年版，第17页。

我和自己所担当的角色哪个更为真实，人和角色合二为一，表演已经渗透到了人的无意识中，人的一切行为本质上都是表演。但另一方面戈夫曼又认为，社会生活场景本身并不是一个笼统的整体，人在不同区域的行为是有所区别的，虽然本质上都是表演，但是，前台行为是有意的表演，后台行为更多的是无意识的表演，至少是放松或者不去控制自己的行为，因此，后台行为会显得更自然、本真，人们也因此往往忽略后台行为的表演性，认为它才是真正的真相。

这里所说的"前台"的"后台"化，就是指电视媒介或者说电视节目这个现实社会的"前台"，充斥大量的"后台"行为和情境，甚或"后台"内容已主导着"前台"的性质及走向。由此纵观娱乐节目近40年的发展历程，形象性地审视其内容构成，总的来看，呈现出这样一种发展趋势：最初在综艺节目中，其内容完全由前台表演构成；到了游戏节目中，后台行为开始出现；而至真人秀节目中，后台情境则占据了主导性地位。不仅如此，后台内容的表现形式、性质也在悄然发生着变化。换句话说，从内容情境看，电视娱乐节目的发展变化，是通过后台行为、情境的介入实现的；后台行为、性质的变化，成为区别不同娱乐节目形态的重要因素。

由于后台行为是"真实"的代名词，电视娱乐节目这个原本的前台空间被后台行为占据，毫无疑问体现的是求真的审美取向，但由于"后台"内容与性质的变化，其真实的本质也在发生变化。

（一）从呈现前台"表演"到关注后台"行为"的转变

关注现实生活"前台"，指的是综艺节目形态；聚焦"后台"行为指的是之后的游戏节目、益智节目形态。任何文本都具有水平移动的关系[88]。当我们将综艺节目作为我国电视娱乐节目的开端来认识时，对它的异质性或者说特殊性的认识，一定是建立在它所承继的文本基础上的。前面说过，综艺节目的前文本是各种传统文艺表演。正因综艺节目是依托传统艺术形式存在的，一开始它就竭力体现自己的"电视"属性，以凸显自己的特殊性。由于综艺节目时代我国电视媒体还处于自发探索阶段，因此，这种努力显得比较粗疏。它竭力进行的"电视"化探索，就是凸显电视媒介的记录优势，因而，除了在文艺节目中利用艺术真实反映社会现实外，通过两个方面体现电视文艺的特点。一是增加了新闻性，直接反映真实的现实生活。这在第四章中已有论述。以往我们在研究综艺节目时，往往忽略了这个占比重不大的细节，但显然这是电视综艺节目之所以为电视综艺的特殊性所在。换句话说，综艺节目不再是单纯的假定性空间，新闻板块的出现直接打破了传统文艺单一封闭的四堵墙，加入了现实生活事件，构成了整个节目中最具辨识度的内容，或者说使之拥有了电视特性。就此意义上说，电视娱乐节目一开始就在借助再现现实生活的真实来获取存在感，其对真实的追求除了体现在艺术真实上，还体现在对现实生活自身的真实呈现上。二是采用直播的形式，充分彰显电视媒介在体现现场感、真实感上的优势。直播是最能体现真实性的一种传播方式。20世纪八九十年代，直播技术尚未普及，我国电视新闻报道尚很少利用直播形式的情况下，综艺节目就率先开始利用这种形式。从春晚到《综艺大观》，均以直播的方式播出，可见其对真实性的重视。我们知道，综艺节目的直播形式源于春晚，虽然，有研究者将春晚直播解读为，是为了体现一种天涯共此时的国家意识，但无论基于怎样的目的，直播和追求真实的关系是不言而喻的。

到了游戏节目中，一般认为，游戏节目较综艺节目的最大特点就是它更加真实。其真实性主要表现在节目将明星的失控行为呈现在了节目中。比如，《快乐大本营》中明星在"快乐天平"游戏中从平衡木上失足跌落、出糗；"快乐传真"中，表演方和猜测方南辕北辙的错位状态；过独木桥中，明星的失控跌落；等等。这是节目最大的看点，也是最显真实的场景，由于这种失控行为的出现，明星走下了神坛，显示出了其自然本真的一面。而这种失控行为显然就是后台行为。这就是说，游戏节目的真实主要是通过呈现后台行为获得的。

游戏节目依托后台"行为"体现的真实，显然已经和综艺节目中源自现实生活自身的真实有了不同。游戏节目中的后台行为看起来也是自然发生，是对节目现场的忠实呈现，本质上是一种"制造的真实"，是通过挑战身体控制能力的游戏规则，刻意为之的结果。它和综艺节目中的新闻性真实有着本质的不同，它本质上是一种假定性真实。因此，我们将游戏节目视为"唯真"取向的开端。

之后崛起的益智节目的真实追求，同样通过选手的现场竞答失误体现出来，因此，在对待真实性问题上，和游戏节目的诉求是一致的。

（二）"后台"情景主导，走向唯真主义[89]

真人秀节目的异质性和突出特点就在于"真"，这已是有目共睹的。但真人秀节目之真实既不同于综艺节目，也不同于游戏节目。游戏节目的真实虽然源于刻意设置，但是，其设置是与游戏活动自身逻辑结合在一起的，而且是瞬时效应。比如，明星从独木桥上跌落，因为游戏条件已经预示了失控的可能性，对于观众来说是意料之外，也是情理之中，偶然中带着必然。到了真人秀节目中，其后台行为不仅大量增加，成为不可或缺的主导性内容，而且已经脱离了和身体本身的关系，不再是"偶然"和瞬时行为，而是遵循缜密的叙事逻辑，以"后台情境"的形式体现出来。所谓"后台情境"，就是指拥有特定的后台空间和活动。这种后台情景决定了真人秀节目之"真实"的特殊性。下面主要以表演型真人秀节目为例，对真人秀节目的后台情境设置及其本质进行分析。

众所周知，我国最早的真人秀节目类型是生存挑战型与人际考验型真人秀，如 2000 年广东台的《生存大挑战》、2001 年湖南台的《完美假期》和央视二套的《欢乐英雄》等。但真人秀节目真正产生广泛影响、成为电视娱乐节目的主导性形态，还是在《超级女声》《梦想中国》等表演型真人秀节目兴起之后。也正因如此，在本研究中，将真人秀节目时期的开端划在了《超级女声》诞生的 2004 年，而非 2000 年。而且在我国，迄今为止，影响最持久、规模最大的也主要是表演型真人秀节目。从最初的《超级女声》《快乐男声》《梦想中国》《舞林大会》《非常 6+1》《中国达人秀》等，到近年热度持久不衰的《中国好声音》《我是歌手》等，这些现象级节目大多都是表演秀。因而我们主要以表演型真人秀为例，从两方面揭示这类节目与后台情景的关系及其真实性的本质。

第一，"后台"情境赋予真人秀节目以异质性。表演型选秀节目是一种和传统综艺节目有着极大相似性的真人秀节目形态，二者的人物行动都是文艺表演。但表演秀和综艺节目从风格到效果显然大相径庭。一般认为，二者的区别主要在于表演者的区别，前者是"演员"，后者是"真人"，因此后者更加真实。然而，如果仅仅是聚焦他们的前台表演，实际上是很难分辨"演员"与"真人"的区别的。真人秀节目中表演者的"真人"身份，主要是通过现场泄露表演者个人的身份信息，以及在节目后台区域中的表现等体现出来的。表演者身份信息的披露，后台区域的敞开，使演员头顶的光环消失，消解或削弱了前台演出的神圣性、神秘感，使之拥有了即兴性、随意性和浓郁的日常性："演练空间失去得越多，台上戏剧就越能代表一种即席的后台演练。"[①] 这就是说，后台作为演员的演练空间，一旦被敞开，客观上就必然会消解前台表演的神秘性、神圣感，因此，也就拥有了真实性和平民性，将演员还原成了真人。由此可见，真人秀节目的真实性也是通过后台情境的出现获得的，可以说，也正是后台情境的介入，才使表演秀和同类综艺节目有了本质区别。

---

① ［美］欧文·戈夫曼：《日常生活中的自我呈现》，冯钢译，北京大学出版社 2008 年版，第 93 页。

　　我国最早的、最具影响力的表演型选秀节目《超级女声》和以往同类竞技节目最大的不同，毫无疑问是海选环节出现在正式播出的节目中。海选环节对于一档选秀活动来说，是一个必须经历的环节，以往的理解是，电视媒体作为一个仪式化的空间，社会生活的前台，唯有具备一定水准的行为才能出现在上面，粗糙、简陋的海选环节作为"后台"区域，是要被屏蔽在电视屏幕之外的。比如之前的央视青年歌手大奖赛，就只表现经过初选之后的高水准的前台表演。《超级女声》打破了人们的思维定式，敞开了初选环节，不加修饰地如实呈现选手们表演的粗糙性；而且，节目设计者有意将参赛门槛放得很低，"想唱就唱"——无论有无演唱基础和能力，只要有歌唱的意愿，均可参加海选。这实际上就是要有意提高参赛者出现失控场面的概率，加之海选过程放在昏暗、狭小的空间内，刻意凸显一种私密性、"后台"性。正因如此，《超级女声》才拥有了以往同类竞赛节目所没有的真实感，才成为了"真人秀"，而不是一般的歌手大赛。

　　第二，依据叙事逻辑建构后台情境。《我是歌手》《中国好声音》是近年来我国公认的收视率和口碑兼具、颇有代表性的表演型选秀节目，也是表演型真人秀节目进入新阶段的体现。相较《超级女声》时代，现阶段的表演秀节目的后台内容产生了新的变化，其变化表现在两个方面：一是占据篇幅越来越大，作为节目的基本构成环节，存在于各赛段的各期节目中；二是后台情境设置脱离了竞技活动本身，变成了刻意设置的、制造悬念、发挥叙事作用的重要环节。在此以《我是歌手》为例，对其进行分析。

　　《我是歌手》"后台"区域的篇幅超过前台表演。我们对前4季共52场比赛的内容构成进行了抽样统计，抽样方式为：在每一季不同赛段各抽出1期，共8期节目。通过对每期节目前台、后台板块时长的统计比较发现，后台情境在各期节目中的时间长度，从第一季开始，每场都占到了40%以上。第一季初赛中后台部分占比47%；第二季略有下降，占比46%，但突围赛一场占据了47%；第三季后台情境所占比重上升到了51%，超过了前台表演所占时间；而到了第四季，后台情境所占比重更是大大增加，达到59%，甚至其中一场普通赛的后台情境占总节目时长的66%（见表7.1），已经大幅超过前台表演所占时间。在一台歌唱竞技节目中，前台表演所占的时间反倒低于后台情境，这在以往的综艺节目中是难以想象的。而且，后台情境在节目中发挥了不可取代的意义和作用。第三季第4场作为补位歌手加入《我是歌手》的选手李健，在接受节目组采访时说，《我是歌手》的魅力不单单在于竞技性，歌手后台情感交流中呈现出的人情味更能吸引人，充分肯定了"后台"区域在整台节目中的作用。

表 7.1 《我是歌手》前后台情境所占时间

	赛制	期数	总时长	前台竞技部分		后台纪实部分	
第一季	普通赛	20130222	91'48"	48'02"	53%	43'46"	47%
	复活赛	20130329	103'33"	61'50"	60%	41'43"	40%
第二季	普通赛	20140314	95'32"	51'20"	54%	44'12"	46%
	突围赛	20140321	94'23"	50'27"	53%	43'56"	47%
第三季	普通赛	20150206	109'43"	53'35"	49%	56'08"	51%
	踢馆赛	20150220	115'45"	56'25"	49%	59'20"	51%
第四季	普通赛	20160205	119'21"	40'03"	34%	79'18"	66%
	踢馆赛	20160219	117'53"	48'19"	41%	69'34"	59%

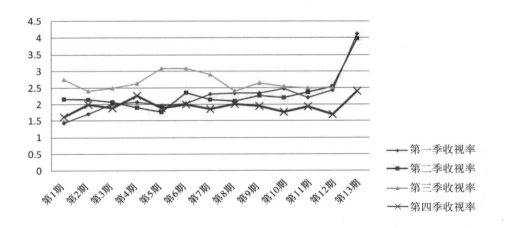

图 7.1 《我是歌手》四季收视率比较

那么，占据主导地位的后台区域的本质是什么呢？《我是歌手》所呈现的后台内容已经不再仅仅停留在《超级女声》时代的"再现""竞演"过程，而是依据叙事逻辑，采取分层化方式，层层深入地对后台内容进行精心打造，将真实推向一个新的高度。《我是歌手》的"后台"不是一个笼统的区域，而是由 5

个层次分明、边界相对清晰的区域构成。这 5 个后台区域是：每位竞演歌手独立的休息室；竞演歌手下场后聚集交流、观看比赛的区域；连接后台和前台的通道、侧台；每位歌手排练、备演的场景；每场结束宣布名次的区域。5 个区域深浅不一，在节目叙事中，层层递进，相互补充，不仅使整个竞演过程得到了一览无余、全景式的呈现，而且成为衬托前台，体现活动真实性，黏附观众的决定性因素。

第一个后台区域，即每位竞演者的个人休息室，在整个后台区域中，承担着激发受众好奇心、窥视欲的作用。该区域是一个形式上完全封闭、孤立的空间，借用梅罗维茨的分法，可以称之为"深后区"。在这个区域中，除了摄影机外，只有歌手本人和服务于他的经纪人在场。这种形式上的封闭性，会给观众一种暗示，这个区域无他人侵入，传递出的信息是真正的"后台"。在此区域中，可以看到歌手化妆、等待等更个人化、后台化的行为。然而实际上，由于有摄像机在场，歌手是不会让自己处于彻底放松状态的，尤其是在一人独自面对摄像机时，相较多人共同面对，摄像机的压迫感会在心理上成倍放大，因此这个看起来全然封闭的休息室，虽然具有深后区的形式，但实际上歌手并不会完全放弃对自己的控制。也就是说，这里营造的是一个形式上的"深后区"，受众在这个区域中所能看到的，除了参演歌手及其经纪人对台上表演歌手所做的看起来是"情不自禁"，实为用以塑造自己形象的评价外，很难再看到其他无控制的后台行为。为了更深入持久地让观众看到参演者的"真实"面目，节目又设计了第二个后台区域。

第二个后台区域，即赛后歌手的聚集区，类似于一个公共"客厅"，竞演结束后的歌手都聚集在这里，通过电视机观看在他们之后上台的歌手们的表演。这个区域作为歌手休息放松的封闭区域，毫无疑问属于后台。这个区域出现的缜密性在于，它避免了歌手个人空间的静态、平淡感；让歌手们聚集在一个封闭的空间里，通过各自对前台的反应，相互之间的交流、对比，充分展示他们的个性，制造出诸多令人意外的悬念；与此同时，也让电视机前的观众，有一种窥视的满足。事实也的确如此，比如第三季中，韩红的率真豪放，李健的内敛矜持，黄丽玲的单纯执着，孙楠大男孩状的活泼随性，在这一无观众在场、封闭的空间里，表现得非常充分，补充了个人化妆室内没能看到的参演者的个性特征。

除了"客厅"外，节目还设计了另一个后台区域，那就是选手竞演前后的上下场的通道和上场前的侧台情境，这个区域占据时间不长，它们主要呈现歌手上场前或紧张或从容的状态。这个后台区域一方面渲染了前台竞演的紧张气氛，制造了竞演悬念，强化了节目的戏剧性；另一方面，也通过此时歌手们等候的状况，让歌手形象更加饱满的同时，也进一步强化了节目的现场感。

第四个后台区域可以视为另一个深后区，即歌手选歌、练歌及赛前的日常生活情景。如第三季中，孙楠的场外活动主要选择在家庭和驱车前往演播室途中；韩国歌手郑淳元的生活情境则选择了他在健身房中释放压力的场景。这些场外情境所反映的歌手为准备歌曲夜以继日、忘情投入的情景，对激发观众期待起到了不可或缺的作用。

最不能忽视的是最后公布名次的场景。作为一场电视赛事活动的结果，依据常规，最后的竞技结果原本是以高度仪式化的方式向电视观众宣布的，但是，《我是歌手》反其道而行之，将这一万众瞩目结果放在后台宣布，直接对竞演者本人宣布，捕捉呈现当事人第一时间的表情、形体、情绪反应和心理状态，这种情景设置近乎残酷，但这才是最具真实感的场景，也是最能吸引观众的。由此可见节目在不遗余力地制造真实。

如果说《超级女声》中的后台情境即海选环节，只是对选秀活动中必不可少的一个环节的自然呈现的话，那么，到了《我是歌手》及近期的表演秀节目，其后台情境则是完全依据叙事需要设计而成，是作为叙事的主要驱动力出现的。《我是歌手》5个层次的后台情境，层层深入，将竞演歌手上场前的等待、竞演之后的忐忑、观看对手表演过程中的潜在对比等复杂心理，表现得淋漓尽致，与此同时，也将节目的真实性推向了极致。

从前面的阐释看，"唯真主义"主要体现在两个方面，一方面将真实当作目的来追求，为真实而真实；另一方面是，真实脱离了与现实生活的关系，是设计的真实。以此观照前面所分析的真人秀节目中的后台情境设置，从目的到其和现实世界的关系，毫无疑问都体现的是"唯真主义"的实质。

三、对"原生态"风格的追捧

电视娱乐节目在发展过程中，跨越节目形态存在的另一个几乎一以贯之的共同特征，就是人物形象与节目风格对"原生态"的追求。它是娱乐节目从追求现实真实走向唯真主义的另一种表现形式。

（一）作为风格取向的"原生态"

"原生态"的内涵十分丰富。它原本指的是某一地区、族群或民族未经现代生活改造、侵扰过的文化形态，如原生态歌舞乐、原生态生活方式等"原生态文化"。但是，学界对"原生态文化"概念存在不少质疑，认为"'原生态'是自然科学的概念，不能用以解释人类社会的机制"①。真正"缘于历史上形成的'文化的原初状态'意义上的'民族原生态文化'是不存在的。因为当今现代化的触角已经延伸到世界的每一个角落，少数的民族文化的'原生态'只具有相对意义。那种原始的真实，早已被时间的淘洗和人们的选择而湮没在历史的尘埃之中，既不能复制，也无须去复制"②。从这个意义上说，真正的原生态文化是不存在的。但是，这种质疑并没有影响学界、业界及社会生活中人们对该概念的使用，原生态已经"成为较少被现代文明冲击或保持着较多原始生活习俗或民风"的代名词[90]，意指"某一民族或族群在历史上形成的文化的原初状态，或指那些在现代才突然被外界所知的某种文化形态"③。这其实是说，原生态是指现实存在的被认为是未经改造过的文化形态，其本质是现存性、实有性、本真性。

但回溯历史发现，在电视媒体上，自一开始，"原生态"就不仅仅指那些具体存在的原生态文化，而是剥离了原生态文化本身，被当成了一个抽象的概念、一种审美风格来理解的。"原生态"概念是由大众传媒和艺术传播领域最早开始使用的。"最初使用原生态文化概念的杨丽萍舞剧《云南映象》和中央电视台'青歌赛'成为这一现象发生的源头。云南省舞蹈家杨丽萍基于地方少数民族文化为内容的舞剧即《云南映象》在2003年就启用'原生态'命名，中央电视台2006年'青歌赛'就民族民间歌曲的演唱设立'原生态组'，这二者是被考证为原生态文化这一概念最初明确使用的证据。"④可见，"原生态"概念最早是由电视媒体开始使用的。那么，当时的"原生态"的具体所指是什么？众所周知，杨丽萍《云南映象》的"原生态"歌舞，并非真正意义上的原生态歌舞，而是在利用民间歌舞元素，保留民间歌舞原有风格基础上的一种加工和重新创作。她将这种加工创作的作品称为原生态。可见"原生态"概念已经从特指特定的未经改造的文化形态，悄然间演变为一种看起来不事雕琢的地域性或民族性的审美风格。而不事雕琢、原初性这些概念，显然是真实性的最有力的体现。

---

① ② 麻勇恒：《原生态文化之概念诠释》，《贵州师范大学学报》2009年第1期，第51—55页。

③ ④ 张云平：《原生态文化的界定及其保护》，《云南民族大学学报》2006年第4期第23卷，第67页。

2004 年央视举办的"西部民歌大赛"正式使用了"原生态"这一概念，而且在当时已经是一个热词。被公认为原生态标杆歌手的阿宝在其博客中撰文谈到这次比赛时说："'原生态'是近年炒得比较热的一个词。我是在 2004 年西部民歌大赛才第一次听说原生态唱法的，当时导演说我是原生态唱法。"所谓的"原生态唱法"，他转引这场大赛导演的话说，"没有学过发声方法的本嗓加上方言演唱民歌"① 即为原生态唱法。但阿宝自己说，他本人包括许多被称为原生态唱法的，其实都非原生态："能够登上舞台并被认可的乡土民歌手，都有自己独特的修饰和润腔，艺术性是明显高于当地原生水平的，就像他们舞台上都穿着专门定做的演出服一样，和生活中的原始状态是有区别的。""至于我自己那就更复杂了，我的唱法里融入了二人台、耍孩儿、蒙汉调甚至通俗的成分在里面，更属于典型'四不像'。"②在这次民歌大赛中，出现了许多用未经训练的嗓音演唱民间歌曲或者二度创作歌曲的歌手，这些都被列入了原生态唱法；那些依据原生态作品风格创作的新作品，也被纳入原生态之列。2006 年第十二届央视"青歌赛"中正式设置了"原生态唱法"，将原生态理解为非现代化、非时尚的个人风格。基于央视当时特殊的地位，"原生态"风格开始成为电视媒体的一种普遍性的美学追求，而非典型个案。

由此可见，在媒体实践中，"原生态"一开始指的就不是文化的原初状态和原初作品，而是指包含一定的原生态元素，在形式上力图接近某种文化的原初状态的审美追求，后来又延伸为一种形式上看起来不加雕饰的个性化风格追求。

之所以将原生态风格作为唯真的审美取向看待，是因为原生态风格和具体存在意义上的原生态文化已经有了质的不同。它和目前盛行的网络直播、抖音这类随机视频一样，是消费文化市场上的一种时尚。而所有这些追求"真实"的产品的本质，"既不是指哲学视野中现象背后的所谓'本体'，也不是指历史演进过程中事件之下的所谓'规律'，更不是指由虚构所建立起来的那种美轮美奂的'艺术真实'，它所要求和指向的乃是那种自自然然、未加干扰的生活原态"②，这种"生活原态"其实就是一种"看起来的"、形式上的"原生态"，即我们所说的原生态风格。

---

① ② 阿宝：《原生态的"蛋"》，http://blog.sina.com.cn/s/blog_ 4b089ee7010005oy.html。

② 麻勇恒：《原生态文化之概念诠释》，《贵州师范大学学报》2009 年第 1 期，第 51—55 页。

　　"原生态"在我国电视娱乐节目中一开始就只是对原生态文化的借用，并非就已经被当作一种风格来使用，它也存在一个发展演变的过程。这个过程从另一角度体现了娱乐节目从追求现实生活真实，到唯真主义的变化。

　　（二）在实存性、本真性意义上追求"原生态"

　　从此前的梳理中可以看出，大约在 2003 年前后文艺领域及媒体开始使用"原生态"概念，经 2006 年央视"青年歌手大奖赛"推波助澜，产生了广泛影响，而实际上，电视娱乐节目有意识地追求原生态风格比前面说的 2006 年央视青歌赛更早，《超级女声》海选环节的出现，就是追求"原生态"的结果。

　　此前我们将《超级女声》最真实也是最引人注目的海选环节视为一种后台情境，但这个环节的出现，据总导演王平说，是由"原生态"概念得到的灵感。王平在阐述节目设想时始终在强调"原生态"概念[91]。有研究者甚至将《超级女声》的风格直接定性为"原生态"。[92] 显然，这里的"原生态"借用的是原生态文化的真实性、原初貌，指的是不加修饰的叙事风格。也就是说，"原生态"在此是被当成原汁原味的真实来理解的，节目呈现的是选手最本真的一面。由此也看出，真人秀节目对真实的追求，是借助"原生态"开启的。而这种真实，显然是以事实为依据的"真实呈现"。

　　如果以此意义上再向前追溯，娱乐节目对"原生态"风格的追求或"原生态"意识还可以指向综艺节目。自 1983 年春晚开始，直至之后的综艺栏目《综艺大观》，都采用了直播形式，直播形式实质上就是娱乐节目对原生态风格的最早追求，其潜在的含义就是真实呈现现场；观众席上的"圆桌"形式本质上也是追求"原生态"的体现，因为"圆桌"形式本身就是我国节庆习俗的一种表现形式，它出现在晚会现场，其实就是对节庆习俗的原生态再现。游戏节目对游戏者失控行为的呈现，其实也可以理解为对原生态风格的追求。只是综艺节目和游戏节目尚无明确的"原生态"概念而已。

　　（三）对"原生态"表征的借用

　　在之后的娱乐节目中，原来基于"原生态"的实存性、本真性而演化出的对事物的不加雕饰的真实再现，变成了对其外部特征的借用；其本真性、实存性的实质已经被放弃、忽视、空置，所谓的原生态，成为依照"原生态"表征建构起来的原生态形象；而且原生态开始变成了一种审美尺度、高度，成为评价、鉴定人物及其表演风格时的一个优先条件。这种趋势自央视《星光大道》开始，至近年来的新一代选秀节目，都表现得十分明显。

2005 年山西选手阿宝因其"原生态"歌手的身份和一曲具有浓郁乡土气息的被认为是原生态唱法的《山丹丹开花红艳艳》，在央视选秀节目《星光大道》一举夺冠①，但这不是偶然，也不是特例。纵览《星光大道》推出的具有一定影响力的歌手，除了阿宝，莫过于大衣哥朱之文、草帽姐徐桂花等。这些歌手脱颖而出的原因以及对《星光大道》品牌形象的塑造，很大程度上有赖于他们通过标志性的服装造型和刻意保留的地方口音而打造的"原生态"形象，而且，无论是《星光大道》还是其他媒体宣传，都从原生态角度凸显他们。朱之文永远着一件旧式军大衣，操着浓重山东口音；徐桂花永远头顶草帽，身穿红袄绿裤与黑色板鞋，带着浓郁的山东临沂口音，一副乡村主妇的形象；一直以长辫花裙示人的王二妮；等等。无论是"大衣哥"还是"草帽姐"，他们的唱法和演唱的歌曲其实都和原生态无关。"大衣哥"朱之文是标准的美声唱法，"草帽姐"是典型的民族唱法，即"洋民歌"；如前文阿宝所说，他们多演唱的是民歌风的新创作歌曲。显然，他们的典型意义其实不在于他们演唱风格的原生态，而在于个人造型的原生态。这种"人设"上对原生态的刻意追求，实际上背离了原生态文化的实存性、本真性本质，只是借助人们对其所在阶层、地域的刻板印象，进行外在形象的原生态化。这种人物形象的设计的原生态追求，固然充分体现了《星光大道》的"百姓"舞台、"平民"精神的节目定位，但是，"人设"层面的原生态，显然已经抽空了原生态文化固有的真实性本质，成为有名无实的存在。这种为原生态而原生态的状态，毫无疑问体现的是"唯真主义"倾向。

当然《星光大道》不是个案。在电视娱乐节目所涉及的诸多审美类型中，原生态常常是最能脱颖而出的那一种。在《中国好声音》中，吉克隽逸凭借一首彝族歌曲《不要怕》成功晋级，并在《中国之星》中又凭借它问鼎冠军，而评委们对这首歌的认可异口同声，都是基于它的"原生态"特征。实际上，这首歌是新近原创。还有，《中国好声音》中获得高名次的两位少数民族歌手帕尔哈提和塔斯肯，固然取决于他们的演唱水平，但起决定性作用的其实还是其民族歌手的身份以及他们演唱的具有原生态性质的歌曲。塔斯肯在第一轮中并没有导师为之转身，但在导师汪峰临时提议让其用母语演唱了哈萨克民歌《玛利亚》之后，他得以重返舞台，并最终拿到了张惠妹组的亚军。《我是歌手》中的谭维维则凭借原生态和摇滚风格嫁接的《华阴老腔》直接晋级总决赛；在 2013

---

① 阿宝于 2005 年获得中央电视台《星光大道》年度决赛冠军，2006 年参加央视春晚。

年东方卫视和《美国偶像》团队联合推出的《中国梦之声》中，门巴族女歌手央吉玛以其原创风格的音乐和民族歌手的身份，成为整个节目的焦点并最终获得亚军。

由此可以看出，原生态已经成为娱乐节目中的一个审美尺度，只要以"原生态"方式出现，几乎都会在众多类型中脱颖而出。这当中，有原生态所拥有的个性化的原因，但节目更多看重的还是它的本真性和质朴性。但无论是吉克隽逸，还是塔斯肯以及谭维维，他们所体现的原生态，其实都和草帽姐、阿宝们一样，有名无实，只是对原生态表征的呈现。换句话说，这些对原生态的追求，其实是基于人们对原生态本真性的认可，是刻意设计的原生态。因此，其和现实之间的关系，可以借用鲍德里亚的"超真实"来定性；从审美价值取向来说，这种真实观毫无疑问是唯真主义的。

表演型选秀节目如此，其他类型的真人秀如生活体验型真人秀其实也都在追求这种风格效果，从某种意义上说，真人秀节目之真，本质就是怎样才能让所呈现的内容具有原生态风格的问题，它是唯真主义的一种表现形式。

四、从"乌托邦"到"异托邦"

依据从部分到整体的原则，这里要探究的是，不同电视娱乐节目整体上建构的是怎样的审美空间，或者说，它所建构的文本世界作为一个独立"完形"具有怎样的审美取向。从本质上说，任何一个审美客体，都是一个完整自足的空间世界，电视娱乐节目其实就是通过建构一个个不同于现实世界的完整空间、情境，将观众拽进来，获得娱乐效应的。那么，如何认识、判断一个完整空间的性质？在社会学中有两个非常典型的用于定义空间性质的概念，那就是"乌托邦"和"异托邦"。虽然二者并非审美范畴，但都反映的是一个具体空间世界和真实的现实世界之间的关系，或者说是对一个形象世界的本质的界定，这与审美价值反映的是人对形象性世界的认识、判断，其实是一致的，因此，可以借以作为审美范畴使用。

从这个维度看，我国电视娱乐节目经历了从建构乌托邦到异托邦的过程。"乌托邦"是一个广为人知的概念。它原本就指的是文学作品所描写的完美世界，其本质是假定性，在社会学中，它既是一种思想观念，同时也是一种空间意识。乌托邦曾因和空想社会主义联系在一起，而带上了一定的贬义性，成为科学、实干的对立面，几乎是痴人说梦、空想的同义词。20世纪之后，德国哲学家布洛赫发展了"乌托邦"这个概念，使它上升为一个具有普遍意义的哲学范畴。"在布洛赫那里，'乌托邦'与'希望'、'朝前的梦想'等概念意思相近"①，成了一个中性词，甚至带有褒义性："他按照能否促进现实世界的改造、是否指向（愿望的）实现，把愿望分为向上和向下两类，'向上的'是乌托邦愿望，'向下的'则是'向原始与黑暗的倒退'和'虚无主义'。"②他将"乌托邦"视为世界中普遍存在的一种精神现象：趋向（尚未到来的）更好状态的意向。这一精神现象表现在方方面面，随处都可见到它的踪迹……"于是有了'社会乌托邦'、'技术乌托邦'、'地理乌托邦'、'医药乌托邦'、'建筑乌托邦'等这些划分。"③

而德国社会学家卡尔·曼海姆将乌托邦和意识形态做比较，认为乌托邦是人类社会发展中不可缺少的一种精神动力，那些力图打破现实、引导现实向一个更加理想的社会前进的思想观念就是乌托邦观念。这种观念中既有美好的超越，也有一种批判性的超越，归根到底是理想的状态。[93]由此可以看出，这里的乌托邦有明确的褒义性。这里依据布洛赫和曼海姆的认识，以及它最初在文学中的状态，将乌托邦理解为一种假定性的脱离现实的理想世界。

就此意义上说，其实所有力图超越现实的假定性的理想世界都是乌托邦。以此观照电视娱乐节目，从综艺到真人秀，其本质就是不同形式的乌托邦，因为都在竭力营造一种让人走出现实，能够身心愉悦的氛围、情境；而且其假定性本质是一目了然的。但是新兴的生活体验型真人秀即"慢综艺"所建构的世界却与之不同，它表现出明确的"异托邦"倾向。真人秀节目异托邦倾向的本质也是唯真主义。

（一）异托邦的内涵及其类型

"异托邦"是一个与乌托邦相反的概念。它既是现实中实有的存在，同时又是一个游离于现实之外，与内部秩序、规则和现实世界相悖的"另类空间"，用福柯的话说是一个颠倒了的"反场所"，一种实现了的乌托邦。"异托邦"这一概念由福柯在1967年建筑研究会上所做的讲演中提出。他认为，现实生活中存在两种截然相反的空间类型，一种就是我们所熟知的乌托邦，一种则是异托邦。他这样解释异托邦的内涵："在所有的文化，所有的文明中可能也有真实的场

---

①②③　陈岸瑛：《关于"乌托邦"内涵及概念演变的考证》，《北京大学学报》（哲学社会科学版）2000年第1期，第123—131页。

所——确实存在并且在社会的建立中形成——这些真实的场所像反场所的东西，一种的确实现了的乌托邦。在这些乌托邦中，真正的场所，所有能够在文化内部被找到的其他真正的场所是被表现出来的，有争议的，同时又是被颠倒的。这种场所在所有场所以外，即使实际上有可能指出它们的位置。因为这些场所与它们所反映的、所谈论的所有场所完全不同，所以与乌托邦对比，我们称它们为异托邦。"① 可见，异托邦本质上就是实现了的或者说实存的乌托邦。"如果说'乌托邦'是以完美形式构建的非现实空间，那么'异托邦'则是'乌托邦'的现实呈现"②，这种实现了的乌托邦，最突出的特点就是它的另类性，与现实生活是一种颠倒关系，即，"既是局部化的内在于我们社会空间的空间，又是外在于所有的场所和位所的空间：它们内在于所有场所是因为它们本身也是一种真实的社会场所，而它们又外在于其他社会常规场所是因为它们反映、表征、连接、呈现、抗议甚至颠倒了其他社会常规场所的运作逻辑"③。他举例说，博物馆、监狱、图书馆、集市和公墓、电影院等，都是异托邦。其本质是"既绝对真实"，"又绝对不真实"。绝对真实，是指它的确存在；不真实是因为它的秩序和作用与正常的社会秩序是相反的，要么过于理想，要么过于糟糕。福柯用镜子来揭示它的本质。他说，异托邦就像一面镜子，我们借助镜子才能看到我们自己，镜子本身是实存的，但镜子里的人却只是我们形象的投射，而非我们自身。由此可见，异托邦的特点是外在真实，本质虚幻[93]。这和乌托邦的内外皆虚幻形成鲜明对比。

异托邦不是一种笼统的存在，它以具体的表现形式或者类型实实在在地存在于社会现实中。福柯认为一直以来异托邦大致有 6 个特征，即 6 种表现形式或者说 6 种类型。第一种是危机异托邦，指的是提供给处于危机中的人群的场所，比如走婚的旅店、养老院、孤儿院等。第二种是指能够体现社会观念变化的异托邦。比如，公墓异托邦，它在 18 世纪前的西方，基本位居城市中心位置；18 世纪之后则迁移到了城市边缘。这反映的是西方社会从有神论、尸体崇拜到科学精神、人的地位提升的过程，即同一异托邦形式，在不同历史时期其地位、作用是不一样的。第三种是能将一些相互间不能并存的空间和场地，并置为一个真实的地方的异托邦，比如，剧场、电影院、世界公园等。剧场在一

---

①③　[法] 福柯：《另类空间》，王喆译，《世界哲学》2006 年第 6 期，第 52—57 页。

②　张锦：《"命名、表征与抗议"——论福柯的"异托邦"和"文学异托邦"》，《外国文学》2018 年第 1 期，第 128—138 页。

个小小的空间内，可以将故事中不同的时空并置于同一空间内；电影院则以二维的方式呈现三维景象；世界公园中，将不同历史时期、不同国家区域的景观汇聚一起；等等。第四种，指能够连接过去，将消失的时间、时代汇集于一个空间的场所。比如博物馆、图书馆、公墓、集市、节日等，这样的异托邦，又被福柯称为异托时，因为它的存在主要是以空间的形式体现已经消逝的时间。第五种，指一些与社会隔离的开放的或关闭的场所。关闭的场所指人们无法自由出入的特殊场所，如军营、监狱等。打开的场所则指看起来完全开放，但通常隐藏了奇怪的排斥的场所，在这种场所，人们认为进入了，实际上进入只是一种幻象，实质却是被排斥在外的。福柯举例说，南美洲的大农场都有一些房间，任何经过的人、任何游客都有权推门而入，甚至在其中住宿。这看起来是进入到了这个家庭，但实际上，你完全是过客，因为这个房间和这个家庭是隔离的，你虽然进入，但其实从未真正进入这个家庭的中心。第六种异托邦福柯没有如前面几种那样为之命名，但他说，这种异托邦的作用"发挥于两个极端之间，或者异托邦有创造一个幻象空间的作用，这个幻象空间显露出全部真实空间简直更加虚幻，显露出所有在其中人类生活被隔开的场所"，"或者相反，创造另一个空间，另一个真实的，与我们的空间同样完美，同样细致，同样安排得很好的空间，这是混乱的，安排得不好的"。① 这就是说，这种场所虽然真实存在，但却给人一种虚幻的感觉，这种虚幻感，要么是因为它太完美无缺，应有尽有；要么是因为它太糟糕，破败不堪，因此，它是现象上的真实，本质上的不真实，本质上和社会的脱节；生活在其中的人，处于和现实生活隔离的状态。福柯举例说，前面所说的关闭的房屋和一些安排得十分有序、美好的殖民地比如 17 世纪南美洲创立的耶稣会会士的特别殖民地等就属于这类空间[94]。福柯比喻说，这种异托邦就像是漂浮在大海上的船只，是一种无地点的地点，它处于自给自足、自我封闭、与现实隔绝的状态，因此，是一种另类空间，与陆地生活比，船上生活就像是一种出离、一个梦境，因此，这种异托邦本质上是一个"幻象空间"。真人秀节目中出现的"慢综艺"，实际上就是这种作为幻象空间的异托邦[95]。

（二）走向幻象"异托邦"的"慢综艺"

近年来被称为"慢综艺"的真人秀节目呈现繁荣之势，它其实是生活体验

---

① ［法］福柯：《另类空间》，王喆译，《世界哲学》2006 年第 6 期，第 52—57 页。

型真人秀中的一种。这类节目一改一直以来电视娱乐节目包括真人秀节目主要依靠浓郁的仪式性、激烈的矛盾冲突、脱轨的娱乐氛围吸引受众的模式，以极其日常、真实的方式，呈现一种令人向往的慢生活图景，已经成为电视娱乐节目中除选秀节目之外，最受关注的真人秀节目类型之一。如《爸爸去哪儿》《花样姐姐》《花儿与少年》以及《向往的生活》《亲爱的客栈》《中餐厅》《漂亮的房子》《青春旅社》等。湖南卫视《亲爱的客栈》首播收视率最高达1.089%；东方卫视《青春旅社》播放量最高时为11亿；北京卫视的《生活相对论》以7.6分的豆瓣评分在口碑方面领先；《亲爱的客栈》百度搜索热度最高，整体微博讨论热度也不俗；《青春旅社》百度搜索热度虽然较低，但微博声量整体很高。[96]这类节目的盛行，无疑从一个侧面体现了当下电视娱乐节目审美取向的变化。如果说选秀节目、游戏竞技节目是模拟舞台表演，那么，慢综艺的最大特点则是模拟现实生活本身，让以往的假定性游戏事件，变成了一种发生在现实世界里的实际生活事件，即较以往更加真实。这种"真实"就体现为"异托邦"化。但在此前所说的6种异托邦中，这些生活体验型真人秀节目既不属于处置危机人群的危机异托邦，也不属于将不同时代的空间、时间并置一起的异托邦，而是属于第六种，即一个看起来敞开、实际封闭的幻象空间，这个空间是所有异托邦类型中最虚幻的一种。其幻象异托邦属性表现在两个方面：一方面，节目的活动场所都是真实的现实生活空间，这是这类节目之所以被视为"异托邦"的基本前提；另一方面，这类节目所建构的"真实"世界，本质上是脱离现实生活的，具有浓郁的虚幻性，体现了异托邦的虚幻本质。

首先说节目活动场景的实存性。慢综艺的活动空间整体上分为两种类型，一类原本就是现实生活中的异托邦。比如《爸爸去哪儿》《花样姐姐》《花儿与少年》等节目，它们所选择的北京举人村、罗马斗兽场、土耳其的卡帕多西亚等游戏空间，都是现实生活中的实存地点，但都属于旅游景点，非日常生活区域。它们要么连接着历史，是历史生活博物馆，如举人村；要么是人征服自然神话的一个象征，如罗马斗兽场；要么是类似月球地表，承载着人类有关月球想象的卡帕多西亚热气球放飞圣地；等等。这些虽然都实际存在于现实生活中，但都是不同于现实生活常态，有着自身运转逻辑的另类空间，一种"反场所"，毫无疑问是异托邦。

另一种是节目组为制作节目专门搭建的现实生活空间，如《中餐厅》《亲爱的客栈》和《向往的生活》等专为节目所设计的标志性实存场所。这些刻意建造的活动场所，不同于实景演播室，它们真实地镶嵌在现实生活中，而且作为具体事件发生之地存在着。而演播室则是专门承载各种表演，是可以进行无限虚拟、假定的场所。虽然演播室和福柯所说的剧院一样，相对于整个现实生活，也属于实有场所，是异托邦。但是，由于发生在其中的故事都是虚拟的，因此，当演播室作为一个虚构故事的场所和故事情境结合起来的时候，它又是乌托邦。"中餐厅""亲爱的客栈"和《向往的生活》中的蘑菇屋等则不然，在这些特意建造的活动空间中，人们的活动行为是作为生活事件真实发生的，比如，"亲爱的客栈"和"中餐厅"中的各种消费、交易等行为，都不是模拟的；《向往的生活》的种植收割活动等，也都不是虚设行为。显然这些节目建构的场所和同为异托邦的演播室又截然不同。

　　再说慢综艺的另类性和虚幻性。慢综艺中的生活情境实质上是福柯所说的"无地点的地点"——看起来存在，实际不存在；其中演绎的生活表面上遵从生活逻辑，而实际上却是脱离现实生活的一种幻象。其幻象性表现在三个方面：

　　第一，地理环境的另类性。慢综艺中的活动大都位居远离尘嚣之处，碧水蓝天，湖光山色，堪称人间仙境。它们虽然真实存在，但显示出浓郁的出离日常生活特性，是更接近于理想、幻想的桃花源。比如，"亲爱的客栈"开设在泸沽湖边，泸沽湖不仅风景旖旎、地处偏远，而且，在现实生活中，这里因依旧停留在走婚时代的摩梭人风俗著称，本身毫无疑问就是现实世界中的"异托邦"。《中餐厅》第一季地点选择在泰国的著名旅游景点象岛，是度假天堂，四周是神秘的热带雨林和迷人的阳光沙滩，也是现实生活中的异托邦；《向往的生活》中依山而建的蘑菇屋及其日出而作、日落而息的生活，则俨然一个童话世界。因此，这些实存的空间其实是现实世界的另类空间，一种有着特殊逻辑的"反场所"。

　　第二，节目视觉语言着力强调、凸显这些场景的奇幻性。纵览这些节目的视听语言，一个非常突出的特点是，自始至终都在频繁出现、反复渲染大海、湖泊、蓝天这些奇幻场景，这些视觉符号成为其空间性质的隐喻。不言而喻，空镜头既是节目空间建构的主要元素，也是节目情绪、意义的最直接表达、诠释。在此，以随机抽样的方式，分别对已经播出的《亲爱的客栈》（共两季）和《中餐厅》（共两季）中的空镜头进行了统计。从每档节目已播出的两季中，分别抽取两期节目（第1期和第8期），就其中出现的空镜头内容进行统计分析。《亲爱的客栈》第一季第1期出现的泸沽湖流云覆盖、夕阳晚照等惊幻的镜头达 76 次之多，第 8 期有 38 次，在各类空镜头中，是数量最多、占比最大的（见附录 9），分别占 79% 和 93%；第二季虽有下降，但也是所有空镜头中数量最多的，第 1 期 45 次，第 8 期 23 次（见附录 9），分别占据空镜头数的 57%、60%。《中餐厅》中碧海蓝天空镜头第一季第 1 期多达 49 次，第 8 期 53 次；第二季虽有下降，但在第 1 期中，此类镜头有 22 次，第 8 期 32 次（见附录 9），占据所有空镜头的 50% 左右。这些空镜头不仅多，而且饱和度都非常高。蓝天、碧海、流云，这些空镜头的意义很明确，它们不仅仅是在一般意义上反映文本建构者对大自然的向往，而是借此建构一种梦幻般的出离日常生活的空间情境，激发受众的消费欲望。因此，节目旨在建构的其实是实存的乌托邦。

第三，人物角色人设清楚，对比鲜明，使整个活动具有非常明确的戏剧性。一方面，从这些节目中人物的身份看，他们几乎都由明星构成，是一个明星会聚的空间，这种人员构成状况本身就决定了这一实存场所是现实生活的"反场所"——明星聚集显然不是自然状况，而是人为组织；另一方面，这些空间中人物的构成都遵循的是类型化原则，每个人物都有特定的人设。比如《亲爱的客栈》第一季中，和睦、相敬如宾的刘涛夫妇和率真、打打闹闹的阚清子小情侣，形成鲜明对比。《花样姐姐》中的人物设置也是如此，有温婉知性的林志玲，又有泼辣、直率的王琳；有活泼单纯不谙世事的杨紫，又有持重、沉稳的奚美娟；而徐帆、宋茜则介于二者之间。人物性格之间的反差、对比，使故事在推进中，虽不断有小摩擦、小矛盾出现，但又对节目整体追求的集体主义精神、大局意识、正能量无实质性的影响，从而构成了一个戏剧性和生活感兼备的"理想国"。我们知道，人设是电视娱乐节目叙事的必要手段，也是娱乐文本不可避免的追求，没有角色设置，难以形成戏剧性，就无法实现娱乐性追求。慢综艺对人设的刻意追求表明，其所建构的"慢生活"的本质，其实是演剧、叙事，即在建构一种可供人们"观赏"的生活，而不是生活本身。换句话说，所谓慢生活，实质上是对理想生活状态的模拟。

上述三个方面表明，电视娱乐节目发展至慢综艺，已经不再满足于在假定层面追求真实感，而是转向追求实存性层面的真实，但是，《中餐厅》也罢，《向往的生活》也罢，诸如此类的生活体验类真人秀或者"慢综艺"所呈现的真实生活情境其实就如同漂浮在大海上的船只，看起来有具体地点，实际上是空中楼阁，以一种假定的逻辑展开生活，又以实存掩盖假定。这种"既绝对真实"，"又绝对不真实"的本质显然是"唯真主义"。

五、唯真主义审美取向的不可避免及现实影响

从前面的分析中可以看出，无论哪种电视娱乐节目，无一例外地都在追求真实，区别在于，追求的方式不同，真实的性质、层次也不同。从立足现实开始，最终走向"唯真主义"。如何理解这种唯真主义的存在？

（一）唯真主义取向的不可避免趋势

在媒介社会中，"真实"对于社会成员的自我身份认同具有特殊作用。在今天这个生活方式和价值观念都走向多元化的世界中，由于中心和标准的丧失，任何一种生活方式的意义以及自我价值确立，都来自对"他者"生活状态的对比观照，通过观照他人的生活，来确立自己的价值和身份，这已经成为普遍现象。这样的心理需求必然会对借以认识现实的媒介文本的真实性格外重视，因为，唯有"真实"的他者生活，才能具有观照自身、确立自身身份的价值。这也是网络直播、各类"真实报道""生活实录"、各种"窥视"行为等格外盛行的原因所在。在这个时代中，窥视已经超越了窥视的自然意义、娱乐价值，具有证明、确认窥视者自身价值，进行身份认同的社会文化功能。"窥视"行为的背后就是对"真实"的渴求。而且，这种"真实"，在媒介社会中，"既不是指哲学视野中现象背后的所谓'本体'，也不是指历史演进过程中事件之下的所谓'规律'，更不是指由虚构所建立起来的那种美轮美奂的'艺术真实'，它所要求和指向的乃是那种自自然然、未加干扰的生活原态"①。那么，怎样的真实才是真正的"原生态"，或者说才是"他者"的真实生活？在人们的潜意识中，仅反映人们的前台生活，不能真正触及他者生活的原貌，后台生活情景才更具有真实性，更能作为自身生活的参照。这是娱乐节目走向后台化，用后台来体现真实性追求的社会心理基础。而后台情境的人为性背后，其实就是唯真主义。

另外，对"完整"真实的需求。我们知道，是电视媒体的普及将人类社会带入了媒介社会，媒介社会最突出的特点就是碎片化，尤其是伴随着新媒体的崛起，一个泛视频化时代的到来，更加剧了现实世界的碎片化。碎片化源自信息的海量传播。及时、快速、大量的信息传播一定程度上满足了人们对真实的需求，同时也更进一步调动、强化了人们对完整真实的渴望；而且，从某种意

---

① 彭文忠：《被消费的"真实"》，《文艺争鸣》2010 年第 11 期，第 21—24 页。

义上说，新闻等各种信息所呈现的断片式真实情境越多，越会让人缺乏一种社会整体感。如果将媒介信息比作有关现实生活的叙事，那么，这些信息其实就像是媒体在生活大叙事中抛出的悬念、亮出的谜面，对于观众来说，谜面的存在只能更进一步激发人们了解谜底和真相的渴望。这就是说，仅有传播信息的各种新闻文本是不够的，它们所呈现的只能是生活的瞬间，是碎片化的真实，观众更需要一种连续性、完整性的真实。而完整真实在现时代是一种稀缺物。在各种媒介文本中最接近体现完整真实的是纪录片，但真正记录现实生活的记录性文本并不能完全满足人们的这一愿望，因为，真正完整的现实生活真实是散漫的，甚至可能是枯燥的，不一定具有趣味性和娱乐价值；而且，"人们真正想哭的时候会将门关起来"，很难完整地呈现实际生活真实。因此，连续完整的真实只能存在于假定、设计的世界里，因为，唯有在一个假定的世界，节目制作者才可以打破现实生活中的许多禁忌，以适当的尺度呈现一种看起来完整且具有戏剧性的真实。而这种"真实"的本质正是唯真主义层面的。电视娱乐节目作为媒介产品，基于市场的稀缺性，竭力追求这样的真实，以满足市场需求，成为一种必然。

（二）真伪内爆与可能导致的虚无主义蔓延

众所周知，文学艺术的本质是假定性，但我们不会因此而拒绝和否定它存在的意义。这是因为，文艺作品的文类性本身就昭示了它天生的虚构性和假定性本质，因此，即便其多么真实，在受众那里都会有一种天然的间离性，都不会将之等同于现实生活。而电视娱乐节目进入唯真主义状态后，是通过制造一种实存性，来刻意模糊、掩盖它的符号、编码本质，进而混淆现实与假定的边界。尤其是到了真人秀形态主导阶段，由于它的真人参与、真实发生的特点，往往使人忽视它的假定性本质，将其与现实生活情境本身混为一谈，真伪难辨，"人戏不分"。当下粉丝经济急剧发展，"迷"文化盛行，如果没有真人秀这样的娱乐节目将明星们"真实"地展示给社会大众，拉近和普通人的距离，单纯依赖他们在影视作品塑造的角色，或者说其影视作品中的角色若不是在真人秀节目中得以延续、放大、强化，是难以对粉丝构成如此强大的吸附效应，抑或说对受众是很难构成如此强大的"可信度"的。比如，忽略"人设"的存在，将"人设"等同于人物本身；将节目中的生活，等同于现实生活。这种状况必然导致电视娱乐节目对人的影响会更大、更深入，将虚幻的"异托邦"、其中人物的行动，当作真正的现实世界的行为来认识、效仿，等等。而一旦这个理想国出现问题，比如人设崩塌、嘉宾作假等事件出现，必然导致人们对"真实"本身的怀疑。当怀疑充斥于整个世界的时候，整个世界人与人之间便会普遍性地呈现出割裂状态；这种普遍的怀疑、不信任心理给社会发展与社会心理带来的影响将是灾难性的，其结果必然是怀疑一切，乃至虚无主义大行其道。

第八章

结　论

　　"意义是一种对话——永远只能部分地被理解"，因为"它是被建构出来的"①。这意味着，价值作为客体之于主体的意义是难以穷尽的，对它的研究、发掘只能是部分的、相对的。从这个意义上说，本研究无论是过程还是结论，局限性都在所难免，它所呈现的只是特定的阐释方式下的意义。

　　本研究是在承认我国电视娱乐节目的消费文化文本属性的前提下展开研究的。既为消费文化文本，就不可避免地会拥有这种文本所拥有的基本特征，包括各种难以克服的痼疾：合乎主流价值观同时又在不断地挑战、颠覆，但也在超越中重新回归；享乐主义、拜金主义等迎合大众的低俗化取向会不可避免地出现，等等，这在以往的研究成果中都已经得到了证实。然而，研究娱乐节目价值取向的最终目的是了解它可能对社会大众产生的影响，作为一次性即过的文本形态，它不像图书中的经典作品可以持久地发挥影响，娱乐节目主要是通过节目播出过程中"模式""常规"的不断重复来影响社会大众的，因此，这里主要研究的是娱乐节目中"不变"的部分，即电视娱乐节目的结构及结构要素这些"常规"性要素发生的变化及其价值取向，所以，结论并不像内容层面显示出的诸如"享乐主义""拜金主义""唯美主义"等价值取向那样"触目惊心"，但它们和这些价值取向构成了一种互文性、补充性关系，从一个侧面折射出了电视娱乐节目在我国社会进程中所处的位置及其可能产生的影响。

一、对中国社会价值观演变历程的具体回应

　　通过前面的研究发现，尽管我国电视娱乐节目一直以来都呈现出五花八门、

---

　　① ［美］斯图尔特·霍尔：《表征：文化表象与意指实践》，周宪、许均主编，商务印书馆2003年版，第4页。

众声喧哗的景象，但却具有非常清晰的内在逻辑。参照中国社会价值取向的发展趋势，总体上看，无论是目的价值取向还是手段价值取向的变化，都非常具体地回应着整个中国社会价值取向变化的过程，甚至可以说电视娱乐节目是有关中国社会发展进程的另一种典型文本。

关于中国社会价值取向、价值观的变化，在 20 世纪末 21 世纪初的前十年间，社会科学领域给予过比较多的关注，这是由于当时正值市场经济进入迅猛发展阶段，改革开放成果得以充分显现，整个社会步入转型期，社会心理、价值观、价值取向因此发生了比较剧烈的变化。有研究者认为，中国社会价值取向主要表现在以下几个方面：认识价值取向上，表现为从崇尚"正统"到崇尚实际的变化；实践目的取向上，表现为从政治挂帅到经济为中心的变化；社会动力机制取向上，表现为从忽略自我到重视自我的变化；等等[97]。还有研究者则从更为宏观的层面对改革开放以来中国社会价值观的变迁进行了总结，认为中国社会价值观的变化，除了整体上从一元到多元的变化，同时还表现为"从整体价值观①到整体价值观和个体价值观融合的变化""从理想价值观向理想价值观与世俗价值观共存的变化""从精神价值观向精神价值观与物质价值观并重的变化"[98]。总的来看，改革开放以来我国社会价值观发展趋势集中体现在以下几个方面：从重视政治价值到重视经济价值的变化，从重视精神价值到物质价值与精神价值并重的取向，从重视集体价值、个体价值到集体、个体价值并重的取向。

还有一些规模、影响都比较大的关于中国社会价值观之变化的实证研究成果，比如赵孟营等 2008 年推出的《跨入现代之门：当代中国的社会价值观报告》、宣兆凯 2008 年主持的《中国社会价值观现状及演变趋势》等，他们借鉴哲学、社会心理学领域佩里、克拉克洪、罗克奇等关于价值观分类的成果，对我国当代社会价值观变化展开了全面的调查研究。前者从政治观、经济观、文化观、福利观、生活观 5 个价值观类型研究了社会价值观的变化[99]；后者从经济、政治、文化、社会、道德、生态 6 个价值观类型揭示了我国社会价值观的变化。这些成果除了从多个维度揭示中国社会价值观从一元到多元的变化，同

---

① 整体价值观指个人对待整体的态度上表现出的个人服从整体的观念；个人价值观指的是处理与整体的关系，倾向于个人的观念。见廖小平、成海鹰：《改革开放以来中国社会价值取向的变迁》，《湖南师范大学社会科学学报》2005 年第 11 期，第 12—16 页。

时，在社会价值观或者道德观层面，也都认为，中国社会普遍表现出了从集体主义到个人主义，从重视理想到重视实际，从重视政治价值到重视经济价值等变化。但上述这些有关中国社会价值取向的结论反映的是一种整体性转向，换句话说，每种价值取向的变化都并非指向特定的阶段，而是一种整体趋势。但这种转变到底什么时候发生，具体的时间参照是很难找到的。电视娱乐节目的目的价值取向和手段价值取向从一个视角将这种整体性变化具体化。

审视我国电视娱乐节目价值取向的变化，无论是目的取向的变化，还是手段价值的变化（见图8.1），显然和上述我国社会价值观的变化趋势是一致的。就目的价值取向看，电视娱乐节目价值取向经历了从政治价值取向经由娱乐价值取向、经济价值取向，再到经济价值取向和社会价值取向共同主导的过程，这一过程显然是和上面述及的中国社会价值取向是一致的。作为大众文化文本，一种电视娱乐节目形态之所以能成为某一个时代的主导性娱乐节目，能被受众

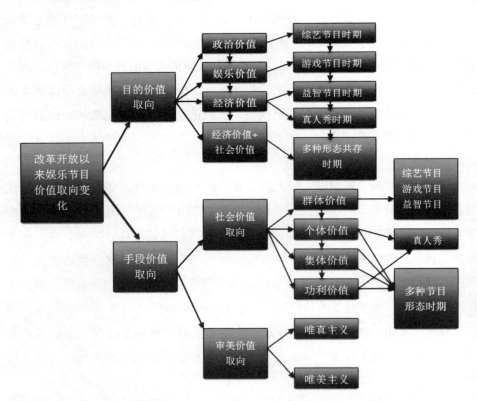

图 8.1　改革开放以来我国电视娱乐节目价值取向分布图

认同，表明它体现了这个时代的主流价值观，从这个意义上说，电视娱乐节目其实也可以作为考察一个时期社会价值取向的一个重要依据来看待。比如，我国"以经济建设为中心"的国策是在 1978 年党的十一届三中全会提出的，由此整个社会开始渐渐由政治社会向经济社会转型，但这种变化是逐渐发生而不是一蹴而就的，到底何时发生，电视娱乐节目从一个视角呈现了这一变化。电视娱乐节目在最初的"综艺节目"形态中，将政治价值放在第一位，这表明在 20世纪 80 年代末到 90 年代中期，经济价值并未真正成为中国社会的主导性价值观；之后，经由"游戏节目"以娱乐为本的"去政治化"过程，直到 21 世纪初益智节目的出现，才体现出经济价值的主导性地位。由此可以窥见中国社会经济化转型的具体进程。

再如，中国社会价值观的另一变化是从集体主义到个人主义的变化，而电视娱乐节目在手段价值层面显示出的则是从群体价值取向发端，走向个人价值取向再到集体价值和个体价值相结合的过程。二者看起来存在一定差异，但整体上其实是一致的。也就是说，电视娱乐节目价值取向整体上是对我国社会价值取向的回应，但是演绎的过程却相对复杂。有关中国社会价值观变化研究显示，中国社会价值观是直接从改革开放前的集体主义走向了个人主义，并不存在一种群体价值取向；而电视娱乐节目则是以群体价值取向为发端的，这从一个侧面说明，我国改革开放之后，由改革开放前的集体主义价值走向个人价值取向的过程并非一蹴而就，其间经历了群体价值取向这样一个过渡期，群体价值取向其实是介于集体价值取向和个人价值取向之间的一种价值取向。首先，群体价值的本质是淡化了的、松散化了的集体价值。群体，指的是某一具有相似特征的人群，这种人群毫无疑问是一种模糊而抽象的存在；从群体价值到集体价值的变化，其实是从抽象到具体的转变。集体则是一个有组织的群体，它显然是一种具体而明确的存在。其次，改革开放初期，计划经济开始向市场经济转型，此前的集体主义价值观伴随着体制改革带来的各种"集体"形式的渐渐弱化，集体价值观也在渐渐淡化，但并不会即刻消失，人们会由服从于机构、组织之类的具体对象，开始转为认同某种并不清晰的抽象事物，即从服从集体转为认同抽象的群体。这就是说，改革开放之后，中国社会价值观由集体价值观走向个人价值观这种变化并非跨越式的，中间经历了群体价值取向这样一个过渡期。由此可以看出，电视娱乐节目从一个特定的视角，更为具体反映了我国社会价值取向的渐变历程。

二、价值取向失衡主要集中在地方娱乐场

就我国电视娱乐节目传播者（电视频道）的双重身份（事业和产业）而言，目的价值取向维度，应该是娱乐价值、经济价值和社会价值三者并重，这也是我们常说的经济效益和社会效益的平衡问题。其中，娱乐价值是其本体价值，经济价值是其产业属性的体现，而社会价值则指的是电视娱乐节目的利他性价值即社会责任。在娱乐价值、经济价值和社会价值中，单一性地追求任何一种价值，对于娱乐节目来说，都是价值的倾斜和失衡。

由此审视我国电视娱乐节目价值取向的发展脉络（见图 8.1），可以看出，无论是目的价值取向还是手段价值取向的变化，我国电视娱乐节目都存在着阶段性失衡状况。其中目的价值取向层面，失衡主要存在于游戏节目主导和真人秀节目一枝独秀时期。

从图 8.1 看，综艺节目时期主要体现的是政治价值取向，缺失了经济价值和娱乐价值。然而，政治价值之于娱乐节目来说，显然是其社会价值取向之一，因为政治价值对于娱乐节目来说，是一种利他性价值，因而可以说，综艺节目并不缺乏社会价值。同时，它也不缺娱乐价值和经济价值。因为，如前所说，在综艺节目所处的时代，娱乐形式非常单一，娱乐就被等同于传统文艺表演；传统文艺观"寓教于乐"就是当时的娱乐观，而其中的"教"，其实就是政治正确，不具有政治价值的娱乐是不可想象的。就此意义上说，电视娱乐节目在这个时期也并不乏娱乐价值。而经济价值在目的价值中的缺失，是由于电视媒体在当时尚未真正走向产业化，综艺节目不可能超越自己所处的历史，将其作为目的来追求。因此，电视综艺节目时期虽然主要追求政治价值，但相对于当时的历史语境，价值取向实际上并未失衡。

真正失衡的其实是其他两个阶段，游戏节目时期和真人秀节目时期。游戏节目时期，着力于追求娱乐价值，实际带动了经济价值，但其他社会价值如审美价值、文化价值等却不被重视。之后，自益智节目开始，虽然以追求经济价值为目标，但由于有"知识"这一文化附加值的存在，客观上呈现出对文化价值的重视，因此，意味着客观上益智节目并不忽视社会价值。而到了真人秀节目，完全被经济价值牵制，其结构形式成了满足市场需求的形式乌托邦，这种

局面直到 2013 年之后因为行政干预才得以改变，开始追求娱乐价值、经济价值和社会价值的平衡。

失衡的这两个阶段，均在地方娱乐场。如图 8.1 和前面的研究显示，虽然价值取向发展呈线性状态，但是，这种线性逻辑是按照不同阶段电视娱乐节目的主导性节目形态搭建起来的，这些主导性节目形态背后的主体并不相同，它们并不属于同一个场域。即这些主导性的节目形态并不是始终由央视或者地方台一方拥有，而是在二者之间来回切换，二者共同搭建起了节目发展链条，第一、第三阶段即综艺节目、益智节目时期由央视主导；第二、第四阶段游戏节目和真人秀节目是地方台主导；第五阶段多种形态共存时期则是地方和央视共同主导。对比观照可以发现，我国电视娱乐节目价值取向失衡的两个阶段游戏节目时期和真人秀节目时期均为地方台主导的时期，央视主导时期则处于相对平衡状态。

相较于目的价值取向，手段价值取向面对的是个别部分所做的调整，这种微观层面的调整具有巨大的随机性，节目形态之间相互交叉，很难看出明确的阶段性分野。但是从图 8.1 可以看出，其社会价值取向真正摆脱单一性地重群体价值或个体价值这种一元化状态，走向集体、个体和功利价值并重的多元化局面，是在多种节目形态时期，这一时期恰恰是央视场和地方娱乐场共同主导的时期。而在此之前的综艺节目、游戏节目和益智节目形态虽然也都单一性地表现出"群体价值取向"，但是，相较于折中性的"群体价值取向"，之后真人秀节目一枝独秀时期一味地追求的个体价值，显然更显失衡；而真人秀一枝独秀时期，主导性娱乐节目生产场域恰恰是地方电视频道。

三、难以逾越的消费文化生产逻辑

一个国家因为政治、经济、历史的不同，其文化发展必然都会有自己独特的逻辑和特点，这是不言而喻的。但是，在媒介市场全球化背景下，不同国家的文化表现出趋同性，也是无法规避的事实，尤其是诉诸大众传媒的消费文化。前面的研究发现，我国电视娱乐节目的确有自己独特的发展逻辑，如前所说，它更为具体地回应着中国社会价值取向的变迁，但与此同时，又非常典型、具体地遵循着消费文化产品生产的基本逻辑，体现着后现代文化文本的一般特征和价值取向，比如手段价值取向层面，功利取向和日常生活审美化之间纠缠不清的关系；唯真主义和鲍德里亚所说的"超真实"的不能忽视的关联性；文化价值取向上选秀节目表现出的对青年亚文化的偏爱等，可以说，我国电视娱乐节目在审美价值取向和文化价值取向上，几乎具有消费文化文本的所有特征。虽然它也具有自己的特殊性，但本质上并未超出消费主义的生产逻辑。实际上，当我们承认我国电视娱乐节目是大众文化、消费文化时，就已经不可避免地要拥有消费文化的基本特征和基本价值取向了。

消费文化研究的集大成者费瑟斯通认为，消费文化产品的两个最突出的表现，一是"消费梦想、影像和快感"，具有"强烈的感受性""超负荷性"和"无深度"等特点[100]。具体而言，就是热衷于为大众建构虚幻的梦想，而且能够将这种梦想以具体、实在的方式呈现出来，而这种虚幻梦想的真实性又往往通过巨大、无度、玄幻、浮夸的方式体现出来，因此给予人的是"强烈的感受性""超负荷性"体验。二是竭力追求个人化、风格化。他援引沃伦·萨斯曼的说法："伴随着消费文化的发展，人们已经从宣扬自己的美德发展到宣扬自己的个性人格。"① 因为"今天最需要的，既不是机器，也不是财富，更不是作品，而是一种个性"②。鲍德里亚在其《消费社会》中对消费社会生产对个性化的追求进行了进一步精辟的分析。他认为，消费文化产品之所以普遍表现出个性化、风格化追求，原因在于，第一，真正的"个人"的消失。工业化社会中，所有人都成了某种编码模式的服从者，在各种模式中，人早已丧失了自我。正是因为个人成了"丧失了的存在"，才需要通过符号的力量抽象地重构出一个个个性化、风格化的人，以便于"在最具总体性的匿名中闪耀光芒"③。第二，个性化是为了适应消费生产运转的基本逻辑即差异化生产的需要。因为，在一个物质生产过剩的社会中，"'个性化着'的差异再也不会把个体相互对立起来"，正是由于个性化的存在，才能使人以及各种产品和平相处，而不会被互相取代。这其实也就是我们常说的差异化竞争在消费文化产品中的具体表现形式。第三，"个性化"的本质是建构、编码的个性化，这种个性化具有一种类似于"自然

---

① ［英］迈克·费瑟斯通：《消费文化与后现代主义》，刘精明译，译林出版社2000年版，第17页。

② ［法］让·鲍德里亚：《消费社会》，刘成富、全志钢译，南京大学出版社2008年版，第70页。

③ ［法］让·鲍德里亚：《消费社会》，刘成富、全志钢译，南京大学出版社2008年版，第71页。

化"的效果，甚至相较于即便是现实存在的真正的个性化，具有更加自然、可信的效果，因此，它对消费者更具吸附力。而且，这种个性化并不是对每个人本来个性的呈现，即体现的不是每个个体之间的真实差别，而是基于差异化需要，而刻意设计、建构的差别和个性化，是基于区分逻辑，将个体生产成了"个性化的"[101]。但与此同时，约翰·菲斯克及霍尔则又指出了大众文化的另一特点，那就是它所体现的往往是社会的主流价值观（当然，主流价值观不等同于主导性价值观），这表明，大众文化内部充满了悖论：既要个性化，又要合乎主流价值工具，同时还表现出对亚文化的偏爱。

由此审视我国电视娱乐节目，自游戏节目诞生以来所表现出的主要特征，非常典型地反映出了消费文化的建构、消费梦想，制造快乐，突出个性的本质。比如，游戏节目依托身体对抗游戏，着力制造"狂喜"体验，其本质就是在建构一种可以完全脱离日常生活逻辑的成人儿童化的游戏乌托邦，这毫无疑问满足的是人们渴望摆脱生活负重的幻想；而大量的歌唱表演秀、游戏竞技节目，则是一种更加仪式化、有序化地对这种幻想的进一步建构；即便是一些看起来十分贴近现实的娱乐节目，如《亲爱的客栈》《向往的生活》等，其作为脱离现实的"另类空间""异托邦"本质，表明了它在真实表征下建构的其实也是一种梦想，一种制造快感和消费欲望的乌托邦；而诸如《花样姐姐》《亲爱的客栈》等所营造的生活情境，甚至可以看作消费者的休闲生活指南。

真人秀诞生之后，电视娱乐节目普遍表现出的对表演者的个性化要求或者节目设计所体现出的对个体价值的强调，既可以视为中国社会价值观多元化的反映，说是社会更加开放包容的体现也不能否认，在大众媒介娱乐产品过剩的今天，它也是电视机构为满足消费需求而采取的一种应对策略，毕竟我国真人秀节目的目的价值取向是经济价值。

此前我们依据我国社会的特殊语境以及娱乐节目形态的流变过程、文际关系提出，我国电视娱乐节目价值取向的变化是自身变革的结果，是一种不断自我完善、自我更新的过程。然而，如果由消费文化理论观照之，则不能不承认，这种自我更新的过程实际上并未跳出消费文化产品生产的窠臼，这也是消费社会中大众文化文本生产难以逾越的宿命。

四、行政干预是矫正价值取向失衡的必要手段

前面的研究显示，总体上看，我国电视娱乐节目的价值取向出现失衡主要

是在游戏节目形态登上历史舞台之后，直到2013年前的十多年间。其他两个阶段即综艺节目和多种形态共存时期则相对平衡。而这两个阶段之所以能够相对平衡，前者是因为电视媒体在"历史惯性"作用下，对自身喉舌、工具属性的强调；而后者即2013年之后开始重视社会价值，则是2011年之后国家广电总局颁布的一系列有关娱乐节目的意见和规定直接发挥作用的结果。纵览电视娱乐节目发展历程，自2006年（见附录2）开始，几乎每一次倾斜，都是在国家广电总局颁布相关"通知"和"意见"之后得以矫正的。

众所周知，电视娱乐节目是电视媒体获取经济效益的主要渠道，经济价值追求决定了它必然会因一味逐利而出现价值取向倾斜。但研究发现，电视娱乐节目为了逐利，也会进行自我修复和矫正。比如，从一味追求娱乐价值的游戏节目转变为追求具有一定文化价值的益智节目，就非外界干预的结果，而是因为游戏节目一味追求诉诸身体的娱乐，忽略了人追求"意义"的基本需求，因而导致市场失守。这种局面驱使娱乐节目生产者开始从身体游戏的反面——知识竞答游戏中去制造娱乐。知识竞答游戏显然是以传播知识的方式对一味沉湎于娱乐的游戏节目的矫正。之后，真人秀节目发展过程中，由一开始的表演选秀节目一枝独秀，到后来推出相亲型、职业技能型等生活服务型节目，这种贴近生活、追求实用的变化，其实也是一种自发行为。这意味着，市场自身有一种自我修复和更新功能。

但是，仅仅依靠市场自身的力量是不可能保证娱乐节目价值取向一直平衡发展的。我们看到，2013年之前，无论哪种类型的真人秀，都完全为经济价值取向所左右，审美取向陷入浮夸、虚幻的唯真主义状态；社会价值取向开始一味地由个体价值主导，这种状况则可能会诱发"包法利主义"的盛行，让社会大众沉溺于对难以抵达的社会阶层的想象中。而电视娱乐节目作为电视媒体占领市场的主要手段，遵从的永远是利益最大化原则，在竞争愈来愈激烈的背景下，单纯依据市场自身的调节功能，难以扭转其价值取向的单一、失衡状态，因此行政手段的干预是必要的。而且事实证明，行政干预的确改变了娱乐节目价值取向失衡局面。虽然有研究者认为，2013年以来，电视娱乐节目对社会效益的重视只是应对行政干预的策略，许多娱乐节目的社会价值取向只是在做表面文章，是权宜之计；但无论如何，由于对社会大众直接产生影响的是娱乐节目文本本身，当文本自身面对各种人际关系表现出了对真诚、节约、诚信、和谐等主流价值观的明确倾向，表现出了对集体价值、社会价值取向的追求，无疑是值得肯定的，客观上也是电视媒体开始担当社会责任的一种体现。因此，在传媒产业化成为趋势，当经济价值取向无可避免地成为一种主导性的价值取向时，行政干预是促使媒体自律，保证其能够承担社会责任，避免价值失衡的必要手段。

参考文献

［1］［英］尼克·库尔德里. 媒介仪式［M］. 崔玺，译. 北京：中国人民大学出版社，2016：5.

［2］［55］［58］周志强. 从"娱乐"到"傻乐"——论中国大众文化的去政治化［J］. 天津大学学报（社会科学版），2010：37—43.

［3］［20］孙宝国. 电视娱乐节目形态分析［J］. 现代传播——中国传媒大学学报，2009（05）：61—63，20—23.

［4］张海潮. 中国电视节目分类体系［M］. 北京：中国传媒大学出版社，2007：97—98.

［5］徐舫州，徐帆. 电视节目类型学［M］. 杭州：浙江大学出版社，2006：33.

［6］胡智锋. 电视节目策划学［M］. 上海：复旦大学出版社，2014：94—99.

［7］张国涛. 电视综艺的观念演变［J］. 现代传播——中国传媒大学学报，2005（06）：65—68.

［8］俞虹. 当代社会阶层变迁与电视传播价值取向［J］. 现代传播，2002（12）.

［9］［26］游洁. 从《寻找金花》看电视媒体的价值抉择［J］. 中国广播电视学刊，2005（09）：34—35.

［10］［11］兰久富. 重新厘定价值哲学的研究对象——兼论价值关系说是一种狭义价值论［J］. 北京师范大学学报（社会科学版），2013（06）：64—69.

［12］［13］［14］［15］李德顺. 价值论［M］. 北京：中国人民大学出版社，2013：69—75，77—83，56—69，77—83.

［16］［英］大卫·麦克奎恩. 理解电视［M］. 苗棣，赵长军，李黎丹，译.

北京：华夏出版社，2003：4.

[17] 张振，张帆，黄亮，袁博，王益文. 决策中社会价值取向的理论与测评方法 [J]. 心理科学发展，2014（01）：48—56.

[18] [21] [法] 皮埃尔·布尔迪厄. 关于电视 [M]. 许钧，译. 南京：南京大学出版社，2011：64—65，133.

[19] 叶朗. 美学原理 [M]. 北京：北京大学出版社，2009：320.

[20] 孙宝国. 中国电视娱乐节目形态学 [M]. 北京：新华出版社，2009：20—23.

[22] [德] 伽达默尔. 真理与方法 [M]. 洪汉鼎，译. 北京：商务印书馆，2009：8—9.

[23] 李显杰. 论中国当代电视文艺的价值取向与价值实现 [J]. 华中师范大学学报（人文社科版），2002（05）：88—93.

[24] 梅明丽. 内容价值体系的重构——对当前电视娱乐节目定位的思考 [J]. 当代传播（汉文版），2012（03）：102—105.

[25] 郭薇薇. 电视娱乐节目的价值概念辨析 [J]. 消费导刊，2009（13）：201—202.

[26] 王俊华. 大众传媒价值取向对青少年的影响研究 [J]. 河北师范大学学报（社会哲学版），2007（05）.

[27] 罗治林. 对当下电视娱乐节目失范的哲学思考 [J]. 当代电视，2011（01）.

[28] 邵培仁，潘祥辉. 论中国电视娱乐节目的困境与出路 [J]. 嘉兴学院学报，2005（09）：5—10.

[29] 蒋佶成. 电视娱乐节目的价值定位与社会责任 [J]. 青年记者，2010（20）.

[30] 欧阳宏生，徐明卿，张雯雯. 综艺节目的"盛宴"与隐忧 [J]. 中国电视，2014（02）：19—22.

[31] 阮碧辉. 电视娱乐节目的价值偏离与价值重构 [J]. 中国电视，2017（01）：103—105.

[32] 梁媛媛. 当代电视娱乐节目价值取向问题研究 [D]. 武汉：华中科技大学，2012.

[33] 郑向荣. 内容规制的政策效应与电视综艺娱乐节目的生态转型 [J]. 中国电视, 2014 (02): 28—31.

[34] 纪楠. "后娱乐"时代电视节目的创新发展——以江苏卫视《最强大脑》为例 [J]. 青年记者, 2014 (23): 80—81.

[35] 胡智锋, 刘俊. 2012年中国电视文艺的几大亮点及几点思考 [J]. 艺术百家, 2013 (01): 42—47.

[36] 周欣. "限娱令"下江苏卫视的转型 [J]. 青年记者, 2012 (11): 68—69.

[37] 曾学远, 陈四芳. "限娱令"下省级卫视的节目创新趋向 [J]. 当代电视, 2012 (08): 50—52.

[38] 匡野, 陆地. 电视媒介如何成为传统文化的有效传播载体——以《成语英雄》为例 [J]. 传媒, 2016 (06): 67—69.

[39] 任媛媛. "限娱令"的政策效应与电视业的生态转型 [J]. 青年记者, 2012 (12): 66—67.

[40] 陈虹. 电视节目形态: 创新的观点 [M]. 上海: 复旦大学出版社, 2013: 35—42.

[41] 陈序. 娱乐模式: 从明星表演到百姓游戏——浅析中国电视娱乐节目的四个阶段 [J]. 新闻记者, 2005 (02): 71—73.

[42] [46] 郭镇之. 中国电视史 [M]. 北京: 文化艺术出版社, 1997: 44, 45—47.

[43] [44] [45] [52] [53] 赵化勇主编. 中央电视台发展史 (1958—1997) [M]. 北京: 中国广播电视出版社, 2008: 210, 286—287, 209, 211—212, 388—389.

[47] 朱林, 徐晶. 不是每档节目都能称为"现象级" [J]. 声屏世界, 2016 (09).

[48] 黄晓阳. 魏文彬和他的电视湘军 [M]. 北京: 新华出版社, 2006: 121.

[49] 林涛. 同病相怜——对比"综艺大观"和"春节晚会", http://www.bitauto.com/chunwan/lijie/1751.html, 2009年12月29日.

[50] 汪晖, 许燕. "去政治化的政治"与大众传媒的公共性——汪晖教授

访谈［J］. 甘肃社会科学，2016（07）.

［51］新华网. 央视《综艺大观》改版［J］. 新闻实践，2003（05）：49.

［54］［59］［64］［79］［88］［美］约翰·菲斯克. 电视文化［M］. 王晓钰，译. 北京：商务印书馆，2005：392，393，51—58，396.

［56］［69］［71］［荷］约翰·胡伊青加. 游戏的人［M］. 北京：北京大学出版社，2014：55，56，9.

［57］董虫草. 自由论的游戏理论：从自为论与和谐论到自足论［J］. 学术研究，2006（11）：21—26.

［60］尹鸿，冉儒学，陈虹. 娱乐旋风［M］. 北京：中国广播电视出版社，2006：46—50.

［61］［英］斯图尔特·霍尔. 表征：文化表象与意指实践［M］. 北京：商务印书馆，2003：62.

［62］杨婧岚，欧阳宏生. 感性与智性：电视娱乐的文化生产［J］. 现代传播，2014（10）：66—71.

［63］［66］［101］［法］让·鲍德里亚. 消费社会［M］. 刘成富，全志钢，译. 南京：南京大学出版社，2008：66，50—59，66.

［65］董华峰，余香凝. 电视真人秀节目：一种电视节目的形式乌托邦——基于节目生产者视角的真人秀节目形式分析［J］. 新闻界，2017（05）：81—85.

［67］［英］理查德·戴尔. 明星［M］. 严敏，译. 北京：北京大学出版社，2010：15—16.

［68］［81］刘俊，胡智锋. 多元类型的"井喷"：综艺节目内容生产的新景观［J］. 中国电视，2015（02）：22—25.

［70］［72］［法］爱弥儿·涂尔干. 宗教生活的基本形式［M］. 北京：商务印书馆，2011：46，521.

［73］［美］利奥·洛文塔尔. 文学、通俗文化和社会［M］. 甘锋，译. 北京：中国人民大学出版社，2012：155.

［74］胡智锋. 广播电视艺术教育回顾、现状与展望［J］. 艺术教育，2003（03）：14—15.

［75］［76］孙立平. 90年代中期以来中国"断裂的社会"之演变前景，http：//www. aisixiang. com/data/3089. html，2004年6月.

[77] [82] 宋惠昌. 论集体主义的历史特征及其生命力——从集体主义与个人主义的关系说起 [J]. 伦理学研究, 2007 (05): 31—35.

[78] 钟敬文. 论娱乐 [J]. 浙江学刊, 1999 (05): 92—95.

[80] 谢耘耕, 陈虹. 中国真人秀节目发展报告 [J]. 新闻界, 2006 (02): 6—12.

[83] 傅诚祥. 大众文化的审美品格与文化伦理 [J]. 文学评论, 2009 (03): 191—194.

[84] 马冀. 中国当代电视娱乐节目的审美价值取向研究 [J]. 视听, 2017 (04): 23—24.

[85] 郑根成. 电视节目低俗化的深层反思 [J]. 湖南大学学报（社会科学版), 2013 (02): 155—160.

[86] 邱正伦. 审美价值取向研究 [M]. 北京: 文化艺术出版社, 2007: 59.

[87] 侯一凡. 电视真人秀节目的价值取向研究 [D]. 济南: 山东师范大学, 2017.

[89] 董华峰, 李茜. 电视真人秀节目中的"后台"情境研究 [J]. 中国电视, 2016 (12): 64—68.

[90] 张云平. 原生态文化的界定及其保护 [J]. 云南民族大学学报, 2006 (04).

[91] [92] 高鑫. "超级女声": 电视本体理念的思考 [J]. 现代传播, 2005 (06): 57—61.

[93] [德] 卡尔·曼海姆. 意识形态与乌托邦 [J]. 北京: 商务印书馆, 2014.

[94] [法] 阿兰·布洛萨. 福柯的异托邦哲学及其问题 [J]. 清华大学学报, 2015 (05): 155—163.

[95] [法] 福柯. 另类空间 [J]. 王喆, 译. 世界哲学, 2006 (06): 52—57.

[96] 剧星智库-YST. 卫视慢综艺, 如何在 2018 年继续风生水起? https://www.sohu.com/a/204150664_570245, 2017 年 11 月 14 日.

[97] 黎民. 中国社会价值取向的变化与社会的协调发展 [J]. 求索, 1994:

67—71.

［98］廖小平，成海鹰. 改革开放以来中国社会价值取向的变迁［J］. 湖南师范大学社会科学学报，2005（11）：12—16.

［99］赵孟营. 跨入现代之门：当代中国的社会价值观报告［M］. 北京：北京师范大学出版社，2008.

［100］［英］迈克·费瑟斯通. 消费文化与后现代主义［M］. 刘精明，译. 南京：译林出版社，2000：34.

附 录

附录 1 2003—2020 年五大省级卫视真人秀节目统计

节目类型	年份	节目名称	播出频道	播出状态	播出时间	停播时间
表演选秀型	2004	《我型我秀》（六季）	东方卫视	停播	2004.4.1	2009
		《超级女声》（三季，第四季改网综）	湖南卫视	停播	2004.5.10	2006.9.29
		《谁是英雄》	湖南卫视	停播	2004.5.22	2008.3.27
	2005	《大红鹰天生我才》	浙江卫视	停播	2005.6.11	2005.12.10
	2006	《绝对唱响》	江苏卫视	停播	2006	2009
		《奇开得胜》	浙江卫视	停播	2006	未知
		《民星大行动》	东方卫视	停播	2006.1.8	未知
		《红楼梦中人》	北京卫视	停播	2006.8.21	2007.6.9
		《加油！好男儿》（两季）	东方卫视	停播	2006.8.26	2007.9.22
		《舞林大会》（五季）	东方卫视	停播	2006.10.6	2012.5.1

节目类型	年份	节目名称	播出频道	播出状态	播出时间	停播时间
表演选秀型	2007	《非常有戏》	东方卫视	停播	2007.1.12	2007.4.27
		《我要跳舞》	北京卫视	停播	2007.6.23	2007.8.25
		《舞动奇迹》	湖南卫视	停播	2007.9.20	2011.7.3
		《我爱记歌词》	浙江卫视	停播	2007.9.30	2014.6.29
	2008	《我是冠军》	湖南卫视	停播	2008.9.20	2008.11.15
		《智勇大冲关》（三季）	湖南卫视	停播	2008.9.22	2011.9.28
		《爱唱才会赢》（后改版更名为《争分夺秒》）	浙江卫视	停播	2008.11.22	2010.10.31
		《挑战麦克风》	湖南卫视	停播	2008.12.1	2011.9.19
	2009	《我是大评委》	浙江卫视	停播	2009.1.24	2010.3.27
		《我舞青春》	江苏卫视	停播	2009.3.1	2009.5.2
		《金牌魔术团》	湖南卫视	停播	2009.4.12	2009.7.5
		《爽食行天下》	浙江卫视	停播	2009.4.17	2014.6.25
		《一呼百应》	湖南卫视	停播	2009.4.26	2010.11.7
		《快乐女声》（两季）	湖南卫视	停播	2009.5.19	2011.9.21
		《越跳越美丽》	浙江卫视	停播	2009.5.21	2012.8.12
		《咪咕明星学院》	东方卫视	停播	2009.12.18	2010.3.26
		《K歌之王》	江苏卫视	停播	2009	未知
	2010	《谁笑到最后》	浙江卫视	停播	2010.1.6	2010.10.20
		《争分夺秒》	湖南卫视	停播	2010.1.7	2010.2.25
		《节节高声》	湖南卫视	停播	2010.1.7	2010.3.11
		《芒果训练营》	湖南卫视	停播	2010.1.10	2010.3.28
		《胜利百分百》	北京卫视	停播	2010.5.8	2010.7.31
		《非同凡响》	浙江卫视	停播	2010.7.23	2011.9.24
		《中国达人秀》（六季）	东方卫视	停播	2010.7.25	2019.10.20

续表

节目类型	年份	节目名称	播出频道	播出状态	播出时间	停播时间
表演选秀型	2010	《家有好男儿》	东方卫视	停播	2010. 10. 30	2011. 4. 3
		《婚姻保卫战》	浙江卫视	停播	2010. 11. 14	2012. 10. 16
	2011	《欢乐奇妙夜》	浙江卫视	停播	2011. 1. 1	2012. 3. 7
		《喜剧之王》	湖南卫视	停播	2011. 1. 6	2015. 2. 1
		《天下达人秀》	浙江卫视	停播	2011. 1. 6	2011. 7. 7
		《非凡秀》	北京卫视	停播	2011. 1. 25	2011. 9. 6
		《喜剧世界》	北京卫视	停播	2011. 2. 6	2011. 6. 19
		《中国梦想秀》（十季）	浙江卫视	停播	2011. 4. 2	2018. 5. 20
		《我心唱响》	东方卫视	停播	2011. 5. 7	2012. 4. 19
		《想唱就唱》	湖南卫视	停播	2011. 5. 12	2013. 9. 27
		《非凡十分》	江苏卫视	停播	2011. 7. 5	2011. 10. 24
		《奇妙见面会》	浙江卫视	停播	2011. 7. 14	2012. 3. 1
	2012	《梦想八分钟》	浙江卫视	停播	2012. 3. 19	2012. 12. 27
		《声动亚洲》	东方卫视	停播	2012. 7. 11	2012. 9. 19
		《百变大咖秀》（五季）	湖南卫视	停播	2012. 7. 12	2014. 4. 17
		《中国好声音》（七季，第五、六季名为《中国新歌声》）	浙江卫视	停播	2012. 7. 13	2018. 10. 7
		《舞动好声音》	浙江卫视	停播	2012. 8. 19	2012. 12. 23
		《妈妈咪呀》（五季）	东方卫视	停播	2012. 9. 8	2017. 5. 27
		《女人如歌》	湖南卫视	停播	2012. 9. 21	2012. 11. 22
		《谁是女主角》	浙江卫视	停播	2012. 12. 6	2013. 3. 7

节目类型	年份	节目名称	播出频道	播出状态	播出时间	停播时间
表演选秀型	2013	《我是歌手》（八季，第五季起更名为《歌手》）	湖南卫视	停播	2013.1.18	2020.4.24
		《一起唱吧》	北京卫视	停播	2013.1.20	2013.12.31
		《舞林争霸》	东方卫视	停播	2013.2.16	2013.5.12
		《中国最强音》	湖南卫视	停播	2013.4.5	2013.6.28
		《中国星跳跃》	浙江卫视	停播	2013.4.6	2013.6.8
		《星跳水立方》	江苏卫视	停播	2013.4.7	2013.6.14
		《中国梦之声》（两季）	东方卫视	停播	2013.5.18	2014.12.14
		《谁是大擂主》	东方卫视	停播	2013.6.11	2014.2.18
		《最美和声》（三季）	北京卫视	停播	2013.7.20	2015.8.1
		《我不是明星》	浙江卫视	停播	2013.8.26	2015.11.30
		《全民奥斯卡》	浙江卫视	停播	2013.10.17	2013.12.26
	2014	《宝贝大猜想》	浙江卫视	停播	2014.1.2	2014.3.27
		《奇舞飞扬》	湖南卫视	停播	2014.1.7	2014.6.24
		《十足女神FAN》	浙江卫视	停播	2014.1.7	2014.9.23
		《中国喜剧星》	浙江卫视	停播	2014.1.10	2014.4.4
		《我爱好声音》	浙江卫视	停播	2014.1.26	2014.4.12
		《我们都爱笑》（三季）	湖南卫视	停播	2014.2.15	2015.12.27
		《不朽之名曲》	东方卫视	停播	2014.3.1	2014.3.29
		《笑傲江湖》（三季）	东方卫视	停播	2014.3.16	2016.10.9
		《中国好舞蹈》	浙江卫视	停播	2014.4.19	2014.7.5
		《星剧社》	湖南卫视	停播	2014.4.24	2014.5.22
		《我们一起来》	东方卫视	停播	2014.6.28	2014.8.16

续表

节目类型	年份	节目名称	播出频道	播出状态	播出时间	停播时间
表演选秀型	2014	《我是演说家》（四季）	北京卫视	停播	2014.10.4	2018.3.10
		《奔跑吧兄弟》（九季，第五季起更名为《奔跑吧》）	浙江卫视	停播	2014.10.10	2021.7.16
		《星星的密室》（两季）	浙江卫视	停播	2014.10.19	2015.12.27
		《与星共舞》	东方卫视	停播	2014.12.21	2015.3.8
		《中国笑点》	北京卫视	停播	2014.12.30	2015.3.3
	2015	《造梦者》	北京卫视	停播	2015.1.9	2015.4.17
		《掌声响起来》	浙江卫视	停播	2015.1.29	2015.4.9
		《我看你有戏》	浙江卫视	停播	2015.2.6	2015.5.2
		《音乐大师课》（三季）	北京卫视	停播	2015.3.21	2017.8.13
		《青春练习生》	浙江卫视	停播	2015.4.16	2015.7.2
		《欢乐喜剧人》（七季）	东方卫视	停播	2015.4.25	2021.3.28
		《极限挑战》（七季）	东方卫视	停播	2015.6.14	2021.6.20
		《蒙面歌王》（第二季更名《蒙面唱将猜猜猜》）	江苏卫视	停播	2015.7.19	2021.1.17
		《梦想合伙人》	北京卫视	停播	2015.7.22	2015.10.28
		《真心英雄》	江苏卫视	停播	2015.7.24	2015.10.23
		《歌手是谁》	北京卫视	停播	2015.8.8	2015.10.31
		《挑战者联盟》（三季）	浙江卫视	停播	2015.9.12	2017.9.16

节目类型	年份	节目名称	播出频道	播出状态	播出时间	停播时间
表演选秀型	2015	《全员加速中》（两季）	湖南卫视	停播	2015.11.6	2016.7.15
		《燃烧吧！少年》	浙江卫视	停播	2015.11.21	2016.2.6
		《中国之星》	东方卫视	停播	2015.11.21	2016.2.20
	2016	《绿茵继承者》	浙江卫视	停播	2016.1.7	2016.3.17
		《二十四小时》（三季）	浙江卫视	停播	2016.1.22	2018.4.14
		《王牌对王牌》（三季）	浙江卫视	停播	2016.1.29	2018.5.1
		《蜜蜂少女队》	浙江卫视	停播	2016.3.12	2016.5.28
		《娜就这么说》	东方卫视	停播	2016.3.12	2016.6.4
		《看见你的声音》	江苏卫视	停播	2016.3.27	2016.6.12
		《非凡搭档》	江苏卫视	停播	2016.4.8	2016.7.8
		《笑傲帮》	东方卫视	停播	2016.4.15	2016.7.1
		《我想和你唱》（三季）	湖南卫视	停播	2016.5.7	2018.7.13
		《跨界歌王》（五季）	北京卫视	停播	2016.5.28	2020.10.1
		《加油！美少女》	东方卫视	停播	2016.6.11	2016.8.27
		《盖世英雄》	江苏卫视	停播	2016.6.19	2016.9.4
		《赢在中国2016》	北京卫视	停播	2016.7.7	2016.12.18
		《我们战斗吧》	江苏卫视	停播	2016.7.15	2016.9.30
		《夏日甜心》	湖南卫视	停播	2016.7.30	2016.10.8
		《中国冠军范》	浙江卫视	停播	2016.8.8	2016.9.5
		《跨界喜剧王》（五季）	北京卫视	停播	2016.9.3	2021.4.24
		《喜剧总动员》（两季）	浙江卫视	停播	2016.9.10	2018.1.20

续表

节目类型	年份	节目名称	播出频道	播出状态	播出时间	停播时间
表演选秀型	2016	《天籁之战》（两季）	东方卫视	停播	2016.10.16	2018.1.13
		《我是创始人》	浙江卫视	停播	2016.10.27	2017.1.19
		《梦想的声音》（两季）	浙江卫视	停播	2016.11.4	2018.1.19
		《笑星闯地球》	东方卫视	停播	2016.11.26	2017.2.25
	2017	《跨界冰雪王》	北京卫视	停播	2017.1.7	2017.4.9
		《厉害了！我的歌》	北京卫视	停播	2017.1.13	2017.4.21
		《为你而来》	湖南卫视	停播	2017.2.9	2017.4.13
		《高能少年团》（两季）	浙江卫视	停播	2017.4.1	2018.7.14
		《天生是优我》	浙江卫视	停播	2017.4.1	2017.6.3
		《金曲捞》（两季）	江苏卫视	在播	2017.4.14	播出中
		《笑声传奇》	东方卫视	停播	2017.4.16	2017.7.2
		《歌声的翅膀》	江苏卫视	停播	2017.4.30	2017.7.2
		《挑战的法则》	东方卫视	停播	2017.6.9	2017.7.8
		《来吧，兄弟》	江苏卫视	停播	2017.7.7	2017.9.22
		《演员的诞生》（三季，第二季更名《我就是演员》）	浙江卫视	停播	2017.10.28	2021.3.6
		《不凡的改变》	江苏卫视	停播	2017.10.29	2017.12.10
		《舞力觉醒》	北京卫视	停播	2017.11.17	2018.2.9
	2018	《声临其境》（三季）	湖南卫视	停播	2018.1.6	2020.4.11
		《异口同声》	浙江卫视	停播	2018.2.17	2018.5.12
		《无限歌谣季》	江苏卫视	停播	2018.4.21	2018.7.8

续表

节目类型		年份	节目名称	播出频道	播出状态	播出时间	停播时间
表演选秀型		2018	《嗨！唱起来》	江苏卫视	停播	2018.4.27	2018.7.13
			《最优的我们》	浙江卫视	停播	2018.6.2	2018.8.18
			《幻乐之城》	湖南卫视	停播	2018.7.20	2018.10.19
			《新舞林大会》	东方卫视	停播	2018.7.22	2018.9.30
			《相声有新人》	东方卫视	停播	2018.8.11	2018.10.27
			《声入人心》	湖南卫视	停播	2018.11.2	2019.10.4
		2019	《中歌会》	北京卫视	停播	2019.4.27	2019.6.29
			《音浪合伙人》	江苏卫视	停播	2019.9.14	2019.10.30
			《舞蹈风暴》（两季）	湖南卫视	停播	2019.10.5	2021.1.9
			《嗨唱转起来》	湖南卫视	停播	2019.10.18	2021.1.8
			《中国梦之声·我们的歌》（两季）	东方卫视	停播	2019.10.27	2020.12.27
		2020	《新声请指教》	浙江卫视	停播	2020.1.19	2020.4.19
			《天赐的声音》	浙江卫视	停播	2020.2.15	2021.4.2
			《笑起来真好看》	湖南卫视	停播	2020.5.8	2020.7.24
			《舞者》	东方卫视	停播	2020.5.23	2020.8.8
			《运动吧少年》	湖南卫视	停播	2020.7.11	2020.9.26
			《蒙面舞王》	江苏卫视	在播	2020.8.16	播出中
生活服务型	异性约会型	2006	《男生女生》	江苏卫视	停播	2006	未知
		2009	《我们约会吧》	湖南卫视	停播	2009.12.24	2014.12.23
		2010	《幸福晚点名》（两季）	江苏卫视	停播	2010.1.11	2011.3.17
			《非诚勿扰》	江苏卫视	在播	2010.1.15	播出中
			《为爱向前冲》	浙江卫视	停播	2010.3.30	2010.6.2
			《爱情传送带》	江苏卫视	停播	2010.5.29	2011.7.23
			《百里挑一》	东方卫视	停播	2010.6.4	2015.7.9

续表

节目类型		年份	节目名称	播出频道	播出状态	播出时间	停播时间
生活服务型	异性约会型	2010	《欢喜冤家》	江苏卫视	停播	2010.9.16	2011.12.22
			《老公看你的》（两季）	江苏卫视	停播	2010.9.24	2011.8.19
			《爱情连连看》	浙江卫视	停播	2010.11.16	2014.1.1
		2011	《谁能百里挑一》	东方卫视	停播	2011.1.6	2014.12.25
			《称心如意》	湖南卫视	停播	2011.3.9	2012.5.27
			《不见不散》	江苏卫视	停播	2011.6.27	2011.12.26
		2012	《恋爱兵法》	湖南卫视	停播	2012.10.8	2012.11.12
		2013	《转身遇到TA》	浙江卫视	停播	2013.1.26	2013.9.28
		2015	《我们相爱吧》（三季）	江苏卫视	停播	2015.4.19	2017.9.10
			《原来是你》	江苏卫视	停播	2015.10.14	2015.11.25
			《女婿上门了》	江苏卫视	停播	2015.11.1	2016.1.17
		2016	《中国式相亲》	东方卫视	在播	2016.12.24	播出中
		2017	《非诚勿扰》	江苏卫视	在播	2010.1.15	播出中
			《我们相爱吧》	江苏卫视	停播	2015.4.19	2017.9.10
			《中国式相亲》	东方卫视	在播	2016.12.24	播出中
			《为你而来》	湖南卫视	停播	2017.2.9	2017.4.13
		2018	《非诚勿扰》	江苏卫视	在播	2010.1.15	播出中
			《中国新相亲》	东方卫视	停播	2018.1.20	2018.4.28
			《新相亲时代》	江苏卫视	在播	2018.3.25	播出中
		2019	《新相亲大会》	江苏卫视	停播	2019.1.6	2019.4.14
			《恋梦空间》	湖南卫视	停播	2019.1.10	2019.7.25
			《遇见你真好》	浙江卫视	停播	2019.1.25	2019.4.13
			《我家小两口》	湖南卫视	停播	2019.7.6	2019.9.21
			《我们恋爱吧》（两季）	江苏卫视	停播	2019.9.6	2019.11.25
		2020	《一键倾心》	湖南卫视	在播	2020.4.15	播出中

节目类型		年份	节目名称	播出频道	播出状态	播出时间	停播时间
生活服务型	职业应试型	2005	《创智赢家》	东方卫视	停播	2005.9.1	2007.2.3
		2010	《职场大民星》	湖南卫视	停播	2010.1.3	2010.11.7
			《中华绝技108》	湖南卫视	停播	2010.3.27	2010.5.1
			《以一敌百》	湖南卫视	停播	2010.5.13	2010.12.23
			《寻找杜拉拉》	东方卫视	停播	2010.7.12	2010.7.28
		2012	《就等你来》	北京卫视	停播	2012.5.18	2012.12.21
		2017	《创意中国》（两季）	北京卫视	停播	2017.11.19	2019.1.16
		2019	《功夫学徒》	湖南卫视	停播	2019.9.16	2019.11.18
			《老总来了》	东方卫视	停播	2019.12.28	2019.11.23
		2020	《花样实习生》	东方卫视	停播	2020.7.10	2020.10.2
			《我们签约吧》	江苏卫视	停播	2020.8.7	2020.10.9
	生活技艺型	2008	《魔法天裁》	浙江卫视	停播	2008.9.15	2010.6.20
		2010	《我是大美人》	湖南卫视	在播	2010.1.24	播出中
			《谁是创意王》	江苏卫视	停播	2010.11.10	2010.12.15
		2011	《天才会美丽》	江苏卫视	停播	2011.1.14	2011.4.15
			《加油老爸》	东方卫视	停播	2011.1.15	2011.4.24
			《星厨大战》	东方卫视	停播	2011.2.22	2011.5.4
			《就是爱漂亮》	东方卫视	停播	2011.11.14	2012.7.25
		2012	《开心大买卖》	浙江卫视	停播	2012.1.15	2012.4.29
			《单身厨房》	湖南卫视	停播	2012.1.18	2012.9.11
			《1001个假象》	东方卫视	停播	2012.2.4	2012.10.13
			《顶级厨师》（两季）	东方卫视	停播	2012.7.29	2013.4.4
		2013	《成长不烦恼》	江苏卫视	停播	2013.2.12	2013.10.8
			《时尚装苑》	北京卫视	停播	2013.3.13	2013.10.21
			《人生第一次》（两季）	浙江卫视	停播	2013.7.17	2014.3.29

续表

节目类型		年份	节目名称	播出频道	播出状态	播出时间	停播时间
生活服务型	生活技艺型	2013	《盛女大作战》	东方卫视	停播	2013.10.3	2014.1.16
			《我是大医生》	北京卫视	在播	2013.10.10	播出中
			《我爱中国味》	北京卫视	停播	2013.10.25	2014.9.15
		2014	《狗狗冲冲冲》	东方卫视	停播	2014.1.8	2014.4.16
			《妈妈听我说》（两季）	北京卫视	停播	2014.6.29	2015.12.28
			《十二道锋味》（四季）	浙江卫视	停播	2014.7.12	2018.2.24
			《梦想改造家》（七季）	东方卫视	在播	2014.7.30	播出中
			《星厨驾到》（三季）	江苏卫视	停播	2014.8.20	2016.9.13
			《女神的新衣》（三季，第二季更名《女神新装》，第三季《我的新衣》）	东方卫视	停播	2014.8.23	2016.11.19
			《勇敢的心》	北京卫视	停播	2014.9.28	2014.12.25
			《巅峰拍档》	东方卫视	停播	2014.11.12	2015.12.21
			《急诊室故事》（两季）	东方卫视	停播	2014.12.26	2016.6.6
		2015	《全是你的》	北京卫视	停播	2015.1.4	2015.12.27
			《天生我有才》	浙江卫视	停播	2015.2.8	2015.5.3
			《幸福的味道》（两季）	北京卫视	停播	2015.7.7	2016.8.14
			《暖暖的新家》（七季）	北京卫视	在播	2015.7.10	播出中
			《报告！教练》	东方卫视	停播	2015.7.17	2015.10.9
			《加油小当家》	江苏卫视	停播	2015.11.15	2016.1.3

节目类型		年份	节目名称	播出频道	播出状态	播出时间	停播时间
生活服务型	生活技艺型	2015	《传承者》（两季）	北京卫视	停播	2015.11.28	2016.12.4
			《减出我人生》（两季）	江苏卫视	停播	2015.12.16	2017.7.6
		2016	《燃烧吧！卡路里》	东方卫视	停播	2016.3.29	2016.5.31
			《来吧冠军》（两季）	浙江卫视	停播	2016.4.3	2017.7.23
			《透鲜滴星期天》	湖南卫视	停播	2016.4.24	2016.7.10
			《熟悉的味道》（三季）	浙江卫视	停播	2016.6.18	2018.8.12
			《疯狂的冰箱》	东方卫视	停播	2016.9.23	2018.5.12
			《食在囧途》	浙江卫视	停播	2016.12.10	2017.3.4
		2017	《哎哟，你真美》	北京卫视	停播	2017.1.10	2017.4.11
			《全能宅急变》	浙江卫视	停播	2017.5.9	2017.8.1
			《厉害了奶爸》	北京卫视	停播	2017.5.23	2017.9.5
			《中餐厅》（两季）	湖南卫视	停播	2017.7.22	2018.10.5
			《但愿人长久》（两季）	北京卫视	停播	2017.8.20	2018.8.19
			《儿行千里》	湖南卫视	停播	2017.8.27	2017.10.29
			《生活相对论》	北京卫视	在播	2017.9.16	播出中
			《亲爱的客栈》	湖南卫视	停播	2017.10.7	2017.12.23
			《超凡魔术师》	江苏卫视	停播	2017.10.13	2017.12.29
			《漂亮的房子》	浙江卫视	停播	2017.10.13	2018.1.7
			《拜见小师父》	东方卫视	停播	2017.10.21	2017.11.25
			《三个院子》	江苏卫视	停播	2017.12.17	2017.12.24

续表

节目类型		年份	节目名称	播出频道	播出状态	播出时间	停播时间
生活服务型	生活技艺型	2018	《我是大美人》	湖南卫视	在播	2010. 1. 24	播出中
			《最爱故乡味》	江苏卫视	停播	2018. 1. 25	2018. 3. 22
			《女人有话说》	浙江卫视	停播	2018. 3. 19	2018. 5. 28
			《熟悉的味道》（三季）	浙江卫视	停播	2018. 5. 27	2018. 8. 12
			《疯狂衣橱》（二季）	江苏卫视	在播	2018. 7. 15	播出中
			《中餐厅》	湖南卫视	在播	2018. 7. 20	播出中
			《美味猎手》	浙江卫视	停播	2018. 9. 6	2018. 11. 15
			《最美的时光》	江苏卫视	在播	2018. 11. 23	播出中
			《锋味》	浙江卫视	在播	2018. 11. 24	播出中
		2019	《大冰小将》	浙江卫视	停播	2019. 1. 12	2019. 3. 30
			《哈哈农夫》	湖南卫视	停播	2019. 3. 1	2019. 5. 29
			《向往的星居》	北京卫视	在播	2019. 4. 17	播出中
			《人生加减法》	东方卫视	在播	2019. 4. 18	播出中
			《百变达人》	江苏卫视	在播	2019. 4. 21	播出中
			《花样新世界》	东方卫视	停播	2019. 7. 5	2019. 10. 12
			《各位游客请注意》	浙江卫视	停播	2019. 8. 30	2019. 10. 25
			《漫游记》	浙江卫视	停播	2019. 11. 16	2020. 3. 14
			《亲爱的，来吃饭》	东方卫视	停播	2019. 12. 28	2020. 5. 23
		2020	《嘿！你在干吗呢》	湖南卫视	停播	2020. 2. 7	2020. 3. 8
			《鲜厨100》	湖南卫视	停播	2020. 5. 21	2020. 8. 6
			《婆婆和妈妈》	北京卫视	在播	2020. 5. 28	播出中
			《我在颐和园等你》	北京卫视	停播	2020. 7. 3	2020. 9. 4

节目 类型		年份	节目名称	播出频道	播出 状态	播出时间	停播时间
生活服务型	生活技艺型	2020	《新手驾到》	湖南卫视	停播	2020. 8. 13	2020. 11. 5
			《完美的夏天》	东方卫视	停播	2020. 8. 22	2020. 11. 7
			《谁知盘中餐》	湖南卫视	停播	2020. 8. 26	2020. 11. 26
			《哈哈哈哈哈》	东方卫视	停播	2020. 11. 6	2021. 1. 29
			《神奇公司在哪里》	东方卫视	停播	2020. 11. 6	2021. 1. 8
			《宝藏般的乡村》	浙江卫视	在播	2020. 12. 20	播出中
其他		2003	《夺宝奇兵》	浙江卫视	停播	2003	未知
		2006	《闪电星感动》	东方卫视	停播	2006. 1. 20	2011. 6. 23
			《变形计》（十三季）	湖南卫视	停播	2006. 9. 4	2017. 7. 8
		2007	《名师高徒》	江苏卫视	停播	2007. 1. 1	2010. 9. 10
			《勇往直前》（历时3年改版）	湖南卫视	停播	2007. 3. 16	2010. 12. 26
			《瘦身魔方》	湖南卫视	停播	2007. 10. 20	2009. 12. 1
		2008	《天天向上》	湖南卫视	在播	2008. 8. 4	播出中
			《我是达人》	湖南卫视	停播	2008. 9. 5	2008. 9. 19
		2009	《挑战百分百》	江苏卫视	停播	2009. 5. 17	2009. 6. 21
			《冲关我最棒》	浙江卫视	停播	2009. 7. 21	2013. 8. 15
			《真情耀中华》	北京卫视	停播	2009. 11. 16	2010. 12. 20
			《8090》	湖南卫视	停播	2009. 11. 30	2010. 12. 27
		2010	《我在你身边》	湖南卫视	停播	2010. 11. 11	2010. 12. 23
		2011	《非常了得》	江苏卫视	停播	2011. 6. 8	2014. 7. 9
			《帮助微力量》	湖南卫视	停播	2011. 6. 30	2011. 9. 29
			《都来爱梦》	江苏卫视	停播	2011. 7. 30	2012. 12. 29
			《卧底超模》	浙江卫视	停播	2011. 11. 28	2011. 12. 14

续表

节目类型	年份	节目名称	播出频道	播出状态	播出时间	停播时间
其他	2012	《脱颖而出》	江苏卫视	停播	2012. 1. 3	2012. 6. 25
		《心跳阿根廷》	浙江卫视	停播	2012. 1. 7	2012. 9. 20
		《背后的故事》	湖南卫视	停播	2012. 1. 8	2012. 6. 24
		《突出重围》	江苏卫视	停播	2012. 1. 9	2012. 2. 7
		《一站到底》	江苏卫视	在播	2012. 3. 2	播出中
		《花样年华》（两季）	江苏卫视	停播	2012. 4. 3	2014. 8. 21
		《梦立方》（两季）	东方卫视	停播	2012. 5. 13	2013. 9. 12
		《甲方乙方》	江苏卫视	停播	2012. 6. 5	2013. 1. 15
		《完美释放》	湖南卫视	停播	2012. 7. 2	2012. 8. 27
		《一座为王》	湖南卫视	停播	2012. 8. 1	2012. 8. 9
		《如鱼得水》	东方卫视	停播	2012. 8. 19	2012. 10. 21
		《谁与争锋》（两季）	湖南卫视	停播	2012. 9. 3	2013. 12. 23
		《非常不一班》	江苏卫视	停播	2012. 11. 2	2012. 12. 28
	2013	《王牌谍中谍》	浙江卫视	停播	2013. 1. 7	2014. 4. 3
		《芝麻开门》	江苏卫视	停播	2013. 1. 21	2018. 6. 26
		《天才知道》	江苏卫视	停播	2013. 5. 4	2014. 7. 16
		《男声学院》	湖南卫视	停播	2013. 6. 29	2013. 7. 7
		《赢在中国蓝天碧水间》	江苏卫视	停播	2013. 9. 16	2013. 12. 9
		《爸爸去哪儿》（三季，第四、第五季改网综）	湖南卫视	停播	2013. 10. 11	2015. 10. 30
		《全能星战》	江苏卫视	停播	2013. 10. 13	2013. 12. 20
		《星星知我心》	浙江卫视	停播	2013. 10. 23	2013. 11. 20
		《最美重聚》	北京卫视	停播	2013. 10. 25	2013. 12. 13
		《谁敢站出来》	浙江卫视	停播	2013. 10. 26	2013. 11. 23
		《星兵报到》	北京卫视	停播	2013. 12. 28	2014. 3. 8

节目类型	年份	节目名称	播出频道	播出状态	播出时间	停播时间
其他	2014	《最强大脑》（四季）	江苏卫视	停播	2014.1.3	2017.4.7
		《超级女兵》	江苏卫视	停播	2014.1.6	2014.3.24
		《私人订制》	北京卫视	停播	2014.2.16	2014.5.11
		《爸爸回来了》（两季）	浙江卫视	停播	2014.4.24	2015.7.25
		《带你看星星》	江苏卫视	停播	2014.4.24	2014.5.26
		《花儿与少年》（三季）	湖南卫视	停播	2014.4.25	2017.7.9
		《亲爱的加油》	湖南卫视	停播	2014.5.6	2014.7.15
		《花样爷爷》	东方卫视	停播	2014.6.15	2014.8.31
		《健康007》	浙江卫视	停播	2014.7.16	2014.10.15
		《爸爸回答吧》	浙江卫视	停播	2014.7.17	2014.10.9
		《梦想改造家》（四季）	东方卫视	停播	2014.7.30	2017.12.5
		《中华好故事》（五季）	浙江卫视	停播	2014.8.1	2017.12.17
		《明星到我家》	江苏卫视	停播	2014.10.10	2014.12.26
		《一年级》（三季）	湖南卫视	停播	2014.10.17	2017.1.14
		《因为是医生》	浙江卫视	停播	2014.10.22	2015.1.28
		《这就是生活》（两季，第二季更名为《精彩好生活》）	浙江卫视	停播	2014.10.23	2015.1.15
		《两天一夜》第二季（第一季四川卫视）	东方卫视	停播	2014.11.1	2015.1.17

节目类型	年份	节目名称	播出频道	播出状态	播出时间	停播时间
其他	2015	《超级战队》	江苏卫视	停播	2015.1.4	2015.3.29
		《一路上有你》（两季）	浙江卫视	停播	2015.1.10	2016.5.28
		《奇妙的朋友》	湖南卫视	停播	2015.1.24	2015.3.28
		《牵手爱情村》	浙江卫视	停播	2015.1.27	2015.4.28
		《噗通噗通的良心》	湖南卫视	停播	2015.2.4	2015.4.2
		《远方的爸爸》	江苏卫视	停播	2015.3.11	2015.4.9
		《花样姐姐》（三季，第三季更名为《旅途的花样》）	东方卫视	停播	2015.3.15	2017.9.2
		《为她而战》	江苏卫视	停播	2015.4.12	2015.7.5
		《前往世界的尽头》	江苏卫视	停播	2015.4.17	2015.7.3
		《真正男子汉》（两季）	湖南卫视	停播	2015.5.1	2017.1.19
		《好好学吧》	湖南卫视	停播	2015.5.3	2015.7.30
		《出发吧爱情》	浙江卫视	停播	2015.5.9	2015.7.29
		《极限勇士》	江苏卫视	停播	2015.6.9	2015.11.3
		《我们15个》	东方卫视	停播	2015.6.23	2015.10.30
		《壮志凌云》	江苏卫视	停播	2015.7.8	2015.9.30
		《全能极限王》	浙江卫视	停播	2015.7.15	2015.10.21
		《我去上学啦》第一季（第二季浙江卫视）	东方卫视	停播	2015.7.16	2015.10.8
		《偶像来了》（两季）	湖南卫视	停播	2015.7.25	2016.10.7
		《恋家有方》	湖南卫视	停播	2015.10.12	2015.12.30

续表

节目类型	年份	节目名称	播出频道	播出状态	播出时间	停播时间
其他	2015	《跟着贝尔去冒险》	东方卫视	停播	2015. 10. 16	2016. 1. 8
		《今天吃什么》	东方卫视	停播	2015. 10. 20	2016. 1. 12
		《西游奇遇记》	浙江卫视	停播	2015. 12. 12	2016. 3. 25
	2016	《二胎时代》	北京卫视	停播	2016. 1. 1	2016. 4. 8
		《妈妈的牵挂》	湖南卫视	停播	2016. 1. 3	2016. 4. 10
		《生命缘：怀孕爸爸》	北京卫视	停播	2016. 1. 5	2016. 4. 13
		《八八爸爸》	北京卫视	停播	2016. 1. 6	2016. 3. 30
		《四大名助》	东方卫视	停播	2016. 1. 7	2016. 12. 29
		《旋风孝子》	湖南卫视	停播	2016. 1. 23	2016. 4. 16
		《谁是大歌神》	浙江卫视	停播	2016. 3. 6	2016. 5. 15
		《鲁豫的礼物》第二季（第一季旅游卫视）	北京卫视	停播	2016. 4. 29	2016. 12. 12
		《老妈驾到》	江苏卫视	停播	2016. 5. 18	2016. 9. 8
		《花样男团》	东方卫视	停播	2016. 6. 18	2016. 9. 10
		《我去上学啦》第二季（第一季东方卫视）	浙江卫视	停播	2016. 6. 26	2016. 9. 18
		《说出我世界》	江苏卫视	停播	2016. 7. 3	2016. 9. 11
		《星球者联盟》	东方卫视	停播	2016. 7. 22	2016. 9. 9
		《长大成人》	北京卫视	停播	2016. 8. 3	2016. 10. 26
		《我们在一起》	江苏卫视	停播	2016. 9. 7	2016. 11. 30
		《今夜百乐门》	东方卫视	停播	2016. 9. 17	2016. 12. 20
		《2049 明珠号》	东方卫视	停播	2016. 11. 7	2016. 12. 19
		《我们十七岁》	浙江卫视	停播	2016. 12. 10	2017. 3. 11
		《我们的挑战》	江苏卫视	停播	2016. 12. 18	2017. 3. 5

续表

节目类型	年份	节目名称	播出频道	播出状态	播出时间	停播时间
其他	2017	《向往的生活》（两季）	湖南卫视	停播	2017.1.15	2018.7.6
		《越野千里》	东方卫视	停播	2017.2.3	2017.4.7
		《诗书中华》	东方卫视	停播	2017.4.14	2017.7.8
		《生活改造家》	东方卫视	停播	2017.4.20	2017.7.6
		《我想见到你》	北京卫视	停播	2017.5.5	2017.8.11
		《七十二层奇楼》	湖南卫视	停播	2017.5.5	2017.7.28
		《真星话大冒险》	浙江卫视	停播	2017.5.8	2017.7.24
		《念念不忘》	北京卫视	停播	2017.5.24	2017.7.5
		《青春旅社》	东方卫视	停播	2017.10.7	2018.1.7
		《小儿大医生》	浙江卫视	停播	2017.11.8	2018.1.28
	2018	《亲亲我的宝贝》	湖南卫视	在播	2018.1.1	播出中
		《足球解说大会》	江苏卫视	在播	2018.4.18	播出中
		《最优的我们2018》	浙江卫视	停播	2018.6.2	2018.8.18
		《少年说》	湖南卫视	在播	2018.6.11	播出中
		《向前一步》	北京卫视	停播	2018.6.29	2018.9.21
		《阅读·阅美》	江苏卫视	停播	2018.7.14	2018.9.29
		《这！就是灌篮》（四季）	浙江卫视	在播	2018.8.25	播出中
		《神气伙伴在哪里》	浙江卫视	停播	2018.9.9	2018.11.20
		《加油好身材2018》	浙江卫视	停播	2018.9.12	2018..11.21
		《上新了·故宫》（三季）	北京卫视	在播	2018.11.9	播出中
		《重量级改变》	江苏卫视	停播	2018.11.24	2019.9.23
		《没想到吧》	东方卫视	停播	2018.11.24	2019.2.9

续表

节目类型	年份	节目名称	播出频道	播出状态	播出时间	停播时间
其他	2019	《乡村合伙人》	湖南卫视	在播	2019.2.1	播出中
		《为你喝彩》	北京卫视	在播	2019.6.2	播出中
		《神气的汉字》	湖南卫视	在播	2019.6.10	播出中
		《遇见天坛》	北京卫视	停播	2019.8.30	2019.11.1
		《追我吧》	浙江卫视	停播	2019.11.8	2019.11.22
		《老师请回答》	北京卫视	在播	2019.12.16	播出中
		《从地球出发》	江苏卫视	在播	2019.12.20	播出中
		《我想开个店》	江苏卫视	停播	2019.12.20	2021.3.13
	2020	《了不起的长城》	北京卫视	停播	2020.1.4	2020.4.25
		《老师请回答》	北京卫视	在播	2020.2.4	播出中
		《朋友请听好》	湖南卫视	停播	2020.2.19	2020.5.27
		《巧手神探》	湖南卫视	停播	2020.4.18	2020.7.4
		《运动吧少年》	湖南卫视	停播	2020.7.11	2020.9.26
		《叮咚上线！老师好》	湖南卫视	停播	2020.7.20	2020.10.15
		《似是故人来》	江苏卫视	在播	2020.7.21	播出中
		《元气满满的哥哥》	湖南卫视	停播	2020.7.31	202010.2
		《青春在大地》	湖南卫视	停播	2020.8.30	2020.11.22
		《百分之二的爱》				
		《姐姐的爱乐之城》	湖南卫视	停播	2020.10.30	2021.1.27
		《从长江的尽头回家》	江苏卫视	停播	2020.12.4	2021.1.1

附录 2　2006—2020 年涉及"综艺节目"的相关规定

限娱令 颁布时间	文件名	文件内容	备注
2006 年 3 月		跨省赛事参赛选手必须年满18 岁。	这给了"超女"等选秀节目当头一棒。
2006 年 4 月		《超级女声》主持人不得有倾向性、要张扬主旋律。	
2007 年 2 月		港台主持人内地主持不得连续超过 3 期。	
2007 年 4 月	《广电总局关于同意湖南电视台举办 2007 年〈快乐男声〉活动的批复》	《快乐男声》活动要设计一些公益性内容，参赛曲目要积极健康，弘扬主旋律，提倡多样化；不要炒作各种所谓的内幕新闻、花边新闻以及歌迷、观众的狂热追捧等，防止负面效应。尽可能不出现落选歌手泪流满面、亲友抱头痛哭、歌迷狂热呼叫等场面和镜头。	
2007 年 8 月15 日		重庆电视台举办播出的群众参与的选拔类电视活动《第一次心动》严重偏离比赛宗旨，热衷制造噱头炒作活动，在评委选择、比赛环节、评委表现、歌曲内容、策划管理和播出监管等方面都出现了重大失误，损害了电视媒体形象，产生了不良社会影响，引起广大观众强烈反响。	国家广电总局下发通报，批评重庆电视台举办播出的《第一次心动》选拔活动严重违规行为。

限娱令 颁布时间	文件名	文件内容	备注
2007 年 8 月 23 日		总局认为此类节目"导向意识不强，画面血腥、恐怖、暴露、格调低下，且活动组织奢华铺张"。总局要求，各级广播电视播出机构一律不得策划、制作和播出群众参与的各类整容、变性节目（包括涉及变性的新闻、专题、访谈等各类节目），正在制作、播出的必须立即停止，违者追究广播电视行政部门和制作播出机构的责任。另外，侵犯个人隐私的节目和活动也被明令禁止制作、播出。	广电总局发布通知，叫停广东电视台女性整形真人秀节目《美丽新约》。
2008 年 7 月 28 日		除央视外，地方台节目尤其是娱乐节目一律禁用"奥运"字眼。	湖南卫视"奥运向前冲"被迫更名为"快乐向前冲"。
2008 年 12 月 25 日		禁止情感类节目低俗化。	广电总局向全国各地方台下发的一则"整改令"，此"整改令"也是继 2017 年"叫停"深圳卫视《超级情感对对碰》后，对低俗情感类节目的又一次严打。
2009 年 2 月		情感类节目禁止使用"测谎仪"。	

限娱令颁布时间	文件名	文件内容	备注
2009 年 4 月	《关于重申严禁炒作名人丑闻、绯闻、劣迹的通知》	严禁各类综艺、娱乐、访谈节目炒作名人绯闻秘史、劣迹丑闻，以净化荧屏声频，避免"有丑闻劣迹的名人"误导观众、听众。	
2010 年 6 月	《广电总局关于进一步规范婚恋交友类电视节目的管理通知》及《广电总局办公厅关于加强情感故事类电视节目管理的通知》	"严禁伪造嘉宾身份，欺骗电视观众""不得选择社会形象不佳或有争议的人物担当主持人""不得以婚恋的名义对参与者进行羞辱或人身攻击，甚至讨论低俗涉性内容，不得展示和炒作拜金主义等不健康、不正确的婚恋观""情感故事类节目不得展示丑恶、迷信；不得展示因亲情矛盾、家庭纠纷导致的极端行为、过激言论、'揭伤疤'或恶性案件；不得过分渲染悲情、阴暗、颓废心态"。	
2011 年 10 月	《关于进一步加强电视上星综合频道节目管理的意见》	对节目形态雷同，过多过滥的婚恋交友类、才艺竞秀类、情感故事类、游戏竞技类、综艺娱乐类、访谈脱口秀、真人秀等类型节目实行播出总量控制。每晚 19：30—22：00，全国电视上星综合频道播出上述类型节目总数控制在 9 档以内，每个电视上星综合频道每周播出上述类型节目总数不超过 2 档。每个电视上星综合频道每天 19：30—22：00 播出的上述类型节目时长不超过 90 分钟。全国卫视选秀节目一年加起来总量不超过 10 档，类型不得重复。	该文件被业界称为"限娱令"。经过广电总局的"限娱令"调控，在 2012 年，泛娱乐节目从 128 档减少到 40 多档，压缩了三分之二，留下来的都是质量较高的娱乐节目，而新闻类节目增加了 31 个，"限娱令"形成的客观效果使低俗节目得到了限制，因此，"限娱令"也被很多学者称为"限俗令"。

限娱令 颁布时间	文件名	文件内容	备注
2013 年 10 月 12 日	《关于做好 2014 年电视上星综 合频道节目编 排和备案工作 的通知》	1. 各电视上星综合频道每年播出的新引进境外版权模式节目不得超过 1 个，当年不得安排在 19：30—22：00 之间播出。 2. 每季度总局通过评议会择优选择一档歌唱类选拔节目安排在黄金时段播出，其余不得安排在 19：30—22：30 之间播出；总局将对电视晚会进行调控，原则上重要节假日期间每日不超过 3 台。 3. 凡拟在 2014 年 1 月 1 日起每天任何时段播出的新闻类、道德建设类、歌唱选拔类、晚会类、引进境外版权模式节目需要提前两个月申报备案；每天 19：30—22：00 播出的婚恋交友类、才艺竞秀类、情感故事类、游戏竞技类、综艺娱乐类、访谈脱口秀、真人秀等类型的节目，需按规定履行备案手续。	这个文件被媒体称为"加强版限娱令"。
2015 年 6 月	《关于进一步加强广播电视主持人和嘉宾使用管理的通知》	1. 严格执行主持人上岗管理规定。 2. 加强主持人职务行为信息管理。 3. 认真落实播前审查和重播重审制度。 4. 加强主持人和嘉宾教育培训。各广播电视机构要加强主持人马克思主义新闻观和文艺观教育，引导主持人积极参加"深入生活扎根人民"主题实践活动，推动主持人下基层制度化、常态化，不断提高主持人政治素养和专业素养。要做好嘉宾上岗培训，引导其提高思想觉悟，明确自身定	

限娱令颁布时间	文件名	文件内容	备注
2015 年 6 月	《关于进一步加强广播电视主持人和嘉宾使用管理的通知》	位，自觉遵守广播电视宣传管理有关规定。对季播节目中参加期数较多、相对固定的嘉宾要实施系统的培训。 5. 明确责任主体，确保落实到位。 6. 做好主持人资质清查和主持人、嘉宾管理制度建设工作。	
2015 年 7 月	《关于加强真人秀节目管理的通知》	1. 主动融入社会主义核心价值观，发挥好真人秀节目的价值引领作用。真人秀节目在策划和实施等各阶段，都要认真考虑通过环节规则、情境故事、人物言行等，生动活泼、活灵活现地体现社会主义核心价值观，告诉人们什么是应该肯定和赞扬的，什么是必须反对和否定的，做到春风化雨、润物无声。道德建设、情感婚恋等方面的真人秀节目，不能为吸引眼球而故意激化矛盾，突出放大不良现象和非理性情绪，也不要以"考验""测试"的名义人为制造和展示"人性恶"事件。真人秀节目嘉宾应坚持道德操守的标准。不允许邀请有丑闻劣迹以及吸毒嫖娼等违法犯罪行为者参与制作节目。节目组对嘉宾要加强培训、引导和把关，防止错误不当的言行在节目中播出。 2. 贴近火热现实生活，挖掘展示思想文化内涵和社会意义。真人秀节目要坚持中国梦主题，体现时代精神，积极反映中国改革开放伟大进程和人民群众的奋斗创造，引导群众正确认识社会问题和生活难题，积极寻求解决办法，	

限娱令颁布时间	文件名	文件内容	备注
2015年7月	《关于加强真人秀节目管理的通知》	增强对美好未来的信心，起到启迪思想、温润心灵、陶冶人生的重要作用。要防止把节目办成脱离现实、脱离群众的无聊游戏、奢靡盛宴，避免节目成为无根的浮萍、无病的呻吟、无魂的躯壳，不能助长社会浮躁心态和颓废萎靡之风。 3. 植根中华优秀传统文化，大力推动创新创优。各级广电部门要积极鼓励具有鲜明中国特色、中国风格、中国气派的原创节目模式，大力提倡将当代艺术理念与现代技术手段相融合的集成创新，对引进节目模式要适度控制数量，要避免过度集中在某一地区或国家。要充分利用中华文化元素、中华美学精神对引进节目模式进行本土化改造，坚持以我为主、开拓创新。要树立文化自信，摆脱对境外节目模式的依赖心理，坚决纠正一窝蜂式的盲目引进，对于以合作方式变相引进的现象要坚决治理。 4. 坚持以人民为中心的创作导向，关注普通群众，避免过度明星化。要依据节目内容确定参与节目的嘉宾人选，提高普通群众参与真人秀节目的人数比例。要摒弃"靠明星博收视"的错误认识，纠正单纯依赖明星的倾向，不能把节目变成拼明星和炫富的场所，不能助长高片酬、高成本的不良风气。要认真贯彻落实中央"八项规定"要求，力戒铺张奢华，坚持节俭办节目。	

限娱令 颁布时间	文件名	文件内容	备注
2015 年 7 月	《关于加强真人秀节目管理的通知》	5. 坚持健康的格调品位，坚决抵制低俗和过度娱乐化倾向。真人秀节目的本质应是反映时代精神和生活本质的真实电视，不应变成低俗娱乐秀场。真人秀节目要体现真实和真诚，应反映人在特定情境下的自然活动和真实情感，符合事物发展和人际互动的一般规律，不能为了追求戏剧化效果，故意干预事态发展、违背生活逻辑，设计制造与日常生活经验反差较大的环节和"看点"，引起观众对节目真实性的质疑，特别要防止明星嘉宾作假作秀、愚弄观众。不得设置违背核心价值观和公序良俗的节目规则与低俗噱头等。真人秀节目应注意加强对未成年人的保护，尽量减少未成年人参与，对少数有未成年人参与的节目要坚决杜绝商业化、成人化和过度娱乐化的不良倾向以及侵犯未成年人权益的现象。 6. 切实加强管理和调控，引导真人秀节目健康发展。总局将根据上述原则，加强对各档真人秀节目的分析研判，结合广大群众和专家的意见，按照"好节目进入好时段"的管理理念，通过黄金时段节目备案、各类评奖评优等管理机制，倡优抑劣，科学调控。对于优秀的真人秀节目大力扶持，对于缺少价值和意义的真人秀节目加以抑制，对于内容低俗有害的真人秀节目坚决查处纠正直至取缔。各省级新闻出版广电行政部门要按照本《通知》要求，指	

续表

限娱令 颁布时间	文件名	文件内容	备注
2015 年 7 月	《关于加强真人秀节目管理的通知》	导督促相关播出机构研究改进提高真人秀节目,对经手上报备案的真人秀节目要严格把关。各级广播电视收听收看机构要加强对真人秀节目的监看评议,发现问题及时报告、及时警示、及时纠正、及时处理。	
2016 年 4 月	《关于进一步加强电视上星综合频道节目管理的通知》	严格控制未成年人参与真人秀节目,不得借真人秀节目炒作包装明星,也不得在娱乐访谈、娱乐报道等节目中宣传炒作明星子女,防止包装造"星"、一夜成名。	
2016 年 6 月	《关于大力推动广播电视节目自主创新工作的通知》	各电视上星综合频道每年在 19:30—22:30 开播的引进境外版权模式节目,不得超过两档。每个电视上星综合频道每年新播出的引进境外版权模式节目不得超过一档,第一年不得在 19:30—22:30 之间播出;同一档真人秀节目,原则上一年内只播出一季。	
2017 年		禁止新签韩国电视剧、综艺节目合作项目	2017 年"限韩令"。

限娱令颁布时间	文件名	文件内容	备注
2018 年 7 月 10 日	《国家广播电视总局办公厅关于做好暑期网络视听节目播出工作的通知》	1. 制作传播正能量鲜明的青少年节目。吸引广大青少年通过观看思想性、教育性、科学性、趣味性相统一的网络视听节目有所学、有所乐、有所获。 2. 保护青少年身心健康。对于偶像养成类节目、社会广泛参与选拔的歌唱才艺竞秀类节目，要组织专家从主题立意、价值导向、思想内涵、环节设置等方面进行严格评估，确保节目导向正确、内容健康向上方可播出，坚决遏止节目过度娱乐化和宣扬拜金享乐、急功近利等错误倾向，努力共同营造暑期健康清朗的网络视听环境。	文件出台后的表现：2018 年 8 月，爱奇艺、优酷、腾讯视频联合多家影视制作公司发布了《关于抑制不合理片酬，抵制行业不正之风的联合声明》，提出对不合理的演员片酬进行控制：单个演员的单集片酬（含税）不得超过 100 万元人民币，其总片酬（含税）最高不得超过 5000 万元人民币，同时演员、嘉宾的总片酬不得超过制作总成本的 40%，主要演员片酬不得超过总片酬的 70%。
2018 年 10 月 31 日	《关于进一步加强广播电视和网络视听文艺节目管理的通知》	1. "一些文艺节目出现了影视明星过多、追星炒星、泛娱乐化、高价片酬、收视率（点击率）造假等问题，不仅推高制作成本、破坏行业秩序生态，而且误导青少年盲目追星，滋长拜金主义、一夜成名等错误价值观念，必须采取有效措施切实加以纠正。 2. 对高片酬提出了要求，"各电视上星综合频道 19：30—22：30 播出的综艺节目要提前向总局报备嘉宾姓名、片酬、成本占比等信息，每个节目全部嘉宾总片酬不得超过节目总成本的 40%，主要嘉宾片酬不得超过嘉宾总片酬的 70%"。	

限娱令 颁布时间	文件名	文件内容	备注
2019 年 4 月 30 日	《未成年人节目 管理规定》	1. 明确未成年人节目的界定范围。 2. 禁止未成年人节目过度商业化、成人化、娱乐化；重点保护未成年人隐私；禁止未成年人节目影响未成年人正常价值观的培养发展。 3. 明确对未成年人节目播放的具体要求：未成年人节目专区制度；广告传播规范制度；适播制度及休息提示制度。 4. 创新完善未成年人节目的监管规范措施。	
2019 年 11 月 18 日	《网络音视频信息服务管理规定》	1. 明确管理对象，界定了网络音视频信息服务、网络音视频信息服务提供者和网络音视频信息服务使用者的含义。 2. 明确管理机制，各级网信、文化和旅游、广播电视等部门依据各自职责开展网络音视频信息服务的监督管理工作。 3. 明确总体要求，网络音视频信息服务提供者和使用者应当坚持正确政治方向、舆论导向和价值取向。 4. 明确行业自律，国家鼓励和指导互联网行业组织加强行业自律，建立健全行业标准和行业准则。	

限娱令颁布时间	文件名	文件内容	备注
2020 年 2 月	《网络综艺节目内容审核标准细则》	综艺节目的主创及出镜人员，不得选用因丑闻劣迹、违法犯罪等行为造成不良社会影响的艺人；不得出现选用外国国籍或港澳台籍人士不当的情况。综艺节目造型、道具、舞美等布设不得存在安全隐患；不得出现出镜人员穿着并非节目场景或内容必需、刻意展示性感或性吸引力的服装。综艺节目的制作包装，不得以流量艺人、制作经费炒作话题，进行过度营销和夸大宣传。选秀及偶像养成类节目中不得设置"花钱买投票"环节，刻意引导、鼓励网民采取购物、充会员等物质化手段为选手投票、助力；主持人、嘉宾介绍或评价选手、节目参与人员时，不得使用带有侮辱、歧视的言语，或者连带侮辱、歧视某一特定群体的语言；不得有未成年人参与选秀类节目。	该文件附不同综艺节目要求： 1. 访谈及脱口秀节目 限制内容举例：过激言论；谈话内容涉及党、政、宗教、民族等敏感问题；讨论明星隐私、展示奢侈生活等；以性为主要内容。 2. 选秀及偶像养成类节目 限制内容举例：恶搞红色经典；设置"花钱买投票"环节，刻意引导、鼓励网民采取购物、充会员等物质化手段为选手投票、助力等；物化、消费女性。 3. 情感交友类节目 限制内容举例：逾越传统道德观念和伦理底线；宣扬拜金主义、奢靡之风、享乐主义；进行人性测试，揭露人性弱点。 4. 少儿亲子类节目 限制内容举例：违反未成年人保护法律法规；侵犯少儿隐私；宣扬炫富、

续表

限娱令颁布时间	文件名	文件内容	备注
2020年2月	《网络综艺节目内容审核标准细则》		享乐主义；将少儿行为进行成人化演绎；在少儿不宜的场所摄制。 5. 生活体验类节目限制内容举例：不尊重少数民族习惯；明星扎堆、奢华旅行、脱离当地人民群众现实生活。 6. 专业竞技类节目限制内容举例：没有安全指导和安全提示。 7. 游戏比赛类节目限制内容举例：没有安全指导和安全提示；制造低俗噱头。 8. 情节演绎类节目限制内容举例：歪曲、丑化历史人物；故事推理缺乏逻辑；渲染恐怖、血腥、暴力氛围。 9. 游戏改编类节目限制内容举例：虚拟角色、形象、场景、规则存在违反法律法规、社会伦理道德问题；宣扬暴力、淫秽、色情等内容。

附录3 1984—1997年央视春晚出现的地方艺术形式

（来源：央视网）

年份	节目形式	节目名称	在当年春晚所有节目中占据的比例	当年所有地方、民族类节目占当年春晚节目的总比例
1984	地方戏曲	河南豫剧：《迎春曲》	24.32%	51.34%
		广东粤剧：《故乡行》		
		广东粤剧：《南海渔歌》		
		北京京剧：《定军山》		
		北京京剧：《将相和》		
		安徽黄梅戏：《女驸马》选段		
		上海越剧：《慧梅》选段——《无限欢颜喜在心》		
		上海沪剧：《燕燕做媒》		
		上海沪剧：《太湖美》		
	地方曲艺	评书：《赠羽扇》	2.70%	
	地方、民族民歌	东北民歌：《甜透了咱心窝》	24.32%	
		东北民歌：《串门》		
		东北民歌：《山水醉了咱赫哲人》		
		海南民歌：《请到天涯海角来》		
		河北民歌：《回娘家》		
		西北民歌：《萨拉族花儿"大眼睛"》		
		西北民歌：《妹妹的山丹丹花儿开》		
		闽南民歌：《天黑黑》		
		湖南民歌：《刘海砍樵》		

续表

年份	节目形式	节目名称	在当年春晚所有节目中占据的比例	当年所有地方、民族类节目占当年春晚节目的总比例
1985	地方戏曲	北京京剧：《百猴迎春》	19.35%	25.80%
		广东粤剧：《花市》		
		广东粤剧：《花城之春》		
		浙江越剧：《五女拜寿》		
		河南豫剧：《老牛接班》		
		北京京剧：《打渔杀家》		
	地方、民族民歌	维族歌曲：《一杯美酒》	6.45%	
		维族歌曲：《我的歌会飞到你的身边》		
1986	地方戏曲	安徽黄梅戏：《天仙配》选段——《夫妻双双把家还》（歌曲大联唱）	13.51%	29.72%
		北京京剧：《今日痛饮庆功酒》（歌曲大联唱）		
		北京京剧：《穷人的孩子早当家》		
		北京京剧：《都有一颗红亮的心》		
		川剧、豫剧、越剧会串：《断桥》		
	地方曲艺	山东快书：《吹牛》	2.70%	
	地方、民族民歌	海南民歌：《请到天涯海角来》（歌曲大联唱）	13.51%	
		河北民歌：《回娘家》（歌曲大联唱）		
		东北民歌：《过新年》		
		新疆民歌：《阿拉木罕》		
		东北民歌：《送菜进城》		

年份	节目形式	节目名称	在当年春晚所有节目中占据的比例	当年所有地方、民族类节目占当年春晚节目的总比例
1987	地方戏曲	北京京剧：戏曲小品《孙二娘开店》	5.88%	
		北京京剧：《汉宫惊魂》选段——《金钟响》		
	地方、民族民歌	西藏民歌：《酒歌》	41.18%	
		江苏民歌：《茉莉花》（民族团结大联唱）		
		西藏民歌：《巴塘连北京》（民族团结大联唱）		
		新疆民歌：《达坂城的姑娘》（民族团结大联唱）		
		云南民歌：《猜调》（民族团结大联唱）		
		朝鲜族民歌：《桔梗谣》（民族团结大联唱）		
		蒙古族民歌：《敖包相会》（民族团结大联唱）		
		青海花儿：《花儿与少年》（民族团结大联唱）		
		陕西民歌：《五哥放羊》（民族团结大联唱）		
		湖南民歌：《浏阳河》（民族团结大联唱）		
		台湾民歌：《卖汤圆》（民族团结大联唱）		
		安徽民歌：《凤阳花鼓》（民族团结大联唱）		

续表

年份	节目形式	节目名称	在当年春晚所有节目中占据的比例	当年所有地方、民族类节目占当年春晚节目的总比例
1987	地方、民族民歌	陕北民歌：《翻身道情》（民族团结大联唱）		64.71%
		彝族民歌：《在一起》（民族团结大联唱）		
	地方、民族舞蹈	陕北腰鼓：开场歌舞	17.65%	
		藏族舞蹈（民族团结大联唱）		
		维吾尔族舞蹈（民族团结大联唱）		
		安徽凤阳花鼓（民族团结大联唱）		
		陕北秧歌（民族团结大联唱）		
		彝族舞蹈（民族团结大联唱）		
1988	地方戏曲	安徽黄梅戏：《观灯调》（歌曲联唱《拜大年》）	12.77%	
		广东粤剧（歌曲联唱《拜大年》）		
		北京京剧（歌曲联唱《拜大年》）		
		浙江越剧：《五女拜寿》（歌曲联唱《拜大年》）		
		北京京剧：《单雄信》		
		北京京剧：拧擂拉戏《包龙图打坐在开封府》		
	地方曲艺	东北二人转：《看秧歌》（歌曲联唱《拜大年》）	8.51%	
		天津西河大鼓（歌曲联唱《拜大年》）		
		评书：《评书贯口》		
		评书：《人物速写》		
	地方、民族民歌	宁夏花儿（歌曲联唱《拜大年》）		
		陕北民歌（歌曲联唱《拜大年》）		

续表

年份	节目形式	节目名称	在当年春晚所有节目中占据的比例	当年所有地方、民族类节目占当年春晚节目的总比例
1988	地方、民族民歌	陕北民歌（歌曲联唱《拜大年》）	17.02%	55.32%
		陕北民歌：《思念到永远》		
		山西民歌：舞蹈《看秧歌》		
		山西河曲民歌：《想亲亲》		
		台湾民歌：《娜鲁湾情歌》		
		新疆民歌：《快乐的马车夫》		
		西藏民歌：歌舞《迎春的哈达》		
	地方、民族舞蹈	（北方）秧歌：歌曲联唱《拜大年》	17.02%	
		（北方）秧歌：舞蹈《看秧歌》		
		维吾尔族舞蹈：《快乐的马车夫》		
		朝鲜族舞蹈：《民族大联舞节日之夜》		
		蒙古族舞蹈：《民族大联舞节日之夜》		
		维吾尔族舞蹈：《民族大联舞节日之夜》		
		傣族舞蹈：孔雀舞（《民族大联舞节日之夜》）		
		藏族舞蹈：歌舞《迎春的哈达》		
1989	地方戏曲	湖南花鼓戏：《补锅》	10.42%	
		北京京剧：《铡美案》		
		安徽黄梅曲、浙江越剧对唱：《十八相送》		
		北京京剧：《苏三起解》		
		北京京剧：《锁麟囊》选段——《春秋亭》		
	地方曲艺	北京双簧	2.08%	
	地方、民族民歌	湖南民歌：《采槟榔》	4.17%	
		湖北天门民歌：《幸福歌》		

年份	节目形式	节目名称	在当年春晚所有节目中占据的比例	当年所有地方、民族类节目占当年春晚节目的总比例
1989	地方、民族舞蹈	傣族舞蹈：《舞之魂》	22.92%	39.59%
		傣族舞蹈：《版纳三色》		
		傣族舞蹈：《孔雀》		
		维族鼓舞：民族舞蹈《中国风》		
		苗族鼓舞：民族舞蹈《中国风》		
		朝鲜族长鼓舞：民族舞蹈《中国风》		
		彝族舞：民族舞蹈《中国风》		
		蒙古族筷子舞：民族舞蹈《中国风》		
		苗族舞：民族舞蹈《中国风》		
		维族舞：民族舞蹈《中国风》		
		达翰尔族舞：民族舞蹈《中国风》		
1990	地方戏曲	河南豫剧：戏曲小品《拷红》	6.25%	25.01%
		北京京剧：《定军山》		
	地方曲艺	福建提线木偶：《小猴唱歌》	3.13%	
	地方、民族民歌	四川民歌：《闹新春》	9.38%	
		蒙古族歌曲：《大雁的故乡》		
		陕北民歌：《山丹丹花开红艳艳》		
	地方、民族舞蹈	陕北舞蹈：《瞧这些婆姨们》	6.25%	
		陕北舞蹈：歌曲《西北汉子的红腰带》		
1991	地方戏曲	河南豫剧：《花木兰》选段	17.65%	
		安徽黄梅戏：《打猪草》选段		
		北京京剧：《铡美案》		
		江苏锡剧：《双推磨》		
		上海越剧：《红楼梦》		
		北京京剧：《甘露寺》选段		

年份	节目形式	节目名称	在当年春晚所有节目中占据的比例	当年所有地方、民族类节目占当年春晚节目的总比例
1991	地方戏曲	广西桂剧：《打棍出箱》		72.55%
		北京京剧：英语京剧选场《打瓜缘》		
		北京京剧：《三星贺喜》（欢庆大歌舞）		
	地方曲艺	苏州评弹：《苏州胜江南》	1.96%	
	地方、民族民歌	山西民歌：《夸山西》	45.10%	
		广西民歌：《刘三姐》		
		山东民歌：《夸山东》		
		重庆民歌：《黄杨扁担》		
		江南民歌：《江南好》		
		鄂伦春族民歌：《鄂伦春小唱》		
		安徽民歌：《凤阳花鼓》		
		新疆民歌：《新疆是个好地方》		
		内蒙古民歌：《草原晨曲》		
		陕北民歌：《我热恋的故乡》		
		湖南民歌：《挑担茶叶上北京》		
		江南民歌：《江南情思》		
		藏族民歌：《祝酒请茶大拜年》		
		维吾尔族民歌：《祝酒请茶大拜年》		
		佤族民歌：《祝酒请茶大拜年》		
		朝鲜族民歌：《祝酒请茶大拜年》		
		蒙古族民歌：《祝酒请茶大拜年》		
		苗族民歌：《祝酒请茶大拜年》		
		彝族民歌：《祝酒请茶大拜年》		
		高山族民歌：《祝酒请茶大拜年》		
		回族民歌：《祝酒请茶大拜年》		
		羌族民歌：《祝酒请茶大拜年》		
		壮族民歌：《祝酒请茶大拜年》		

年份	节目形式	节目名称	在当年春晚所有节目中占据的比例	当年所有地方、民族类节目占当年春晚节目的总比例
1991	地方、民族舞蹈	陕北舞蹈：《大秧歌》	7.84%	
		天津舞蹈：《百子闹春》		
		安徽舞蹈：《安徽花鼓灯》（欢庆大歌舞）		
		广东舞蹈：《吴川飘色》		
1992	地方戏曲	北京京剧：《梨园精粹》	6.67%	22.23%
		安徽黄梅戏：《庙会风光》		
		四川川剧：小品《戒赌》		
	地方、民族民歌	苗族民歌：《等你来》	6.67%	
		天津民歌：《杨柳青年画爱煞人》		
		山东歌舞：《十二生肖拜大年》		
	地方、民族舞蹈	白族舞蹈：《瑞雪》	8.89%	
		山西舞蹈：《踩鼓点》		
		藏族舞蹈：《向着太阳》		
		山东歌舞：《十二生肖拜大年》		
1993	地方戏曲	江苏淮剧：《春童献瑞》	15.69%	27.45%
		江苏锡剧：《春童献瑞》		
		江苏越剧：《春童献瑞》		
		安徽黄梅戏：《春童献瑞》		
		北京京剧：小品《群丑争春》		
		北京京剧：《坐宫》		
		北京京剧：《武旦绝技》		
		北京京剧：《一角四唱》		
	地方、民族民歌	河北民歌：《除夕三喜》	5.88%	
		彝族民歌：《赶圩归来啊哩哩》		
		东北歌舞：《粉墨登场迎新岁》		

年份	节目形式	节目名称	在当年春晚所有节目中占据的比例	当年所有地方、民族类节目占当年春晚节目的总比例
1993	地方、民族舞蹈	四川舞蹈：《山妞与模特》	5.88%	
		傣族舞蹈：《两棵树》		
		东北歌舞：《粉墨登场迎新岁》		
1994	地方戏曲	北京京剧：《铡美案》选段	12.82%	41.03%
		北京京剧：《赤桑镇》选段		
		山东吕剧：《观灯》		
		河南豫剧：《花木兰》		
		上海越剧：《梁祝》		
	地方、民族民歌	侗族民歌：《蝉之歌》	10.26%	
		土家族民歌：《喊太阳》		
		皖南民歌：《家乡的花》		
		山东歌舞：《狗娃闹春》		
	地方、民族歌舞	河南舞蹈：《金铍响鼓送除夕》	17.95%	
		东北舞蹈：《追日》		
		藏族舞蹈：《篝火狂欢》		
		朝鲜族舞蹈：《篝火狂欢》		
		贵州黔东南舞蹈：《篝火狂欢》		
		傣族舞蹈：《篝火狂欢》		
		山东歌舞：《狗娃闹春》		
1995	地方戏曲	北京京剧：《包龙图》	13.33%	26.66%
		北京京剧：《铡美案》选段		
		北京京剧：《赤桑镇》选段		
		北京京剧：《普天乐》选段		
		北京京剧：《打龙袍》选段		
		上海越剧：《金陵十二钗》		
	地方、民族民歌	新疆民歌：《克里木参军》选段	4.44%	
		山西歌舞：《大年夜》		

年份	节目形式	节目名称	在当年春晚所有节目中占据的比例	当年所有地方、民族类节目占当年春晚节目的总比例
1995	地方、民族舞蹈	陕北舞蹈：《醉鼓》	8.89%	
		民族联舞：《欢聚》（五十六个民族）		
		土家族舞蹈：《土里巴人》		
		山西歌舞：《大年夜》		
1996	地方戏曲	北京京剧：《中国戏曲真神奇》	14.29%	40.48%
		北京京剧：《行云流水》		
		河南豫剧：《抬花轿》选段		
		上海越剧：《碧玉簪》选段		
		陕西秦腔：《梵王宫》选段		
		安徽黄梅戏：《天仙配》选段		
	地方曲艺	苏州评弹：《穿越霓虹》	2.38%	
	地方、民族民歌	陕西民歌：《神州大对歌》	16.67%	
		新疆民歌：《乡风乡韵》		
		民族联唱：《迎春钟声》		
		四川民歌：《康定情歌》		
		彝族民歌：《马铃儿响来玉鸟唱》		
		江苏民歌：《采红菱》		
		青海民歌：《花儿与少年》		
	地方、民族舞蹈	陕北舞蹈：《丰收夜》	7.14%	
		新疆舞蹈：《乡风乡韵》		
		民族联舞：《迎春钟声》（五十六个民族）		

续表

年份	节目形式	节目名称	在当年春晚所有节目中占据的比例	当年所有地方、民族类节目占当年春晚节目的总比例
1997	地方戏曲	少儿京剧：《菊坛新蕊》	15%	42.5%
		京剧名家名段：《流派纷呈》		
		河南豫剧：《五世请缨》		
		陕西秦腔：《秦人秦腔唱丰收》		
		安徽黄梅戏：《女驸马》		
		四川川剧：《闹春》		
	地方、民族民歌	山西民歌：《挂红灯》	22.5%	
		江南民歌：《编花篮》		
		延边民歌：《红太阳照边疆》		
		青海民歌：《花儿与少年》		
		内蒙古民歌：《草原英雄小姐妹》		
		西藏民歌：《翻身农奴把歌唱》		
		哈萨克民歌：《玛依拉》		
		彝族民歌：《远方的客人请你留下来》		
		陕北民歌：《黄河鼓震》		
	地方、民族舞蹈	云南舞蹈：《阿细跳月》	5%	
		陕北腰鼓：《黄河鼓震》		

附录4 《朗读者》第一、第二季嘉宾身份统计表

身份	说明	人物姓名	所属节目（季、期）
文学家	指从事文学创作而有一定成就的人，如作家、小说家、散文家、诗人、剧作家等。	郑渊洁	第1季第2期
		麦家	第1季第3期
		刘震云	第1季第5期
		曹文轩　王蒙	第1季第7期
		梁晓声　毕飞宇　郑敏	第1季第9期
		张小娴	第1季第10期
		刘慈欣	第1季第11期
		余秀华　贺敬之　冯骥才　钱谷融　马识途　余光中	第1季第12期
		阎晶明　潘凯雄　王小亭　贾平凹	第2季第1期
		双雪涛	第2季第2期
		阿乙	第2季第3期
		阿来	第2季第5期
		刘和平	第2季第6期
		魏世杰	第2季第7期
		刘亮程　黄永玉	第2季第8期
		王智量	第2季第10期
		唐家三少	第2季第11期
		余华　郑愁予	第2季第12期
艺术家	从事绘画、摄影等其他小众艺术的艺术工作者。	许镜清	第1季第5期
		刘阳	第1季第7期
		茅沅	第1季第9期
		吴纯　叶锦添	第1季第10期
		姚建中　韩美林	第1季第11期
		方成　乔羽	第1季第12期
		曾孝濂	第2季第3期
		朱德庸　靳尚谊　张立辰　孙景波　陈青青　范迪安　肖峰　王澍　向京　许江	第2季第4期
		赖声川	第2季第9期
		谭元元	第2季第10期

身份	说明	人物姓名	所属节目（季、期）
影视体育明星	从事影视、歌舞等大众艺术的（明星）和体育明星。	濮存昕　张梓琳	第 1 季第 1 期
		蒋雯丽　乔榛	第 1 季第 2 期
		王千源　徐静蕾	第 1 季第 3 期
		李亚鹏　倪萍　赵蕊蕊	第 1 季第 4 期
		王学圻	第 1 季第 5 期
		陆川　斯琴高娃	第 1 季第 6 期
		姚晨　李立群　张国强	第 1 季第 7 期
		江一燕　汪明荃　罗家英	第 1 季第 8 期
		王耀庆　邹市明　冉莹颖　轩轩　皓皓　赵文瑄	第 1 季第 9 期
		董卿　孙天宇　张艾嘉	第 1 季第 10 期
		金士杰　江疏影	第 1 季第 11 期
		老狼　冯小刚　魏秋月、惠若琪　袁心玥　徐云丽　郎平	第 1 季第 12 期
		王姬　王源	第 1 季精编版
		姚明　董卿	第 2 季第 1 期
		许鞍华　袁泉	第 2 季第 2 期
		胡歌	第 2 季第 3 期
		刘烨	第 2 季第 4 期
		张一山　杨惠姗　张毅	第 2 季第 5 期
		陈数　罗大佑	第 2 季第 6 期
		惠英红	第 2 季第 7 期
		王洛勇　孟非	第 2 季第 8 期
		马伊琍　郑智	第 2 季第 9 期
		宁浩	第 2 季第 10 期
		白岩松　贾樟柯	第 2 季第 12 期
学者、专家	某一领域里专事研究工作、有突出特长的。	蒋励　许渊冲　陈寒　黄必康　贾洪伟　李亚舒　党争胜　杨俊峰	第 1 季第 1 期
		单霁翔　赵家和	第 1 季第 4 期
		王浩楠　贾蕙谦　崔可夫　汪帆	第 1 季第 5 期
		张家敏　张鲁新	第 1 季第 6 期
		樊锦诗	第 1 季第 8 期
		胡邦定　钱易　彭珮云　王希季　郭世康　方堃　吴大昌　傅琭	第 1 季第 9 期
		胡忠英　叶嘉莹	第 1 季第 10 期
		安文彬　郭琨	第 1 季第 11 期

身份	说明	人物姓名	所属节目（季、期）
学者、专家	某一领域里专事研究工作、有突出特长的。	崔之久 邓清明 程不时　赵克良　汤家力 张弥曼　傅睿思 丘成桐　沈锋　程月娥　吴孟超 迟福林　蔡天新　李森　徐颖	第2季第2期 第2季第4期 第2季第5期 第2季第6期 第2季第9期 第2季第11期
科学家	指从事科学研究、为科技进步发展做出贡献的人。	潘际銮　林宗棠 薛其坤　周树云　张礼　向涛　朱邦芬 潘建伟 陈佳洱	第1季第9期 第2季第1期 第2季第4期 第2季第11期
普通人	指有别于特殊群体的一般社会群众。	周小林　殷洁 杨乃斌　林兆铭 秦玥飞　理查德·西尔斯　郭小平 赖敏 程何 秋爸爸　秋妈妈　翟墨 高瑞　李思路　李奕兴　田佳煜 王起洪　吴文霞　陈波　王荣辉　陈剑桥 柴晓峰　于津洲　戴宇飞 徐和谊 徐卓　宗庆后 余江　蒋巑斌　郭春蕾　张文秀 程豪　郝雅文　李成　赵立彬 陈少华　王平　李辰一　段绍平 黄泓翔 刘仁俊 矣晓沅 徐国义　王佩民 王坚 甜甜 孙雪梅　徐豪　权敬　陈晓涛 安薪竹　王丽东　徐培红　郑凤鸣 吉吉　林鸣 斯那定珠	第1季第1期 第1季第2期 第1季第3期 第1季第6期 第1季第7期 第1季第8期 第1季第10期 第1季第11期 第1季第12期 第2季第1期 第2季第2期 第2季第3期 第2季第5期 第2季第6期 第2季第7期 第2季第8期 第2季第9期 第2季第10期 第2季第11期 第2季第12期

续表

身份	说明	人物姓名	所属节目 （季、期）
英雄 模范 人物		杨利伟 维和部队战士	第 1 季第 5 期 第 1 季第 7 期
企业家		柳传志 胡玮炜 李宁 王石 李彦宏 俞敏洪	第 1 季第 1 期 第 1 季第 4 期 第 1 季第 8 期 第 2 季第 3 期 第 2 季第 7 期 第 2 季第 10 期

附录5 《见字如面》第一、第二季写信人身份统计表

期数	信件内容	写信人	收信人	写信人身份	身份类别	读信人
	《见字如面》第一季节目表					

期数	信件内容	写信人	收信人	写信人身份	身份类别	读信人
1	1.《这场战事不知道还要持续多久》	黑夫、惊	衷	秦军将士	普通人	林更新
	2.《有你们中国是不会亡的》	萧红	张秀珂	作家	文学家	归亚蕾
	3.《鳄鱼，你不可以和我一起生活在这片土地上》	韩愈	鳄鱼	唐代文学家、诗人	文学家	张国立
	4.《让他活在我的歌里》	蔡琴	媒体	歌手	艺术家	归亚蕾
	5.《你多么需要他那点草莽精神》	黄永玉	曹禺	画家	艺术家	王耀庆
	6.《但愿迷途未远，还能追回已逝的时光》	曹禺	黄永玉	剧作家	文学家	张国立
	7.《甜蜜蜜这首歌，是我录唱最快的》	邓丽君	庄奴	歌手	艺术家	蒋勤勤

续表

《见字如面》第一季节目表

期数	信件内容	写信人	收信人	写信人身份	身份类别	读信人
2	1.《在时间之河的另一端》	刘慈欣	女儿	作家	文学家	王耀庆
	2.《现在，齐国的皇帝准许我回到你身边》	阎姬	宇文护	北周权臣母亲	历代官员、英烈	归亚蕾
	3.《本来皇上还想照顾我》	林则徐	夫人郑淑卿	晚清官员	历代官员、英烈	张涵予
	4.《其实爸妈也是装的》	郑国强	郑艺	摄影师	艺术家	何冰
	5.《你的形象已荡然无存》	郑艺	郑国强	郑国强儿子	艺术家	林更新
	6.《我不愿成为拆散你们的根源》	林徽因	徐志摩	诗人、建筑师	文学家	蒋勤勤
	7.《我觉得我们还能还上那3000美金的房租》	李小龙	妻子Linda	演员	艺术家	王耀庆
3	1.《此点关系全部纲纪精神》	陈寅恪	傅斯年	历史学家、文学家	文学家	张国立
	2.《共产党要执行比一般平民更加严格的纪律》	毛泽东	雷经天	国家元首	历代官员、英烈	何冰
	3.《近来我的工作是垛马草》	桃桃	父母	知青	普通人	蒋勤勤

《见字如面》第一季节目表

期数	信件内容	写信人	收信人	写信人身份	身份类别	读信人
	4.《不适合以常理判断》	罗永浩	俞敏洪	商人	文学家	林更新
	5.《请您尽管测试我的文才》	李白	韩荆州	诗人	文学家	王耀庆
	6.《我交给你们一个孩子》	张晓风	全世界	作家、散文家	文学家	归亚蕾
	7.《母亲，您不孝的儿子今天就要死了》	夏完淳	母亲	明末清初少年英杰	历代官员、英烈	林更新
4	1.《父亲要是无辜被杀，儿子可以复仇》	张起元等	林森	政府官员	历代官员、英烈	何冰
	2.《很高兴您对半生缘拍片感兴趣》	张爱玲	王家卫	作家	文学家	归亚蕾
	3.《好像我成了中国最佳的工程师》	詹天佑	诺索布夫人	中国铁路工程专家	科学家	王耀庆
	4.《我有时真想拉你一同死去》	徐志摩	陆小曼	诗人、散文家	文学家	徐涛
	5.《我要往前走》	陆小曼	徐志摩	画家	艺术家	蒋勤勤
	6.《在尸首遍陈的战场，我会梦见你的倩影》	曹越华	王德懿	远征军翻译官	历代官员、英烈	林更新

《见字如面》第一季节目表					
期数	信件内容	写信人	收信人	写信人身份	身份类别	读信人
5	1.《放走的俘虏光着膀子跑回来了》	袁志超	袁军	第二野战军政治部秘书	历代官员、英烈	张涵予
	2.《这可是大汉盛世，你去努吧，跟你没话》	杨恽	孙会宗	西汉政治家、司马迁外孙	历代官员、英烈	何冰
	3.《一直拿着国家的俸禄，也就没有了退路》	陈京莹	父亲	北洋水师经远舰驾驶二副	历代官员、英烈	徐涛
	4.《聪明的傻二哥，你到底懂也不懂》	黄宗英	冯亦代	演员、作家	艺术家	归亚蕾
	5.《这将是最后的聚首》	冯亦代	黄宗英	翻译家、学者	文学家	张家声
	6.《爱莲女士进的好，拉的香》	婉容	文秀	末代皇后	历代官员、英烈	蒋勤勤
	7.《我最希望能居住在苏联》	溥仪	斯大林	末代皇帝	历代官员、英烈	王耀庆
6	1.《儿今奉命守卫石牌要塞》	胡琏	父亲．妻子	民国陆军上将	历代官员、英烈	王耀庆
	2.《孩儿我在此帮忙，绝不会有任何危险》	闻一多	父母	诗人、学者	文学家	张国立
	3.《我是这社会的一员并欠你一个道歉》	吴聪灵	范美忠	记者	文学家	王帆

226

期数	信件内容	写信人	收信人	写信人身份	身份类别	读信人
6	4.《你无法要求我不爱你》	三毛	王洛宾	作家、旅行家	文学家	归亚蕾
	5.《在激流中游泳，会碰伤自己也会碰伤别人》	宋振庭	夏衍	作家	文学家	张腾岳
	6.《过去的事，该淡去的可以淡然置之》	夏衍	宋振庭	作家	文学家	张涵予
	7.《只要消灭了特殊，平等自然而来》	史铁生	盲童	作家	文学家	徐涛
7	1.《请识字的同胞念给不识字的同胞听》	四川省会警察局	全社会	政府官员	历代官员、英烈	张涵予
	2.《为了尽力挽救其生命》	八路军五支队于得水	日本军官加藤	革命战士	历代官员、英烈	林更新
	3.《请诸君保重身体，来日战场相见》	日本军官加藤	八路军五支队于得水	革命战士	历代官员、英烈	何冰
	4.《你真是不知道人间还有羞耻二字》	欧阳修	高若讷	北宋政治家、文学家	文学家	张涵予
	5.《这样我才好骗她回来》	荷西	岳母	三毛丈夫	文学家	王耀庆
	6.《我听说你当了驸马》	谢氏	王肃	北魏名臣王肃之妻	历代官员、英烈	归亚蕾

《见字如面》第一季节目表

期数	信件内容	写信人	收信人	写信人身份	身份类别	读信人
	7.《今天我身体感觉非常不好》	白求恩	聂荣臻	加拿大共产党员	历代官员、英烈	张国立
	8.《真希望这只是个玩笑》	郑晖	读者	网络作家	文学家	张涵予
8	1.《我是一个初学写作的青年工人》	郑渊洁	叶永烈	作家	文学家	林更新
	2.《一别两宽，各生欢喜》	某夫	妻子	无名人士	普通人	王耀庆
	3.《这回可真是当年韩信的背水一战了》	褚定候	褚定浩	国民革命陆军排长	历代官员、英烈	张涵予
	4.《容我将你的躯体关闭在门外》	蒋碧薇	张道藩	画家徐悲鸿前妻	艺术家	归亚蕾
	5.《我没有一天不在想念你》	张道藩	蒋碧薇	画家	艺术家	张家声
	6.《您的财富已经足够多了》	柳如是	钱谦益	诗人、歌姬	文学家	蒋勤勤
	7.《忘去那黑暗的美国吧》	钱学森	郭永怀	导弹之父	科学家	张国立
	1.《分家，是为了让你们知道持家处世的不易》	顾若璞	两个儿子	诗人	文学家	归亚蕾
	2.《惟望大人见信早可收心》	卫景安	父母	小商贩	普通人	林更新

《见字如面》第一季节目表

《见字如面》第一季节目表

期数	信件内容	写信人	收信人	写信人身份	身份类别	读信人
9	3.《有些问题恐怕我答不出》	鲁迅	许广平	作家、文学家	文学家	王耀庆
	4.《发动群众是一项没有底的工作》	叶至善	叶圣陶	作家	文学家	何冰
	5.《这是我给你的最后一封信了》	陈觉	妻子陈霄云	革命烈士	历代官员、英烈	徐涛
	6.《小宝宝，我不能陪你长大了》	陈霄云	女儿启明	革命烈士	历代官员、英烈	蒋勤勤
	7.《我写了一篇小文章》	莫言	父亲	作家	文学家	何冰
10	1.《我将我的心置于你的裙边之下》	蒋介石	陈洁如	国民政府主席	历代官员、英烈	张涵予
	2.《十二时快到了，就要上杀场了》	刘伯坚	家属	革命家、红军烈士	历代官员、英烈	张涵予
	3.《那天你被诊断为自闭症》	蔡春猪	儿子喜禾	影视剧编剧	艺术家	何冰
	4.《京城里的人都说你家太有钱了》	柳宗元	王参元	唐代文学家、思想家	文学家	张国立
	5.《这位女编辑托我带一张照片给她》	叶君健	萧乾	作家、翻译家	文学家	何冰

		《见字如面》第一季节目表			
期数	信件内容	写信人	收信人	写信人身份	身份类别	读信人
	6.《这一次，爸爸决定要躲好久好久》	邱文周	女儿	作家	文学家	徐涛
	7.《我赢了……我是不是可以哭了》	女儿	邱文周	邱文周女儿	文学家	蒋勤勤
11	1.《我自家连一条棉裤也没有》	郁达夫	沈从文	作家	文学家	何冰
	2.《我真正的面貌是人》	庄则栋	叶永烈	乒乓球运动员	艺术家	张涵予
	3.《再带给你十几个字》	左权	妻子刘志兰	八路军高级将领	历代官员、英烈	张国立
	4.《人间的事总是多变的》	顾城	家人	诗人	文学家	王耀庆
	5.《这是开始，而不是告别》1	顾城	妻子谢烨	诗人	文学家	徐涛
	6.《这是开始，而不是告别》2	谢烨	顾城	顾城妻子	文学家	蒋勤勤
	7.《这是开始，而不是告别》3	顾城	妻子谢烨	诗人	文学家	徐涛
	8.《这是开始，而不是告别》4	谢烨	顾城	顾城妻子	文学家	蒋勤勤
	9.《这一切和我格格不入》	王小波	李银河	作家	文学家	何冰

《见字如面》第一季节目表

期数	信件内容	写信人	收信人	写信人身份	身份类别	读信人
12	1.《朝鲜停战签字了》	宋云亮	妻子胡玉华	朝鲜战争炮兵团长	历代官员、英烈	张涵予
	2.《我绝不可能在这种过分戏剧化的生活中长期满足》	路遥	弟弟王天乐	作家	文学家	何冰
	3.《我把孩子托付给你们》	杨开慧	杨开明	革命烈士	历代官员、英烈	蒋勤勤
	4.《不要让人觉得你似乎有了后台》	毛岸英	孙嫂	革命烈士	历代官员、英烈	林更新
	5.《抵命的人数最好略高于洋人伤亡的数量》	曾国藩	奕䜣	晚清四大名臣之一	历代官员、英烈	张涵予
	6.《我喜欢在铁腕人物统治下俯首帖耳》	冯小刚	徐帆	导演	艺术家	徐涛
	7.《嫁狗随狗》	徐帆	冯小刚	演员	艺术家	蒋勤勤

附录6 2013—2020 年省级卫视娱乐节目平均收视率排名前 20 位

序号	节目名称	年度收视排行	播出频道
1	中国好声音	2013 年、2014 年、2015 年第 1 2016 年、2017 年第 2 2018 年第 1 2019 年第 3 2020 年第 10	浙江卫视
2	我是歌手	2013 年第 2 2014 年第 5 2016 年第 11 2017 年第 14 2018 年第 3 2019 年第 5 2020 年第 1	湖南卫视
3	爸爸去哪儿	2013 年第 4 2014 年第 2	湖南卫视
4	酷我真声音	2013 年第 5	浙江卫视
5	快乐大本营	2013 年、2014 年第 6 2015 年第 8 2016 年第 9 2017 年第 12 2018 年第 8 2019 年第 7 2020 年第 4	湖南卫视
6	中国梦之声	2013 年第 8 2014 年第 17	东方卫视
7	天天向上	2013 年第 9 2014 年第 11 2015 年第 15 2018 年第 15	湖南卫视

序号	节目名称	年度收视排行	播出频道
8	中国最强音	2013 年第 10	湖南卫视
9	星跳水立方	2013 年第 11	江苏卫视
10	中国星跳跃	2013 年第 12	浙江卫视
11	我的中国星	2013 年第 14	湖北卫视
12	全能星战	2013 年第 15	江苏卫视
13	快乐男声	2013 年第 16	湖南卫视
14	对战最强音	2013 年第 17	浙江卫视
15	舞林争霸	2013 年第 18	东方卫视
16	最美和声	2013 年第 19	北京卫视
17	奔跑吧兄弟	2014 年第 3 2015 年第 2、第 3、第 4 2016 年、2017 年第 1 2018 年第 2 2019 年第 6 2020 年第 5	浙江卫视
18	花儿与少年	2014 年第 7	湖南卫视
19	最强大脑	2014 年第 8 2015 年第 11 2016 年第 8 2017 年第 7 2020 年第 20	江苏卫视
20	中国喜剧星	2014 年第 9	浙江卫视
21	女神的新衣	2014 年第 13	东方卫视
22	中国达人秀	2014 年第 14	东方卫视
23	中国好舞蹈	2014 年第 16	浙江卫视
24	一年级	2014 年第 19	湖南卫视
25	我是演说家	2014 年第 20	北京卫视
26	极限挑战	2015 年第 9 2016 年第 5 2018 年第 13 2019 年第 15 2020 年第 14	东方卫视

序号	节目名称	年度收视排行	播出频道
27	挑战者联盟	2015 年第 10 2016 年第 7 2017 年第 20	浙江卫视
28	偶像来了	2015 年第 12	湖南卫视
29	传承者	2015 年第 16	北京卫视
30	我看你有戏	2015 年第 17	浙江卫视
31	爸爸回来了	2015 年第 18	浙江卫视
32	为她而战	2015 年第 19	江苏卫视
33	我爱挑战 （极限挑战花絮）	2015 年第 20	东方卫视
34	欢乐喜剧人	2016 年、2017 年第 3	东方卫视
35	王牌对王牌	2016 年、2017 年第 4 2019 年第 12 2020 年第 7	浙江卫视
36	喜剧总动员	2016 年第 6	浙江卫视
37	二十四小时	2016 年第 10 2017 年第 8	浙江卫视
38	天籁之战	2016 年第 13	东方卫视
39	真正男子汉	2016 年第 14 2017 年第 11	湖南卫视
40	旋风孝子	2016 年第 15	湖南卫视
41	我想和你唱	2016 年第 16 2018 年第 11	湖南卫视
42	谁是大歌神	2016 年第 18	浙江卫视
43	来吧冠军	2016 年第 19	浙江卫视
44	一路上有你	2016 年第 20	浙江卫视
45	高能少年团	2017 年第 5	东方卫视
46	笑傲江湖之笑声传奇	2017 年第 9	东方卫视

序号	节目名称	年度收视排行	播出频道
47	向往的生活	2017 年第 10 2018 年第 5 2019 年第 11 2020 年第 2	湖南卫视
48	我们十七岁	2017 年第 13	浙江卫视
49	中餐厅	2017 年第 18 2018 年第 9 2020 年第 16	湖南卫视
50	声入人心	2018 年第 16 2019 年第 1	湖南卫视
51	声临其境	2018 年第 6 2019 年第 2 2020 年第 3	湖南卫视
52	欢乐喜剧人	2018 年第 10 2020 年第 8	东方卫视
53	我是大侦探	2018 年第 12	湖南卫视
54	幻乐之城	2018 年第 14	湖南卫视
55	亲爱的客栈	2018 年第 17 2019 年第 18	湖南卫视
56	我家那小子	2018 年第 18 2019 年第 20	湖南卫视
57	我家那闺女	2019 年第 4 2020 年第 12	湖南卫视
58	快乐哆来咪	2018 年第 19	湖南卫视
59	嗨唱转起来	2019 年第 8 2020 年第 15	湖南卫视
60	我家小两口	2019 年第 13	湖南卫视
61	舞蹈风暴	2019 年第 16	湖南卫视
62	我们的师父	2019 年第 17	湖南卫视

续表

序号	节目名称	年度收视排行	播出频道
63	恋梦空间	2019 年第 19	湖南卫视
64	嘿！你在干吗呢	2020 年第 6	湖南卫视
65	元气满满的哥哥	2020 年第 9	湖南卫视
66	新相亲大会	2020 年第 17	浙江卫视
67	笑起来真好看	2020 年第 19	湖南卫视
68	中国新相亲	2020 年第 20	东方卫视

附录7 2013—2020年省级卫视平均收视率前20位的团队参与式娱乐节目统计

序号	节目名称	年度收视排行	团队名称	团队表现方式
1	中国好声音	2013 年、2014 年、2015 年第 1 2016 年、2017 年第 2 2018 年第 1 2019 年第 3 2020 年第 10	导师团队	导师选择、 导师对决
2	爸爸去哪儿	2013 年第 4 2014 年第 2	父子、 小朋友们	家庭运动会 家庭混合厨艺 比赛
3	酷我真声音	2013 年第 5	导师团队	导师选择、导师 团队对决
4	快乐大本营	2013 年、2014 年第 6 2015 年第 8 2016 年第 9 2017 年第 12 2018 年第 8 2019 年第 7 2020 年第 4	主持人团队与 嘉宾团队	嘉宾主持分组对决 嘉宾分组出场表演
5	中国梦之声	2013 年第 8 2014 年第 17	导师团队	导师选人 选手组合对阵 PK
6	天天向上	2013 年第 9 2014 年第 11 2015 年第 15 2018 年第 15	主持团队 嘉宾团队	嘉宾分组玩游戏 主持团队配合

续表

序号	节目名称	年度收视排行	团队名称	团队表现方式
7	中国最强音	2013 年第 10	导师团队	导师组和导师组 PK 导师选人
8	星跳水立方	2013 年第 11	教练与选手组合	奥运冠军教选手 选手间搭档
9	中国星跳跃	2013 年第 12	男队与女队	选手分男队和女队 "梦之队"一对一指导
10	我的中国星	2013 年第 14	选手合作	造星周团队合作 PK 晋级团队互相 PK
11	全能星战	2013 年第 15	制作人团队	歌手与制作人一一合作
12	对战最强音	2013 年第 17	导师团队	四个导师组分别对抗
13	舞林争霸	2013 年第 18	选手之间组合	不同类型舞者合作 斗舞环节
14	最美和声	2013 年第 19	导师团队	导师选择选手 导师与选手合唱
15	奔跑吧兄弟	2014 年第 3 2015 年第 2、第 3、第 4 2016、2017 年第 1 2018 年第 2 2019 年第 6 2020 年第 5	红队、黄队、蓝队	撕名牌两队 PK 红黄蓝三队 PK
16	最强大脑	2014 年第 8 2015 年第 11 2016 年第 8 2017 年第 7 2020 年第 20	国家	国家间 PK

续表

序号	节目名称	年度收视排行	团队名称	团队表现方式
17	中国喜剧星	2014 年第 9	导师队	导师选人 导师队对决
18	女神的新衣	2014 年第 13	女神团队	女神与设计师合作
19	中国达人秀	2014 年第 14	选手组队	选手分组对决
20	中国好舞蹈	2014 年第 16	导师团队	导师分班 导师团队对决
21	我是演说家	2014 年第 20	导师团队	导师选人 导师队互相 PK
22	极限挑战	2015 年第 9 2016 年第 5 2018 年第 13 2019 年第 15 2020 年第 14	嘉宾组队	嘉宾两两组队 完成任务
23	挑战者联盟	2015 年第 10 2016 年第 7 2017 年第 20	嘉宾组队	挑战职业任务
24	偶像来了	2015 年第 12	嘉宾团队	嘉宾分队表演节目
25	传承者	2015 年第 16	导师团队	导师 PK 导师团队对决
26	我看你有戏	2015 年第 17	导师团队	导师选人 各导师队 PK
27	爸爸回来了	2015 年第 18	父子、家庭	厨艺比赛
28	为她而战	2015 年第 19	情侣、夫妻团队	明星伴侣共同 完成任务

序号	节目名称	年度收视排行	团队名称	团队表现方式
29	我爱挑战（极限挑战花絮）	2015 年第 20	嘉宾组队	嘉宾组队完成任务
30	欢乐喜剧人	2016、2017 年第 3	嘉宾组队	喜剧竞演
31	王牌对王牌	2016、2017 年第 4 2019 年第 12 2020 年第 7	王牌团队	才艺比拼、游戏竞技
32	喜剧总动员	2016 年第 6	欢乐 CP 战队	喜剧竞演
33	二十四小时	2016 年第 10 2017 年第 8	嘉宾组队	嘉宾组队完成任务
34	天籁之战	2016 年第 13	明星队和素人队	歌唱对决
35	真正男子汉	2016 年第 14 2017 年第 11	教官与学员	学员按教官要求 完成任务
36	旋风孝子	2016 年第 15	明星亲子	亲子合作完成任务
37	谁是大歌神	2016 年第 18	歌神模仿者队、明星猜评团 观众队	歌唱猜评
38	来吧冠军	2016 年第 19	明星团队	体育竞技
39	一路上有你	2016 年第 20	明星夫妻团队	夫妻组队完成任务
40	高能少年团	2017 年第 5	红队、黄队、蓝队	游戏竞技
41	笑傲江湖之笑声传奇	2017 年第 9	嘉宾与素人组队	嘉宾与素人两两组队，各队间喜剧竞演

序号	节目名称	年度收视排行	团队名称	团队表现方式
42	声入人心	2018 年第 16 2019 年第 1	导师团队 选手团队	导师团队对演唱成员进行分组打磨、陪伴成长，演唱成员组队竞演
43	声临其境	2018 年第 6 2019 年第 2 2020 年第 3	声咖组队	声音大咖组队竞演
44	欢乐喜剧人	2018 年第 10 2020 年第 8	嘉宾团队	嘉宾团队竞演"喜剧之王"
45	幻乐之城	2018 年第 14	唱演人与幻乐导演组队	唱演人与幻乐导演组成拍档，共同对歌曲进行创意设计和剧情式呈现
46	快乐哆来咪	2018 年第 19	创意推荐官和短视频创作人	合作拍摄城市创意短视频
47	嗨唱转起来	2019 年第 8 2020 年第 15	主持人团队和歌手	歌手通过演唱获得最终大秀的机会
48	舞蹈风暴	2019 年第 16	舞蹈家团队 舞者团队	舞者进行表演，专家团队负责点评投票，决定晋级机会
49	元气满满的哥哥	2020 年第 9	元气大哥团队 元气小哥团队 元气帮藏团队	元气大哥团队和元气小哥团队以童年经典游戏捉迷藏为基础，通过变装以寻找对方

续表

序号	节目名称	年度收视排行	团队名称	团队表现方式
50	笑起来真好看	2020 年第 19	资深玩家 新手玩家团队	新手玩家团队两两组合进行"即兴喜剧"和"迷你戏剧"两个环节的表演，表演结束后由资深玩家选择拉人进群，形成自己的喜剧群，最终争取"头号玩家"的称号

附录 8　《亲爱的客栈》《中餐厅》中的空镜头统计

节目名称	季	期	镜头内容	次数
亲爱的客栈	第一季	第 1 期	植物道路	4
			湖水蓝天	76
			建筑物	12
			其他（树叶、路灯）	4
	第一季	第 7 期	蓝天白云	38
			其他（路灯、屋檐、树叶）	3
亲爱的客栈	第二季	第 1 期	湖水蓝天	29
			湖泊、植物	15
			道路	15
			动物	16
			蓝天、原野	23
	第二季	第 7 期	建筑	10
			动物	5
中餐厅	第一季	第 1 期	碧海蓝天	49
			树木道路	7
			其他（动物、水果）	4
	第一季	第 10 期	碧海蓝天	53
			建筑物	6
			街景	5
中餐厅	第二季	第 1 期	建筑物	22
			蓝天白云、河流	22
			其他（食物、动物）	3
	第二季	第 10 期	建筑物	7
			天空河水	32
			其他（餐具、屋檐、动物）	3

后　记

书稿完成很久，却迟迟不愿脱手，总有一种意犹未尽之感，虽几经补充，仍觉词不达意。有时觉得，其中的一些问题就像一个个幽深的洞穴，自己才刚刚将洞口凿开，却由于这样或那样的原因与局限，竟无法抵达自己所希望抵达的深度，因而一拖再拖，偶尔还期许某一天能有一束灵光，烛照思维的黑洞。之所以会有这样的心理状态，细想起来，和自己曾经的电视综艺编导经历有着非常直接的关系。我是 2005 年离开工作了十四年的电视媒体的。那时候，支撑今天电视娱乐节目的四种主导性节目形态都已登上历史舞台，因此我完全有资格说自己算得上是我国电视娱乐节目发生、发展过程的亲历者，而这本书，我则将它视为对自己十多年电视综艺编导生涯的一个小结，甚至可以说是对这个职业的一次"正名"。

在诸多电视节目类型中，电视娱乐节目毫无疑问是名副其实的供社会大众消遣娱乐的游戏，因此，娱乐节目生产者这一角色常常被人当作不同形式文艺节目的简单的组织者。当然，在学术界，基于对大众文化的基本认识，没有人会认为娱乐节目的意义真的就只是娱乐，但在现实中，这类节目的意义以及这类节目的生产者，似乎从未真正得到过应有的比较全面透彻的理解和阐释。而作为这个队伍中曾经的一员，我知道，在节目创作过程中，编导们都自觉地担负着历史使命和社会责任，而且为了让所要表达的意义不着痕迹，一直都在竭力做着细致入微的精心设计，娱乐的背后从来都不只有娱乐，它蕴含的是一个个严肃的社会、文化、经济乃至政治意义。于是，2012 年我以《改革开放以来我国电视娱乐节目价值取向的变化》为题，申请到了国家社会科学基金艺术学项目的资助，并确定立足节目生产一方，梳理我国电视娱乐节目近四十年价值取向的变化轨迹。价值立场问题其实就是存在于喧闹嘈杂的娱乐节目背后最重要、最值得发掘的东西。

　　我觉得自己是幸运的。虽然时至今日，无论自己如何努力地诠释，仍旧无法全部表达出作为节目创作者时的所思所想，更无法穷尽电视娱乐节目纷繁复杂的内涵，但项目的研究过程让自己有了一次高度检视、反思自己曾经的职业生涯的机会，同时也是对自己那段特殊生命历程一次理性的回望。这个世界上幸运的事情固然很多，但个人的历史能够成为大历史的样本，实属凤毛麟角。为此，我由衷感谢命运的眷顾。

　　更要感谢那些鼓励我走出思维困局，完成项目研究工作的师长、同事和朋友。我所在的北京工商大学食品学院的田媛教授，虽然所属学科于我大相径庭，但她无私的友情和雷厉风行的处事风格，每每在我消沉懈怠时，给予我勇气和力量；北京电影学院的王志敏教授，在我为研究框架犹豫不决时，他的肯定让我坚定了信心；还有我的学生尹斯、杨泽等同学，都以各种形式支持项目成书，在此一并致以诚挚的谢忱！

　　还要感谢我所在的北京工商大学为本书出版给予的资助（ZZCB2020-04），感谢这份肯定和信任！

　　还有人民日报出版社的林薇女士，这是我们第二次合作。她不仅有着令人折服的专业素养和职业精神，而且永远那么热情、温暖、宽厚，永远让人有一种宾至如归的踏实感、安全感。

　　本书付梓之时，正值春暖花开，我也将这本小书作为一份春天的礼物送给我的家人，每每念及他们的包容，心中便溢满幸福……

董华峰
写于 2022 年春